XII
CHARLES

[英]罗伯特·尼斯贝特·贝恩　著　　周鸿　译

卡尔十二世与
瑞典帝国的崩溃

AND THE COLLAPSE OF THE
SWEDISH EMPIRE
1682—1719

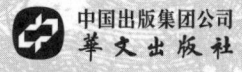

图书在版编目（CIP）数据

卡尔十二世与瑞典帝国的崩溃/(英)罗伯特·尼斯贝特·贝恩著;周鸿译. -- 北京:华文出版社, 2020.9

（华文全球史）

ISBN 978-7-5075-5338-3

Ⅰ.①卡… Ⅱ.①罗… ②周… Ⅲ.①战争史—史料—世界 Ⅳ.①E19

中国版本图书馆CIP数据核字(2020)第148105号

卡尔十二世与瑞典帝国的崩溃

作　　者：	[英]罗伯特·尼斯贝特·贝恩
译　　者：	周鸿
选题策划：	華感世
插图供应：	029—85504182
责任编辑：	杨荣刚　楼淑敏
出版发行：	华文出版社
社　　址：	北京市西城区广外大街305号8区2号楼
邮政编码：	100055
网　　址：	http://www.hwcbs.com.cn
电　　话：	总编室010—58336239
	发行部010—58336212
经　　销：	新华书店
印　　刷：	三河市国英印务有限公司
开　　本：	710×1000　1/16
印　　张：	25.75
字　　数：	325千字
版　　次：	2020年9月第1版
印　　次：	2020年9月第1次印刷
标准书号：	ISBN 978-7-5075-5338-3
定　　价：	100.00元

版权所有　侵权必究

出版前言

随着中国开放的大门越开越大,关注世界各国尤其是西方国家文明的源流、发展和未来已经成为当下世界史研究的一个热点。为了成系统地推出一套强调"史源性"且在现有世界史出版物中具有拾遗补阙价值的作品,我们经过认真论证,推出了"华文全球史"系列,首次出版约一百个品种。

"华文全球史"系列从书目选择到译者的确定,从书稿中图片的采用到人名地名的规范,都有比较严格的遴选规定、编审要求和成稿检查,目的就是要奉献给读者一套具有学术性、权威性和高质量的世界史系列图书。

书目的选择。本系列图书重视世界史学科建设,视角宽阔,层级明晰,数量均衡,有所突出。计划出版的"华文全球史"中,既有通史,也有专题史,还有回忆录,基本上是世界历史著作中的上乘之作,填补了国内同类作品出版的空白。

人名地名规范。本系列图书中人名地名,翻译规范,重视专业性。在人名翻译方面,我们坚持"姓名皆全"的原则,加大考据力度,从而实现了有姓必有名,有名必有姓,方便了读者的使用。在注释方面,书中既有原书注,完整地保留了原著中的注释;也有译者注,体现了译者的研究性成果。

书中的插图。本系列图书的一个重要特点是书中都有功能性插图,这些插图全方位、多层次、宽视角反映当时重大历史事件,或与事件的场景密切相关,涉及政治、军事、经济、社会、外交、人物、地理、民俗、生活等方面的绘画作品与摄影作品。功能性插图与文字结合,赋予文字视觉的艺术,丰富了文字的内涵。

译者的确定。本系列图书的翻译主要凭借的是一个以大学教师为主的翻译团队,团队中不乏知名教授和相关领域的资深人士。他们治学严谨,译笔优美,为确保质量奉献良多。

"华文全球史"系列作为一套具有较高学术价值的优秀的世界历史丛书,对增加读者的知识,开阔读者的视野,具有积极的意义。同时要看到,一方面很多西方历史学家的观点符合事实,另一方面不少西方历史学家的观点是错误的,对于这些,我们希望读者不要不加分析地全盘接受或全盘否定,而是要批判地吸收外国文化中有益的东西。

华文出版社
2019年8月

序言

本书称不上是一本记录卡尔十二世的详尽传记。要完美、恰当地诠释如此庞大而复杂的主题,需要大量的篇幅,但鉴于本书的篇幅,笔者认为这样的传记就应该这样写。该书根据最新调查,呈现了卡尔十二世——这位英雄国王一生的主要事迹,并努力消除许多关于"北方雄狮"古斯塔夫二世·阿道夫的错误观念。

古斯塔夫二世·阿道夫

我认为，在编纂这样的传记时，作者是否应该查阅原始资料，甚至应该查阅多少原始资料都是一个问题。一般来说，参考或使用原始资料需要增加注释、附录或进行其他文学标注，而将大量的参考资料放在这样的通俗书中几乎是不合适的。尽管如此，我还是努力选择了一种折中的办法。这本书中的历史和政治部分都查阅参考了瑞典能找到的最好专著，而关于我的这位英雄——卡尔十二世的私人行为和个人性格，则查阅参考了一些原始资料。现在我要开始行使我的主要权利，讲述卡尔十二世的故事了。

罗伯特·尼斯贝特·贝恩

目 录

001 **第 1 章**
瑞典帝国的兴起（1522—1697）

041 **第 2 章**
卡尔王子性格形成时期（1682—1697）

063 **第 3 章**
卡尔十二世统治初期及荷尔斯泰因问题（1697—1700）

089 **第 4 章**
大北方战争的开端（1699—1701）

127 **第 5 章**
卡尔十二世在波兰拥立新国王（1701—1703）

159 **第 6 章**
斯坦尼斯瓦夫·莱什琴斯基（1703—1704）

183 **第 7 章**
卡尔十二世成为欧洲的仲裁者（1704—1707）

211	**第 8 章** 从纳尔瓦战役到霍洛辛战役（1700—1708）
233	**第 9 章** 从霍洛辛战役到波尔塔瓦战役（1708—1709）
259	**第 10 章** 卡尔十二世流亡到奥斯曼帝国（1709—1715）
293	**第 11 章** 从波尔塔瓦战役到 加德布施战役（1709—1711）
315	**第 12 章** 从加德布施战役到 施特拉尔松德的沦陷（1712—1715）
339	**第 13 章** "大维齐尔"乔治·海因里 希·冯·戈尔茨男爵（1715—1718）
365	**第 14 章** 卡尔十二世最后的冒险（1718—1719）
387	**译名对照表**

第1章

瑞典帝国的兴起

(1522—1697)

精彩看点

瑞典国王的历史——瑞典的突然崛起——古斯塔夫二世·阿道夫给瑞典带来的伤害——作为一个大国的瑞典——阿克塞尔·奥克森谢尔纳——克里斯蒂娜女王的轻率——卡尔十世·古斯塔夫的功绩——卡尔十世·古斯塔夫死亡时瑞典的状况——卡尔十一世漫长而充满毁灭性的少年时代——芒努斯·加布里埃尔·德·拉·加尔迪——欧洲大规模战争的爆发——费尔贝林战役暴露了瑞典真正的弱点——卡尔十一世的英雄主义——卡尔十一世极端的补救措施——瑞典重新成为一个大国——君主专制

众所周知，瑞典的历史就是这个国家国王的历史。在古斯塔夫一世统治之前，现代意义的词汇中根本就没有瑞典国这个词。那时，瑞典只是一个名字而不是一个国家。即使到了16世纪30年代末期，为了避免被丹麦吞并，尽管汉

古斯塔夫一世

萨同盟对待瑞典仅仅比对待贸易殖民地稍微好一点，但瑞典仍然愉快地承受着这些耻辱。古斯塔夫一世为瑞典的独立及其未来在君主制中的伟大地位奠定了基础。古斯塔夫一世将这种强大的君主制留给他的儿子们。古斯塔夫一世把国家治理得如此之好以至儿子们的愚蠢和错误都不能动摇国家分毫。渐渐地，这个年轻的国家开始强大起来，并向各个方向扩张。神圣罗马帝国秩序崩溃引起的种种复杂问题使瑞典在波罗的海的一端站稳了脚跟。据说，1561年，吞并了雷瓦尔之后，瑞典在北方的统治权便已经建立起来了。瑞典从爱沙尼亚一步一步地扩大到利沃尼亚。尽管在这里，这条路一度被波兰立陶宛联邦英勇的骑士、伟大的天才军事指挥官扬·卡罗尔·乔德凯维奇阻断。但总的来说，

扬·卡罗尔·乔德凯维奇

在利沃尼亚，瑞典站住了脚。正是那个残忍但能力出众的瑞典国王卡尔九世的坚韧不拔，为他那声名显赫的儿子古斯塔夫二世·阿道夫的最终胜利铺平了道路。古斯塔夫二世·阿道夫继续了父亲与俄罗斯帝国及波兰立陶宛联邦的战争。1609年，卡尔九世与沙皇瓦西里四世联合起来对抗共同的敌人——波兰立陶宛联邦，但波兰立陶宛联邦军队快速而勇猛的行军打乱了他们的所有计划。后来，瓦西里四世被废黜并被带到波兰立陶宛联邦首都华沙。西格蒙德三世登上了俄罗斯帝国的皇位，从而使俄罗斯帝国陷入了一种可怕的无政府状态，并不可避免地迅速解体。瑞典人无法帮助盟友，不得不开始考虑自己。因此，瑞典人不断改变自己的计划，要么培养一个瑞典人来担任俄罗斯帝国的沙皇，以对付波兰立陶宛联邦，要么通过大诺夫哥罗德和阿尔汉格尔斯克占领整个俄罗斯帝国。但最终，俄罗斯帝国辽阔的领土和顽强的人民拯救了自己，就像俄罗斯人在两个世纪前从鞑靼人手中拯救了自己一样。随着米哈伊尔·费奥多罗维奇·罗曼诺夫的当选，俄罗斯帝国这个支离破碎的国家开始了一个新的时代。经过六年的斗争后，古斯塔夫二世·阿道夫认识到自己不可能消灭俄罗斯帝国，便赐给了俄罗斯帝国一个世纪的和平。1617年2月27日，在《史托波伏和约》中，俄罗斯帝国不仅放弃了对爱沙尼亚和利沃尼亚的所有索赔要求，还将卡累利阿和英格里亚割让给瑞典，并支付了二十万卢布的战争赔偿金。根据这一耻辱条约，不仅俄罗斯帝国的边境缩回到了拉多加湖以外，而且俄罗斯帝国被完全排除在波罗的海之外。

在第二次波瑞战争中，当时处于短暂权力顶峰的波兰立陶宛联邦全面入侵了利沃尼亚。直到1626年6月7日瓦尔霍夫战役的胜利，古斯塔夫二世·阿道夫才把利沃尼亚从波兰立陶宛联邦的控制中解救出来。在控制了里加之后，古斯塔夫二世·阿道夫成了德维纳的主人。1626年，古斯塔夫二世·阿道夫把战争转移到当时是波兰立陶宛联邦封地的西普鲁士。古斯塔夫二世·阿道夫不仅剥夺了波兰立陶宛联邦北部的海岸，还获得了维斯瓦河。帝国主义的确是瑞典人的策略。建立一个包含波罗的海的"斯堪的纳维亚帝国"是古斯塔夫二

瑞典国王卡尔九世

沙皇瓦西里四世

世·阿道夫的目标。不仅如此,我们有充分的理由相信,如果古斯塔夫二世·阿道夫能活到自己雄心壮志实现的那一天,那么他会把首都从遥远的梅拉伦湖海岸转移到一个更核心的地方。一个世纪后,俄罗斯帝国沙皇彼得大帝也打算在同样的地方修建彼得堡。不幸的是,古斯塔夫二世·阿道夫高贵却不现实的野心使瑞典这个宏伟的计划推迟了。古斯塔夫二世·阿道夫决心保护神圣罗马帝国的共同宗教主义者。正如有些人所想的,神圣罗马帝国没有皇帝的假象引诱古斯塔夫二世·阿道夫拔剑捍卫那些共同宗教主义者的利益。毫无疑问,在这件事上,古斯塔夫二世·阿道夫顺从了自己的内心。从那以后,充满感激的神圣罗马帝国的共同宗教主义者将古斯塔夫二世·阿道夫视为理想的英雄、典型的圣人及贝亚德和圣路易斯的合体。

神圣罗马帝国徽章

身着戎装的古斯塔夫二世·阿道夫

然而,尽管神圣罗马帝国的拥戴者们给了古斯塔夫二世·阿道夫最光鲜的荣誉,但对于瑞典而言,这是一个严重的错误。因为尽管古斯塔夫二世·阿道夫在神圣罗马帝国的所作所为短时间内带来的结果光荣耀眼,但其最终的结果不仅对瑞典有害,甚至还具有毁灭性。古斯塔夫二世·阿道夫最初的计划是在波罗的海沿岸和瑞典的资源范围之内建立一个紧密的、相互联系的、某种程度上同质的帝国。如果古斯塔夫二世·阿道夫当时的征战停在德维纳河,甚至停在维斯瓦河,他最初的计划都能很容易实现。迄今为止,瑞典可能仍然是称霸北欧的国家。然而,古斯塔夫二世·阿道夫从维斯瓦河向西行进的每一步都是错误的,因为越是这样,离自己的大本营就越远。古斯塔夫二世·阿道夫现在不是在为自己战斗,而是在别人的战场中为别人战斗。古斯塔夫二世·阿道夫的胜利是虚幻的,而这些胜利使瑞典对自己固有的弱点视而不见。在克里斯蒂娜女王短暂的统治时期,要不是古斯塔夫二世·阿道夫留下了一位了不起的天才——阿克塞尔·奥克森谢尔纳——帮助克里斯蒂娜女王支撑着瑞典,即使是1631年9月7日布赖滕费尔德会战的胜利,也无法阻止伟大的瑞典走向毁灭。

克里斯蒂娜女王

反映布赖滕费尔德会战的绘画

在接下来令人忧心的十二年里，在瑞典首相阿克塞尔·奥克森谢尔纳①毫无偏差的远见、持之以恒的襄助和领导下，瑞典安全地驶过了困难重重的"海洋"。这些困难时时刻刻威胁着瑞典，并且随时都能将其吞没。瑞典之所以能从三十年战争中崛起，不仅成为一个强国，还成了公认的大陆新教领袖，主要归功于这位伟大政治家的智慧和勇气。

在这场充满危机的斗争中，是阿克塞尔·奥克森谢尔纳将瑞典摇摆不定的盟友们团结在一起；是阿克塞尔·奥克森谢尔纳在敌人的监视下，巧妙地隐藏了瑞典的弱点；是阿克塞尔·奥克森谢尔纳为瑞典的军队挑选了新一代的将军，同时也为瑞典的将军们组建新一代的军队。当性格多变的克里斯蒂娜女王似乎要把这么多来之不易的胜利成果挥霍殆尽时，是阿克塞尔·奥克森谢尔纳在议会上制止了克里斯蒂娜女王，并用自己的爱国主义精神鼓舞了瑞典参议院

---

① 法兰西王国外交官称阿克塞尔·奥克森谢尔纳为"转动世界的轮轴"。——原注

第 1 章 瑞典帝国的兴起（1522—1697） | 011

和各阶层代表。克里斯蒂娜女王本人对这位资深的政治家心存感激与敬意。阿克塞尔·奥克森谢尔纳曾是她父亲古斯塔夫二世·阿道夫最器重的顾问,也是她忠实的守护者。然而,克里斯蒂娜女王的虚荣激怒了这位当时保护着王权的权威人士。克里斯蒂娜女王尽管无法置身事外,但仍很高兴挫败了这位全能的首相。也正是因为克里斯蒂娜女王的干涉,瑞典从《威斯特伐利亚和约》中获得的好处才没有阿克塞尔·奥克森谢尔纳努力争取的那样多。在十八年的征战和牺牲中,瑞典获得的好处实在是微不足道。克里斯蒂娜女王的财产只包括:西波美拉尼亚的吕根岛和乌瑟多姆岛;东波美拉尼亚的部分地区,包括什

古斯塔夫二世·阿道夫与阿克塞尔·奥克森谢尔纳

签订《威斯特伐利亚和约》

切青镇、达敏镇、戈尔克伦镇和沃林岛;维斯马、波尔和纽克洛斯特;不来梅和阿勒尔河畔费尔登的前主教在神圣罗马帝国议会中的席位和投票权;下萨克森周围的地区和勃兰登堡。这些新的财产不仅使瑞典控制了神圣罗马帝国的三条主要河流:奥得河、易北河和威悉河,还拥有对这些地区征收通行税的特权。表面上,只要克里斯蒂娜女王掌控着这些地区,这些地区就将成为她最有利可图的财产。然而,只要瞥一眼欧洲地图就会立刻看出,要保住这些零散的、边远的财产有多困难。一方面,克里斯蒂娜女王的前盟友们已经开始把她视为一个入侵者。同时,瑞典也不应该指望神圣罗马帝国会温顺地服从于一个实际上控制了神圣罗马帝国对外贸易的外国势力。另一方面,这些神圣罗马帝国的财产对瑞典是有害的。这些财产使克里斯蒂娜女王错误地认为欧洲大陆至关重要。因此,克里斯蒂娜女王因努力扩张欧洲大陆的领土而忽视了瑞典的自然位置，忘了巩固波罗的海沿岸的北部领土。克里斯蒂娜女王忽视的这些事情，现在正消耗着她所有精力和资源。一个如此贫穷、人口稀少的国家却试图统治神圣罗马帝国的同时仍占据北方之地。尽管有利的环境和上一位统治者的卓越功勋将衰败的日子往后推了半个多世纪，但灾难还是难以避免。此外，在统治的最后六年里，克里斯蒂娜女王挥霍无度，并没想改善财政问题。当时瑞典的财力主要来源于广阔的王室领地，但克里斯蒂娜女王将这些王室领地肆无忌惮地分配给了她最喜爱的朝臣们。最终，王室领地每年的损失达到了二十万英镑以上。1654年，克里斯蒂娜女王自愿将王位让给了表兄卡尔十世·古斯塔夫①。然而，这位新上任的国王发现瑞典已经离破产不远了。新国王卡尔十

卡尔十世·古斯塔夫

① 卡尔十世·古斯塔夫是瑞典公主卡塔琳娜的儿子，是卡尔九世的外孙。——译者注

赫德维希·埃莉诺拉

世·古斯塔夫的当务之急是召集王室领地拥有者来帮助他缓解迫切的财政需要。在卡尔十世·古斯塔夫的建议下，王室领地拥有者们同意减少或还回一定比例的王室领地，并成立一个新的国家部门来进行这项改革。在卡尔十世·古斯塔夫与赫德维希·埃莉诺拉的婚礼之后，卡尔十世·古斯塔夫便在欧洲大陆发动了一场他无法控制的战争。

然而，卡尔十世·古斯塔夫的功绩并没有达到非凡的程度，因此只在这里稍加提及。卡尔十世·古斯塔夫的政策是对古斯塔夫二世·阿道夫最初政策的继续和延伸。卡尔十世·古斯塔夫用天马行空的想象力诠释了这个政策。与其说卡尔十世·古斯塔夫是政治家或将军，还不如说他更像是游侠骑士。卡尔十世·古斯塔夫最初的目的是侵占波兰立陶宛联邦在波美拉尼亚和利沃尼亚之间的领土，以统一瑞典在波罗的海的领土。当时的波兰立陶宛联邦正与俄罗斯人帮助下的叛党哥萨克人进行殊死搏斗。波兰立陶宛联邦的悲惨境遇似乎预示着卡尔十世·古斯塔夫可以轻松地取得胜利。事实的确也是如此。在六个月之内，卡尔十世·古斯塔夫就把波兰国王扬·卡齐米日驱

波兰国王扬·卡齐米日

斯蒂凡·恰尔涅茨基（前面骑马者）

逐出境，并几乎占领了波兰的所有领土。很快，卡尔十世·古斯塔夫发现征服波兰立陶宛联邦并没有打败波兰国王那么容易。北方侵略者——瑞典的残暴致使波兰立陶宛联邦人民大规模地反抗。因此，波兰人民找到了一个叫斯蒂凡·恰尔涅茨基的拯救者。虽然在1656年7月18日至1656年7月20日的华沙战役中取得了新的胜利，但卡尔十世·古斯塔夫发现自己的处境更加糟糕了。一方面，俄罗斯帝国又开始进攻利沃尼亚和爱沙尼亚；另一方面，丹麦入侵了不来梅和瑞典南部。与此同时，卡尔十世·古斯塔夫唯一的盟友勃兰登堡突然间就被敌人攻陷了。

后来，卡尔十世·古斯塔夫率领一支一万三千人的军队穿越了勉强结冰的贝尔特海峡，打败了丹麦和波兰立陶宛联邦缔结的进攻和防卫同盟。这一壮举在历史上绝无仅有。卡尔十世·古斯塔夫率领军队消灭了阻挡在通往哥本哈

华沙战役示意图

瑞典军队与波兰立陶宛联邦交战

根道路上的丹麦军队。1658年2月26日,瑞典政府与惊恐万分的丹麦政府签订了《罗斯基勒条约》。卡尔十世·古斯塔夫试图通过这一条约将丹麦和荷兰共和国分离,以便在处理其他敌人的时候背后没有什么顾虑。荷兰人深知卡尔十世·古斯塔夫打算将荷兰人完全排除在波罗的海之外,便秘密地鼓动丹麦人撕毁条约。因此,经过六个月的外交对峙,两个北方大国——瑞典和丹麦——的第二次战争开始了。这一次,卡尔十世·古斯塔夫决心要彻底消灭丹麦。1658年8月,卡尔十世·古斯塔夫率军入侵西兰岛,占领了卡隆堡要塞,控制了桑德海峡,并打算继续包围哥本哈根。不过,1658年10月29日,雅各布·范·瓦塞

卡尔十世·古斯塔夫率军跨过桑德海峡

雅各布·范·瓦塞纳·奥普丹

纳·奥普丹带领一支强大的荷兰共和国舰队,经过六个小时的艰苦战斗,强行通过了桑德海峡,并给被围困的哥本哈根提供了补给与增援。卡尔十世·古斯塔夫仍然坚持着,但遭到了被围困的丹麦人的英勇抵抗。一支瑞典军队在菲英岛被消灭后,卡尔十世·古斯塔夫的无数敌人开始全面入侵他在欧洲大陆的领土。最终,卡尔十世·古斯塔夫向和平妥协了。卡尔十世·古斯塔夫并不接受那些利益相关的外国势力的调停,而是明智地选择了相信自己的士兵。1659年年底,卡尔十世·古斯塔夫在哥德堡召集了国会,或称之为议会。卡尔十世·古斯塔夫愿意与丹麦、荷兰共和国和波兰立陶宛联邦达成协议,以便能腾出手

荷兰共和国舰队通过桑德海峡

荷兰共和国舰队抵达哥本哈根

来对付俄罗斯帝国和勃兰登堡。1660年2月13日,就在瑞典急需卡尔十世·古斯塔夫的天赋才智解救的时候,卡尔十世·古斯塔夫去世了。卡尔十世·古斯塔夫死时留下了一个四岁大的独生子卡尔十一世。如果卡尔十世·古斯塔夫的敌人意识到瑞典会彻底崩溃,那么他们不会如此轻易地听从瑞典人提出的和平提议。但如果他们什么也不做,那么卡尔十世·古斯塔夫取得胜利至少会让欧洲感到心惊胆战,对瑞典军队充满敬畏,并且极大程度地推动瑞典摄政政府与其他敌对联盟达成和解。尽管卡尔十世·古斯塔夫雄心勃勃的梦想最终没有

孩提时期的卡尔十一世

实现，但在欧洲大陆上，瑞典也没有任何损失。不过，在斯堪的纳维亚半岛，瑞典通过吞并很久以前属于丹麦的斯科讷省、哈兰省和布莱金厄省，最终获得了自己的天然边界防线。卡尔十世·古斯塔夫任命的摄政团由王后赫德维希·埃莉诺拉和五位出色的大臣组成。因为王后赫德维希·埃莉诺拉无足轻重，而五位大臣中的每一位都在自己长期从事的政务中取得了令人瞩目的成绩，所以垂死的卡尔十世·古斯塔夫有充分的理由相信将自己的小儿子卡尔十一世托付给他们最安全可靠。事实上，这个摄政团是瑞典有史以来最柔弱、最危险的组织。摄政团中最受尊敬的是古斯塔夫·邦德和佩尔·布拉厄。他们是最优

古斯塔夫·邦德

秀的传统保守贵族,只要古斯塔夫·邦德还活着或佩尔·布拉厄还健在,一切将进展得十分顺利。但最终,事务管理完全掌握在摄政团的"邪恶天才"芒努斯·加布里埃尔·德·拉·加尔迪手中。在连续三代国王统治期间,辉煌的成就、巨大的财富和宽广的胸怀使芒努斯·加布里埃尔·德·拉·加尔迪成为瑞典最引人注目的人物。然而,芒努斯·加布里埃尔·德·拉·加尔迪并没有处理政务的任何才能。芒努斯·加布里埃尔·德·拉·加尔迪的奢侈和轻浮不仅毁了他的国家,也毁了他自己。在芒努斯·加布里埃尔·德·拉·加尔迪的管理下,瑞典人民比以往任何时候都更加消沉。在国家内政的管理工作中,芒努斯·加

佩尔·布拉厄

芒努斯·加布里埃尔·德·拉·加尔迪

布里埃尔·德·拉·加尔迪的表现十分鲁莽。卡尔十世·古斯塔夫曾希望通过一项有益的削减计划逐步减少国家的债务，并使国家收入翻倍。但因为不受贵族的欢迎，这一计划最后不得不被搁置。相反，克里斯蒂娜女王时期挥霍浪费的现象又出现了。一方面，大臣和其拥护者通过挪用公款而暴富；另一方面，守卫边境的驻防士兵却正在挨饿；由于缺乏资金，一半行政人员得不到工资。此外，瑞典的财政困难给外交政策也带来了不良影响。瑞典变得和以前大不一样了。为了金钱，它甘愿为法兰西王国效力。路易十四的野心把欧洲大陆变得错综复杂。这些复杂的环境使法兰西王国和盟友们联合起来反对瑞典，相互竞争以得到北方大国的支持。芒努斯·加布里埃尔·德·拉·加尔迪是法兰西王国的朋友，但他的反对者保持警惕的中立态度。他们想通过拉拢英格兰王国和荷兰共和国来牵制奢侈自大的路易十四。1668年至1672年，他们一直坚持着自己的观点。芒努斯·加布里埃尔·德·拉·加尔迪在瑞典的反对者和英格兰王国与荷兰共和国组成的三方联盟的主要工作便是逼迫路易十四接受它们几个同盟国的条件。但从长远来看，芒努斯·加布里埃尔·德·拉·加尔迪占了上风。实际上，根据1672年4月14日签订的《斯德哥尔摩条约》，瑞典把自己卖给了路

路易十四

易十四。为了获得丰厚的补贴,瑞典在神圣罗马帝国组建了一支一万六千人的军队,以供路易十四差遣。与此同时,芒努斯·加布里埃尔·德·拉·加尔迪自鸣得意地说,他能够避开战争,并白白获得必不可少的补贴。但事实证明,对他来说,事态发展太快了。1673年至1674年的整个交战期间,瑞典试图在交战双方之间进行调解,但都徒劳无功。随后,路易十四变得不耐烦了,并要求瑞典给予他条约中的援助。之前,路易十四已经按照条约履行了自己的义务。最终,1674年12月,卡尔·古斯塔夫·弗兰格尔入侵了勃兰登堡,并在那里扎营过冬。

卡尔·古斯塔夫·弗兰格尔

在停战的这段时间里,整个神圣罗马帝国都在寻找瑞典以往英勇作战的新证据。瑞典十二年的懒惰和懈怠最终带来了注定的灾难。1675年6月28日,提前想好袭击计划的勃兰登堡选帝侯腓特烈·威廉在费尔贝林出其不意地袭击了瑞典的一个师,并最终以损失六百人的代价赢得了这场战争。这场战役结束之后,瑞典人节节败退。

费尔贝林战役虽然只是一场激烈的交战,但对瑞典士气的影响是巨大的:瑞典军队战无不胜的普遍信念被狠狠地动摇了;瑞典在神圣罗马帝国的盟友们全部撤退了;瑞典军队遭到了丹麦、勃兰登堡、荷兰共和国和神圣罗马帝国

勃兰登堡选帝侯腓特烈·威廉

费尔贝林战役

军队的同时进攻。到1676年年底,神圣罗马帝国几乎丧失了全部财产。瑞典的舰队则在为期两天的厄兰岛战役中被尼尔斯·尤尔和科内利斯·特龙普领导的荷兰共和国和丹麦联合舰队歼灭了。在这场危机中,只有年轻国王的英雄主义才能拯救国家。那时的卡尔十一世只是一个二十岁出头、疏于管教的粗野青年,但接下来六年的严酷考验使他变得成熟,或者更确切地说,将他磨砺成一个严厉而早熟的男子汉。起初,这可怜的年轻人似乎完全被一个接一个降临在自己身上的灾难吓呆了。尽管卡尔十一世每走一步都受到怯懦的顾问和无能大臣们的阻挠,但那不可战胜的勇气使他坚持到了最后。卡尔十一世精明的

厄兰岛战役

荷兰共和国和丹麦联合舰队击败瑞典舰队

处事之道——这一点一直是他的优势——使他明白只有不惜一切代价赢得一场胜利,才能解决士气普遍低落问题。于是,在哈姆斯塔德战役中,卡尔十一世亲自率领军队与入侵的丹麦人正面交锋,并于1676年8月17日将他们彻底击溃。1676年年底,这位年轻的国王否决了所有将军的建议,在隆德再次进攻丹麦人,并赢得了另一次胜利。但就参战死亡人数来说,这是17世纪最血腥的一场战役,因为在参战的一万六千名士兵中有八千三百人在战场上丧生。在1677年的两次海战中,瑞典人被丹麦人和荷兰人彻底击败,而波美拉尼亚军队全军覆没。但在兰斯克鲁纳战役中,经过八个小时的激烈战斗,卡尔十一世率领九千人击败了一万二千名丹麦人。这场胜利使瑞典人在1678年重新获得了曾被丹麦人占领的斯科讷的所有要塞。不过,瑞典从利沃尼亚入侵普鲁士的作战

隆德战场上的卡尔十一世

隆德战役

计划完全失败了。因此,经过七年的连续战斗,卡尔十一世虽然勉强牵制住国内的敌人,但失去了国外的一切。然而,幸运的是,对瑞典来说,一系列不间断的胜利使它的盟友——欧洲的重量级人物路易十四最终同意了瑞典提出的条件,包括1678年归还从瑞典掠夺来的所有领土。路易十四需要一个北欧的强国帮他谋取利益。根据尼美根、圣日耳曼、策勒和隆德的条约,除了一些微不足道的领土,瑞典几乎收回了自己曾在神圣罗马帝国的所有财产。然而,那伟大保护者——路易十四的独断、近乎轻蔑的语气给自负、敏感的卡尔十一世留下了难以忘怀的印象。从此以后,他对法兰西王国的一切都充满了不信任,甚至是深恶痛绝。①在这一点和其他许多方面,我们将会看到卡尔十二世跟父亲卡尔十一世一模一样——真可谓是有其父必有其子啊!

---

① 卡尔十一世甚至都不佩戴"法兰西王国刀",他轻蔑地称之为当时的长剑。——原注

卡尔十一世用自己的一生将国家治理得井井有条。经历的那些刻骨铭心的磨难使卡尔十一世看清了国家的真实形势。卡尔十一世认识到只有最严苛的经济政策才能使其政府再次强大和稳定。卡尔十一世似乎真的相信自己是受神的委托来对瑞典进行改造，并重新恢复它的伟大。卡尔十一世的计划很简单——彻底实施父亲卡尔十世·古斯塔夫的削减计划或土地恢复计划。卡尔十一世深知这个计划可以获得人民的支持。卡尔十一世以一种超乎寻常的精神和毅力完成了这项任务。其间，卡尔十一世付出的努力，即使是腓特烈大帝或约瑟夫二世也会相形见绌。事实上，从来没有哪位瑞典国王像卡尔十一世

腓特烈大帝

约瑟夫二世

这样受欢迎,整个国家和人民都对他深信不疑。卡尔十一世的多才多艺和诚实正直与贵族阶级的懒散懈怠和虚伪狡诈形成了鲜明的对比。自从古斯塔夫二世·阿道夫时代以来,瑞典的贵族和上流社会人士逐渐形成了一个专横和排他的军事社会团体,并逐渐占据了大部分的王室领地。事实上,在当时,国家就是王权的同义词。他们不仅使整个国家陷入贫困,也慢慢地消灭了自由民和自耕农。在那些日子里,瑞典的各阶级中确实充斥着暴力和复仇。当时的瑞典议会开始为国王提供超乎预期的服务。为了赢得国王的青睐,贵族与自由民和自耕农明争暗斗。如果卡尔十一世在统治结束时,发现自己成了欧洲拥有权力最多的国王之一，那么这并不是他自己追寻的结果，而是人民的选择。从一开始，三个较低阶层的土地所有者——神职人员、市民和农民——热情地支持国王卡尔十一世的土地赎回计划。他们这样做不是考虑到国家会获利，而是想看到贵族因此受苦。1682年、1686年和1693年的瑞典议会先后授权卡尔十一世审查国内所有土地产业的产权契约，以期最终由王室收回。为了王室的利益，充满君主概念的基本法律都得到了积极的诠释，甚至被废弃很长时间的法律都得到恢复。值得注意的是，在整个土地赎回计划实施的过程中，各阶层代表们占据了主动权。一直以来，卡尔十一世一直在幕后小心翼翼、巧妙地利用着各阶层代表的敌意。为了不断扩大自己的特权，卡尔十一世不时向各阶层代表提出一些问题。卡尔十一世总是利用各阶层代表对自己一贯有利的回应作为自己自命不凡的起点。最后，瑞典议会变成了向王室谄媚的代言人。1693年，当瑞典议会通过所谓的主权宣言宣誓的时候，瑞典议会对国王卡尔十一世的臣服达到了极致。在宣言中，瑞典议会庄严地宣布国王是"一个统管一切、至高无上的君主。国王不仅无须为自己的任何行为负责，还拥有一切管理王国的权力和统治权威"。公平地说，卡尔十一世正是利用这点获得了各阶层的支持。尽管王室领地的赎回计划经常面临着无情、严厉的打击，甚至可以说是残酷的打击，但在国家的任何角落都能感受得到卡尔十一世的改革。在一段时间内，这种经济改革并不会使各种财产贬值，因此，并不会让人觉得不安。但从长远来看，它给整个国家和民族带来了明显而持久的好处：国库得到了扩充，贸易得到了发展，农业得到了改善，国防得到了加强。

在卡尔十一世的治理下，瑞典不仅在财力物资上得到了改善，而且整个国家的道德水平也得到了提高。在这样一个做事充满责任感，不分昼夜地处理公务，并且拥有勤劳、节俭美德的专制君主的统治下，人们自然而然地以国王为榜样。那些不打算像国王卡尔十一世那样卖力工作的人根本没有任何晋升机会。卡尔十一世给整个民族带来了振奋人心、坚定而积极的影响。这也许就是这个国家拥有神奇、持久生命力的秘密所在。这种生命力使瑞典能够在卡尔十一世的儿子卡尔十二世的英明领导下,与欧洲的强权国家进行了长达二十年的战争。

瑞典国内越发稳定,它在国外的重要性也就越发显著。在卡尔十一世统治的后期,瑞典又一次成了一个大国。各国都渴望与之建立友谊,避免可能会产生的敌意。但国王卡尔十一世本人不太喜欢外交——似乎只把外交看成是一个大范围的谎言,于是把外交工作几乎完全交给了本特·奥克森谢尔纳。这位年老的大臣虽然在工作中碰到了一些困难,但还是谨慎地使瑞典摆脱了一切麻烦。同自己的国王卡尔十一世一样,本特·奥克森谢尔纳也不信任路易十四。

本特·奥克森谢尔纳

为了防止法兰西王国轻举妄动，1681年9月，本特·奥克森谢尔纳与荷兰共和国在海牙签订了担保条约。1682年，西班牙和神圣罗马帝国也加入了。路易十四通过武装丹麦和勃兰登堡报复瑞典。事实上，1683年，一支法兰西-丹麦舰队就出现在了波罗的海，但荷兰共和国及时援助盟友。最终，《赖斯维克条约》为欧洲带来了五年的安宁。然而，1688年，路易十四的野心促使他建立了一个新联盟来对抗荷兰共和国，并引起了另一场欧洲战争。双方都想把瑞典卷入其中。卡尔十一世尽管小心翼翼地维护着自己年轻时的丰功伟绩，但还是经不起诱惑，很想再次拔出剑来，为一直以来自己尤为重视的国家的真正福祉而战。因此，卡尔十一世一直等到交战两国都精疲力竭了，才提出了调停。1697年，在赖斯维克的和平会议上，调停被接受了。不过，赖斯维克的历史属于卡尔十一世的儿子——卡尔十二世的统治时期。

简言之，这就是卡尔十二世登基之前瑞典的政治历史。历史的轮廓对正确理解卡尔十二世的统治是必要的。简单地说，我们已经看到，瑞典是如何在古斯塔夫一世的统治下创立的；在古斯塔夫一世的子孙们的统治下，瑞典的正常发展又如何遭到阻碍，瑞典是如何变得支离破碎，几近分化；瑞典邻国的软弱，以及瑞典统治者的伟大是如何使瑞典在一段时间内坚持着自己光荣而错误的政策。战争中任何的小失败——例如，费尔贝林战役——是如何撼动整个国家华而不实的根基。勤勉的筑造者卡尔十一世是如何在法兰西王国的临时帮助下，短时期内再次支撑起国家摇摇欲坠的政治结构。然而，这种不正常状态不会永远持续下去。由于在历史上没有优势，在地理上也不具有防守性，瑞典迟早会崩溃。对于卡尔十二世，这是一场英勇而无望的斗争。当瑞典崩溃的时刻来临之时，卡尔十二世仍然坚持着。这给卡尔十二世充满冒险、具有戏剧性的事业增添了无尽的乐趣和悲伤。

第2章

卡尔王子性格形成时期

(1682—1697)

精彩看点

卡尔王子的出生——幼年时的性格——乌尔丽卡·埃莉诺拉王后——乌尔丽卡·埃莉诺拉王后明智的教育——卡尔王子的第一位老师安德里亚斯·诺登海姆——一场关于勇气的对话——卡尔十一世统治下的瑞典——卡尔十一世的治国天赋——危险的娱乐活动——艰难的骑行——猎熊——虔诚——卡尔王子的老师埃里克·林德斯科约德和尼尔斯·于尔登斯托尔佩——新老师托马斯·波卢斯和古斯塔夫·克龙耶尔姆——卡尔王子的学习——道德训练——乌尔丽卡·埃莉诺拉王后的死——卡尔十一世对卡尔王子性格造成的巨大影响——卡尔十一世的辛苦训练——卡尔十一世最后的病痛和死亡

我们在卡尔十一世的日记中发现了以下内容:"1682年6月17日7时45分,星期六,我的妻子为我诞下了一个儿子。永恒的赞美和荣耀归于上帝。愿上帝能庇佑我的妻子,助她早日恢复健康。"这个孩子是卡尔十一世五个儿子中唯

卡尔十一世的家庭

一幸存下来的,以他父亲的名字命名。现在世人都知道他就是卡尔十二世。幼年的时候,这个男孩在优秀的母亲——谨慎、和蔼、虔诚的乌尔丽卡·埃莉诺拉王后的眼皮下长大。乌尔丽卡·埃莉诺拉王后的美德和慈善之心使她在瑞典和丹麦都备受爱戴。在乌尔丽卡·埃莉诺拉王后去世的时候,法兰西王国大使让-安托万·德·梅斯写道:"她深受所有男人的爱戴和尊敬,因为她对所有人都和蔼、善良。"而她的儿子卡尔王子①比任何人都更有理由感激她。

乌尔丽卡·埃莉诺拉王后

---

① 即后来的卡尔十二世。——译者注

让-安托万·德·梅斯

如果没有这双坚定而稳重的手对卡尔王子施以控制，卡尔王子也极有可能变成没有什么前途的小伙子。在很小的时候，卡尔王子就很有个性，这给他周围的人留下了深刻的印象。不过，卡尔王子的这些性格也经历过严格的磨炼。有一次，当母亲乌尔丽卡·埃莉诺拉王后准备到儿童房带卡尔王子去教堂的时候，卡尔王子拒绝从坐着的高椅子上挪动半步。乌尔丽卡·埃莉诺拉王后非常惊讶地问卡尔王子为什么，结果是因为卡尔王子答应了保姆，在保姆回来之前不能动，没有什么能说服这个孩子背弃他的诺言。坚守承诺是值得称赞的，但如果过于坚持就显得有些顽固。例如，在另外一个场合里，卡尔王子坚信蓝即是黑,并无论如何也不改变他的看法。再例如,卡尔王子认为宫廷画家贝恩长得就像一只猴子。一旦这些想法进入卡尔王子的脑子,世界上便没有任何东西可以消除它。同样,在很小的时候,卡尔王子超人的勇气便开始显现。有一个众所周知的故事,讲述了卡尔王子在餐桌下偷偷地给一只贪婪的狗喂面包皮时,手被狗严重咬伤。为了护着这只惹麻烦的动物,卡尔王子偷偷地用餐巾裹住伤口。最后,他因失血过多突然晕倒,此事才败露。事实上,在卡尔十二世的一生中,他都非常讨厌胆小和怯懦。对于卡尔王子顽固、专横的天性,明智、警惕的乌尔丽卡·埃莉诺拉王后一直在引导。乌尔丽卡·埃莉诺拉王后对儿子的关爱使卡尔王子多了一些高贵的品质,如诚实、虔诚、自控和对正义的热爱。乌尔丽卡·埃莉诺拉王后教卡尔王子每天早晚到母亲的膝下祈祷。通过救济穷人,卡尔王子清醒地看到痛苦并体验帮助别人解脱痛苦的喜悦。乌尔丽卡·埃莉诺拉王后要求儿子注意言谈,控制自己的脾气,学会尊重他人的感情。乌尔丽卡·埃莉诺拉王后并不会因为自己不是一个学者,便不去关心卡尔王子的心智陶冶。卡尔王子从小就接受过德语和瑞典语的学习。卡尔王子从妹妹乌尔丽卡·埃莉诺拉公主①收集的大量钱币、奖章和雕刻品中学习到了各种事物的基本知识。乌尔丽卡·埃莉诺拉王后鼓励卡尔王子对听到和看到的一切提出问题。每天晚上,卡尔王子还不辞辛劳地去向母亲乌尔丽卡·埃莉诺拉王后讲述自己白天学的一切。卡尔王子四岁时,需要一位老师。因此,乌尔丽卡·埃莉诺拉王后带卡尔王子去乌普萨拉大学寻找老师。经过仔细的调查后,乌尔丽卡·埃莉诺拉王后为卡尔王子选了三位教授,并让小王子自己在这三位教授中选择一位他最喜欢的。卡尔小王子毫不犹豫地选择了安德里亚斯·诺科本斯。1687年,安德里亚斯·诺科本斯被任命为国务大臣,并以安德

---

① 乌尔丽卡·埃莉诺拉公主是卡尔十二世的妹妹,与卡尔十二世的母亲同名。前文中提及的乌尔丽卡·埃莉诺拉王后是卡尔十二世的母亲。后文中提及乌尔丽卡·埃莉诺拉公主指的是卡尔十二世的妹妹。卡尔十二世去世后,乌尔丽卡·埃莉诺拉公主登上瑞典王位,称为乌尔丽卡·埃莉诺拉女王。——译者注

乌尔丽卡·埃莉诺拉公主

里亚斯·诺登海姆的名字被封为贵族。安德里亚斯·诺登海姆是"瑞典的雄辩之父",也是迄今为止瑞典最出色的拉丁语学者。安德里亚斯·诺登海姆是一个安静、守旧、虔诚的人,有着简单的嗜好和习惯。如果不是生在卡尔十一世的时代,在其他任何的宫廷中,安德里亚斯·诺登海姆都会被认为是一个古怪的人。安德里亚斯·诺登海姆虽然比自己的学生卡尔王子大了将近四十九岁,但很快就赢得了卡尔王子的信任。尽管卡尔王子的学习速度之快让安德里亚斯·诺登海姆的工作轻松了不少,但作为一名家庭教师,安德里亚斯·诺登海姆无疑取得了非凡的成功。在很短的时间内,卡尔王子掌握了地理、算术、历史和拉丁语语法的基本知识。安德里亚斯·诺登海姆和卡尔王子对话的一些片段流传至今。尽管卡尔王子当时还很小，但我们也能从这些对话中看到卡尔王子思想上的偏见。

以下面这则关于勇气的对话为例：

> 安德里亚斯·诺登海姆："您认为，将自己暴露于危险之中是正确的吗？"
>
> 卡尔王子："是的，但次数不能太多。"
>
> 安德里亚斯·诺登海姆："那么，您觉得什么时候将自己暴露于危险之中显得太过冒险？"
>
> 卡尔王子："当一个人什么都不关心的时候。"
>
> 安德里亚斯·诺登海姆："那永远不将自己暴露于危险之中岂不是更好？"
>
> 卡尔王子："不，因为那样的话，人只配被称为'野兔'。"
>
> 安德里亚斯·诺登海姆："但活着的野兔总比死了的狮子强吧？"
>
> 卡尔王子："不，活着被称为'野兔'是可耻的。我更愿意怀着光荣死去。"

还有一次，安德里亚斯·诺登海姆问卡尔王子对绅士的定义。卡尔王子回答说，一个绅士应该宽宏大量，和蔼可亲，还要有一颗勇敢的心，在敌人面前要像狮子一样粗暴，在家里却要像羊羔一样温柔。

乌尔丽卡·埃莉诺拉王后会定期对儿子进行测试，看他取得了什么进展，并以一个高尚的榜样进一步激励他。乌尔丽卡·埃莉诺拉王后还专门为卡尔王子印制了一本品相上乘的德语版日记。日记中有他祖父卡尔十世·古斯塔夫年轻时学习和旅行的事迹。当卡尔王子七岁的时候，卡尔十一世认为卡尔王子已经足够大了，可以拥有一间自己的房间了，也可以"交到男人们的手里了"。因

埃里克·林德斯科约德

此，卡尔十一世任命埃里克·林德斯科约德为卡尔王子的老师，尽管此时安德里亚斯·诺登海姆仍然是卡尔王子的老师。

卡尔王子早熟的男子气概并不是由粗鲁或无理培养起来的，相反，是从小时就习惯了的道德氛围培养了他的这种气质。卡尔十一世统治下的瑞典被比作一个巨大的、完全受控制的机器。而这台机器的动力就是无所不在的、不屈不挠的国王本人。更恰当地说，瑞典就像是一个庞大的家长制家庭。在这个家庭里，节约、俭省、守时、勤劳和付诸实践的虔诚与其说是家庭手册中的法则，不如说是日常生活中牢固而具体的基本要素。在这个理想的常识体系中，每个人的价值都是用所做工作的质量和数量来衡量的。在品德及其他方面，卡尔十一世都给大家树立了榜样。无论春夏秋冬，卡尔十一世每天都在3时到4时期间起床。到早餐时间,也就是6时,卡尔十一世的大部分内阁工作都已经处理完毕。因此,大臣们很自然地效仿他们的国王。有目击者告诉我们,每日5时,他们的前厅就已经挤满了人——现代根本找不到传统意义上的这种"宫廷"。这位务实的国王鄙视奢华精致的生活,并将懒惰和轻浮视为不可饶恕的罪行。除了卡尔十一世,没有人能让宫廷继续维持下去了。晚年的时候,乌尔丽卡·埃莉诺拉王后身患重病,很少离开自己的房间。赫德维希·埃莉诺拉太后则把时间平均地花在养狗和打牌上。与大臣交谈时,卡尔十一世会调查询问,以确保每个人都在履行自己的职务。在外出巡查途中,卡尔十一世经常匆忙、随意地就

晚年的赫德维希·埃莉诺拉太后

卡尔十一世骑马画像

餐,甚至连睡觉的时间都不愿挤出来。卡尔十一世唯一的消遣便是行军、打猎和不要命地骑马。似乎越危险的消遣,卡尔十一世就越喜欢。卡尔十一世的军事演习几乎不能称之为"模拟战斗",因为参加演习的人总是会缺胳膊少腿,甚至丢掉性命。在一次军事演习中,卡尔十一世摔断了腿,因此,他余生都是跛脚的。卡尔十一世骑马奔驰很少有不危险的时候。法兰西王国大使让-安托万·德·梅斯就把卡尔十一世的最后一次生病归咎于"可怕的骑马奔驰及经常从马上跌落"。法兰西王国大使让-安托万·德·梅斯补充说,"国王卡尔十一世经常一高兴就以惊人的速度骑着马一口气飞奔五六十里格[①]。卡尔十一世一

---

① 旧时长度单位,1里格约合6千米。——译者注

天跑完的路程，即使是优秀的信使，也得跑上两天。"[①] 作为一个猎熊者，卡尔十一世的技巧与勇气无人能及。卡尔十一世经常近距离攻击熊，还曾单手救下自己的一个同伴。还有一次，卡尔十一世因用力过度导致一根血管爆裂。这次意外险些要了卡尔十一世的命。然而，每个星期天，卡尔十一世总是很"安静"，经常一天参加两三次礼拜。当不能去教堂的时候，卡尔十一世就在自己的房间里听训诫。卡尔十一世的虔诚在他的一举一动中体现。卡尔十一世每天早晚都要阅读一章《圣经》，并定期举行精心准备的圣礼。卡尔十一世跪在自己的房间里纪念隆德战役，并下令取消了瑞典祷告文中为王室祷告而使用的头衔"国王陛下"和"我们最仁慈的国王"。用卡尔十一世自己的话说："与其他人一样，我是一个普通人，一个罪人。全能的上帝，你安抚我，不是因为炫目的高位，而是因为我虔诚的祷告和谦卑的心。"此外，卡尔十一世也会以谦逊的态度聆听神职人员的训诫甚至责备，仿佛这些训诫和责备来自上帝。而其他时候，卡尔十一世无法控制的脾气常会因一点点小矛盾而爆发。这使周围的人感到恐惧。卡尔十一世那种强烈，甚至有些粗俗的幽默感使他免于成为一名清教徒。在这样一位君主的统治下，宫廷的乐趣总是非常简单，并且有着实际目的。在卡尔十一世记录了二十年的私人日记中，只记录了一个化装舞会。作为日常的放松，卡尔十一世只允许家人参加以下活动：婚礼、洗礼仪式、教堂仪式和审查会，以及其他特殊的活动，如对外国王子的公开招待会。这些活动中，只有对外国王子的公开招待会，才像是盛会或典礼。然而，卡尔十一世尽管有时候表现得很不讲道理，但实际上并不是那样。卡尔十一世对教堂建筑的兴趣和对伟大艺术家大卫·科克尔·埃伦斯特拉尔的慷慨都表明卡尔十一世对艺术有一定的品位。当然，卡尔十一世最喜欢的杰作是那些拯救了自己性命的猎犬和被他骑死的马儿们的绘画。这些绘画依然装饰着格利普霍姆堡的宫墙，并证明着瑞典兰西尔犬的聪慧。

[①] 让-安托万·德·梅斯的《日记》中提及，卡尔十一世经常提到自己能从那些猛烈的骑行中获得满足感。——原注

大卫·科克尔·埃伦斯特拉尔

正如对其他东西的关注一样,卡尔十一世对儿子卡尔王子的教育也给予了同样的关注。卡尔十一世用一个巧妙的方法为儿子卡尔王子的教育找到了合适的人。这也说明卡尔十一世天生精明。卡尔十一世为卡尔王子找的第一位老师是埃里克·林德斯科约德。埃里克·林德斯科约德是一个铁匠的儿子。埃里克·林德斯科约德完全靠自己的努力一步一步进入了国家最高级别的政府机构。在那个时代,作为诗人、学者、演说家和政治家,埃里克·林德斯科约德声名显赫。埃里克·林德斯科约德的机智、乐观和令人惊叹的工作能力使他深受国王卡尔十一世的喜爱。斯德哥尔摩的一位丹麦大臣对埃里克·林德斯科约德的形容是"只要愿意,埃里克·林德斯科约德强大的意志力可以扭转所有人和事"。不幸的是,年幼的卡尔王子仅仅接受了这位良师两年的教导。1690年,埃里克·林德斯科约德突然死了。机智敏锐的尼尔斯·于尔登斯托尔佩接替了埃里克·林德斯科约德的工作,成了卡尔王子的老师。尼尔斯·于尔登斯托尔佩是卡尔十一世时代最成功的外交家之一。尼尔斯·于尔登斯托尔佩大部分时间都在国外为国家效劳,回国时,也有非常多的工作要去执行。尼尔斯·于尔登斯托尔佩对卡尔王子这位杰出学生的学业监督相对比较敷衍。

尼尔斯·于尔登斯托尔佩

托马斯·波卢斯

因此，在很大程度上，对卡尔王子的教学工作落在了安德里亚斯·诺登海姆身上。1694年，安德里亚斯·诺登海姆去世后，一位地位显赫、经验丰富的外交官——托马斯·波卢斯接替了安德里亚斯·诺登海姆。与此同时，托马斯·波卢斯还是瑞典的国务大臣。托马斯·波卢斯的工作非常繁忙，其他地方也同样需要他。于是，1695年11月，托马斯·波卢斯得到了古斯塔夫·克龙耶尔姆的帮助。古斯塔夫·克龙耶尔姆也是一位经验丰富的官员。古斯塔夫·克龙耶尔姆的拉丁语演讲备受赞赏。在神学方面，埃里克·本泽利乌斯主教成了卡尔王子的老师。最初，埃里克·本泽利乌斯是斯特里纳斯的主教，随后成了乌普萨拉大主教。埃里克·本泽利乌斯为自己的特殊经历创作了一本叫《布雷维利亚教会史》的书。

尽管在不断地换老师,并且大多数老师只能腾出一小部分宝贵的时间来教卡尔王子,但在学习上,卡尔王子取得了快速的进步。他天资聪慧,自然学科学得非常好,但从一开始,卡尔王子对抽象思维,特别是对数学的强烈偏好,就表现得很明显。卡尔王子不仅不太喜欢历史和语言学科,而且对美术和人文学科一点都不感兴趣。卡尔王子乐于学习任何人教他的东西,并能完完全全地消化这些知识。在很短的时间内,卡尔王子便可以把拉丁语翻译成瑞典语和德语,并且看一眼德语或瑞典语就能翻译成拉丁语。卡尔王子还学会了很多的希腊语,并足以阅读原版的《圣约》。在十二岁前,卡尔王子就已经熟读了盖乌斯·尤利乌斯·恺撒、贾斯汀、科尔奈利乌斯·奈波斯、马库斯·图利乌斯·西塞

盖乌斯·尤利乌斯·恺撒

马库斯·图利乌斯·西塞罗

罗的作品,也许还有恩斯特·罗伯特·库尔提乌斯的作品。同时,卡尔王子还熟读了一些他的老师认为绝对有害的书籍,如用拉丁语写的经典作品和挪威长篇小说。这些书籍中描写的英雄生活,深深吸引着卡尔王子。有一次,安德里亚斯·诺登海姆问卡尔王子对亚历山大大帝的看法。"我很想和亚历山大大帝一样。"卡尔王子回答说。"但亚历山大大帝只活到三十二岁。"老师反对道。"一个人征服了整个国家,那他就活得够久了。"卡尔王子回答说。卡尔王子和父亲卡尔十一世一样不喜欢法语。只有当得知波兰和丹麦的国王都懂法语,而身为瑞典的国王在这类时髦知识上输给其他人是一件很丢脸的事之后,卡尔王子才开始学习法语。不过,很少有人能说服卡尔王子讲法语。卡尔王子的老师埃里克·林德斯科约德曾试图让卡尔王子摆脱这种执拗。埃里克·林德斯科约德说:"如果瑞典国王能够用法语与法兰西王国的大使交谈,那将会是多么体面的一件事啊!""我亲爱的埃里克·林德斯科约德,"卡尔王子回答说,"我已经懂一些法语了,还打算再多学一些。如果我遇到了法兰西王国国王,我会用法语与他交谈。但我觉得任何来瑞典的法兰西王国大使更应该为了我去学习瑞典语,而不是我为了他去学法语。"

18世纪,奥古斯特·路德维希·冯·施洛塞评价了卡尔王子的学习和老师们。奥古斯特·路德维希·冯·施洛塞无知地宣称:"这位天才英雄——卡尔王子是多么与众不同。他欣然抵制了一群学究、爱管闲事的人的共同努力。尽

奥古斯特·路德维希·冯·施洛塞

管这些人怀着世界上最好的打算，但最后会扼杀英雄的天赋。"事实证明，卡尔王子大多数的老师并不是单纯的学究。他们后来都成了世界上最早的一批学者。我们可以从卡尔十一世为卡尔王子的老师们制订的指导方案上寻找到答案。卡尔十二世的父母对类似填鸭式教学之类的事情十分抵触。

卡尔王子的父母对老师的要求严格。上课时，老师不准给卡尔王子太多需要记忆的东西；为了不让卡尔王子对学习反感，不能一次给卡尔王子上太多的科目；只能对卡尔王子循循善诱，让他在不知不觉中，自发地学习完一个东西后再开始学另一个；要让卡尔王子把学习当作一种消遣。可以预料得到，像卡尔十一世和乌尔丽卡·埃莉诺拉王后这样的父母，他们关心的不仅仅是大脑训练，而且更加关心卡尔王子的道德教育。从上述指导方案中摘录的以下内容就足以说明。

> 任何情况下，老师必须使他的学生记住所学知识。尽管他是国王的儿子，是一个伟大国家的继承人，但应该谦逊地承认这是上帝的特殊恩惠和偏爱，并努力学习这些美德。因为只有这样才能配得上他的高贵出身，适合他的崇高地位。王子必须记住：只有全能的上帝才能拥立或推翻国王。有一天，上帝会考查所有生在宫廷或拥有权位的人如何利用手中的职权。因此，所有生在宫廷或拥有权位的人应特别注意，避免滥用上帝赋予的权力压迫他人或毁灭自己。

1693年，在卡尔王子只有十一岁的时候，他的母亲乌尔丽卡·埃莉诺拉王后去世了。对卡尔王子来说，这是一个无法挽回的损失。此后，卡尔十一世亲自将卡尔王子抚养长大，并为卡尔王子能成为他将来想成为的人付出了很多。的确在某些方面，卡尔十一世因干涉儿子的学习，或正如前面提到的，给了卡尔王子一些影响，而受到了严厉的指责。然而，我更倾向认为，父亲通过强烈的直觉判断力知道什么对自己的儿子最好。不过，事实往往被忽视。当还是一个孩子的时候,卡尔王子身体非常羸弱,以至众人——包括让-安托万·德·梅斯——都没有想到他会活到成年。对这样一个柔弱的孩子来说,过度学习是非常有害的,而他最需要的是大量的运动和新鲜的空气。于是,这位身强力壮的父亲打算让柔弱的儿子效仿自己那强有力的生存法则。因此,卡尔王子四岁之前就开始学骑马,八岁时便能得心应手地骑在马鞍上了。七岁时,卡尔王子第一次射杀了一只狐狸。十一岁时,卡尔王子第一次一枪打倒一只熊。卡尔王子的沉着冷静使最有经验的猎人都大吃一惊,也使卡尔十一世自豪不已。几周后,卡尔王子第一次射杀了九十六步以外的一头牡鹿。在私人日记中,卡尔十一世

少年时期的卡尔王子

也提到该事,满足之感溢于言表。从那时起,他们父子之间的关系越来越亲密。在日记中,卡尔十一世写道:"我总是和儿子卡尔一起巡视、训练、演习,参加洗礼、婚礼和葬礼,视察铸造厂、教堂、造船厂、工厂和粮仓。"通过这些活动,卡尔王子逐渐开始了解管理的所有细节。对于战争这门学科,卡尔王子也已经有了明显的偏好。六岁时,卡尔王子最喜欢的消遣就是根据科学原理建造战壕和堡垒。周三和周五是卡尔王子最快乐的时刻,因为他可以上防御与战略课。随着年龄的增长,卡尔王子尽可能积极地参与军事评论和小规模战争,这令卡尔十一世非常高兴。在这些所谓的军事演习中,经常可以看到卡尔王子的身影。这些演习其实往往是动了真格的战争,经常会陷入激烈的混战。如果卡尔王子不够警惕和冷静,那么任何鲁莽的行为都会危及他的生命。在这些演习性的战场上,由于各种磕磕碰碰,卡尔王子虽然经常弄得伤痕累累,但感到非常自豪。他也从父亲那里学会了鄙视舒适和享受。从卡尔十一世的私人日记中可以看出,卡尔十一世对卡尔王子的管教异常严格,但对他也是无比疼爱。卡尔十一世是一个严厉的硬汉。除了愤怒,他不愿表达像脆弱或软弱之类的情感。我认为,卡尔十一世对儿子卡尔王子的影响远比通常认为的要大得多。这种影响体现在卡尔王子的性格上,例如,卡尔王子的矜持早熟和沉默寡言;厌恶关于法兰西王国的一切;以及在他统治初期,便能自信而毫不犹豫地选择或拒绝仆人和大臣。不幸的是,当年轻的卡尔王子和瑞典最需要这种有益影响时,卡尔十一世去世了。

自从妻子乌尔丽卡·埃莉诺拉王后死后,卡尔十一世彻底变了一个人。这种丧妻之痛彻底摧毁了卡尔十一世引以为傲的刚毅。卡尔十一世如此悲伤,甚至在睡觉时他的心情也难以平复。我们得知[①]在乌尔丽卡·埃莉诺拉王后持续了四个小时的葬礼上,卡尔十一世一直哭,直到葬礼结束之后的很长一段时间。表面上,卡尔十一世看上去和以前差不多,但在别人无法看到的私人日记

---

① 法兰西王国大使让-安托万·德·梅斯提供的信息。——原注

中，卡尔十一世记录了自己的悲伤。①从日记可以看出，对于卡尔十一世来说，失去妻子乌尔丽卡·埃莉诺拉王后是一个从未真正愈合的伤口。直到1694年，卡尔十一世还被内心的痛苦折磨着。然而，由于顽固的性格，除了母亲赫德维希·埃莉诺拉推荐的一些简单的家庭药物，卡尔十一世不愿意吃其他任何的药品。尽管如此，卡尔十一世也丝毫没有改变自己严谨的工作作风和危险的消遣活动。1695年，卡尔十一世的病情逐渐恶化。1696年夏，由于卡尔十一世病得很重，医生们都被请去了，但医生的药物对卡尔十一世几乎没有什么用处。②卡尔十一世尽管几乎不能直起身来，但仍然坚持四处走动，仿佛什么事都没有发生，仿佛那钢铁般的意志从未在现实命运前屈服过。1697年1月，虽然没有人敢将病情告诉卡尔十一世，但经过一场漫长而疲劳的巡视后，返回斯德哥尔摩时，卡尔十一世已经非常虚弱了。1697年2月21日，卡尔十一世还在猎狼。1697年2月24日，卡尔十一世又进行了一次视察，但这成了他人生中最后一次视察。1697年2月到1697年3月，他的身体变得越来越虚弱。因此，王储卡尔王子不得不接手宫廷的事务。一视察回来，卡尔十一世就被抬到了床上。与此同时，所有教堂都开始为卡尔十一世祈祷。而在此之前，卡尔十一世一直严格禁止此项活动。1697年4月1日，也就是耶稣受难日，所有希望都破灭了。看着卡尔十一世遭受着巨大的痛苦，那些深爱卡尔十一世的人都盼望着他能早日解脱。1697年4月5日，在最后还有意识的时候——也就是去世前的几分钟，卡尔十一世把一直以来陪伴着自己冒险骑行和打猎的老侍从古斯塔夫·哈德叫到了床前。一看到熟悉、忠实的老仆人，这位垂死的国王就立刻回忆起往事。他向老仆人伸出手，并喊道："再见了，古斯塔夫·哈德！感谢我们在一起的每一天！愿上帝保佑我们可以在天国重逢！"这是他清醒时说的最后一句话。1697年4月5日21时30分，在位三十七年的卡尔十一世去世了，享年四十一岁。

---

① 1693年12月31日的日记。——原注
② 卡尔十一世的日记里完全没有提到这一点。——原注

第3章
卡尔十二世统治初期及荷尔斯泰因问题
(1697—1700)

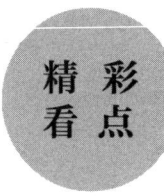

摄政——卡尔十二世的勤勉——缄默——才能——无声的革命——专制的卡尔十二世——加冕礼——令人震惊的新事物——激进的行政变革——托马斯·波卢斯和卡尔·皮佩——"艰难统治"的恐惧——卡尔十二世的性格——卡尔十二世的仁慈——应用——"对荷尔斯泰因的狂热"——荷尔斯泰因－戈托普公爵腓特烈四世两次到访——卡尔十二世被公主包围——欧洲政治的困境——荷尔斯泰因问题——荷尔斯泰因－戈托普公爵腓特烈四世与卡尔十二世姐姐赫德维希·索菲娅的婚姻——组建反瑞典联盟——卡尔十二世的事业和性格——荷尔斯泰因问题到了急性发作期——丹麦开始敌对行动——卡尔十二世离开首都

考虑到自己的继承人还未成年，为应对可能发生的意外事件，卡尔十一世事先谨慎地指定了五位摄政者。在这个摄政团体中，太后赫德维希·埃莉诺拉担任主席，而年迈的本特·奥克森谢尔纳担任首席国务大臣。在国王卡尔十一世去世后，他们立即履行了他们的职责。这个摄政团体①的成员，即使算不上真正伟大的政治家，至少也是务实、精明、冷静的政客。在卡尔十一世的统治下，这些政客并没有徒劳地付出。在这个摄政团体掌控瑞典的七个月时间里，虽然说国内外面临的困难不计其数，但摄政团体没有出现任何重大的错误，国家利益也没有受到任何损失。瑞典国内的管理和卡尔十一世统治后期基本一样，而国外赖斯维克和平会议的成功结束成为瑞典和平外交的一个标志性胜利。这主要归功于赖斯维克和平会议主席尼尔斯·利耶罗斯——也是驻海牙的瑞典公使——的机智和耐心。当时年仅十五岁的国王卡尔十二世每天都出席议会，并对议会上的讨论产生了浓厚的兴趣。除了外交事务，卡尔十二世经常发言，并都能切中讨论话题的要点。据说，在辩论中，卡尔十二世表现出的成熟判断力远远超出了他的年龄。不过，卡尔十二世其他一些不太讨人喜欢的性格特征也显露了出来。其中，最主要的特征便是偶尔很顽固并且沉默寡言。在这样一个青少年身上，这并不常见。有这样一个例子，在参议院就莫里斯·维尔林克是否适

---

① 在过去五十年中，瑞典拥有的第三个摄政团体。——原注

合担任伦伯格法院特使的长时间辩论中，国王卡尔十二世一再被问及对此事的意见，但无论赫德维希·埃莉诺拉太后及其他摄政者怎么努力，卡尔十二世都没说一个字。① 不过，总的来说，卡尔十二世的行为给人们留下了勇气非凡、沉着冷静的良好印象。在卡尔十二世登基后不久，一场大火彻底摧毁了斯德哥尔摩的宫殿，一度让王室成员无家可归，但卡尔十二世表现出来的镇定自若着实令人吃惊。一直保持警惕的法兰西王国大使让-安托万·德·梅斯对卡尔十二世的勤奋和能力深感震惊。法兰西王国大使让-安托万·德·梅斯私下向法兰西王国国王路易十四报告说："在整个监护期间，瑞典这位年轻国王表现出超强的决策力和判断力。"法兰西王国大使让-安托万·德·梅斯还补充说："卡尔十二世有雄心壮志，视野开阔，并且热衷于模仿伟人的行为。"毫无疑问，在接下来的几年里，如果年轻的国王在监护人的指导下逐渐积累经验或慢慢发掘自己与生俱来的伟大天赋，那该有多好啊！卡尔十一世本打算将儿子卡尔十二世培养成像父亲卡尔十世·古斯塔夫那样优秀的国王。不幸的是，事实并非如此。一场突如其来的无声革命，现在正准备跳出卡尔十一世所有明智的预防措施，致使权力最终落入一个十五岁的鲁莽少年手中。

对于瑞典来说，这场灾难是由几个原因造成的。卡尔十一世的死不仅唤醒了众多的希望，也消除了不少的恐惧。在卡尔十一世铁权杖下战栗了二十年的贵族和绅士，终于可以再次自由地呼吸了，并开始计划如何恢复自己失去的权力和财产。对于摄政者，他们没有什么可期待的。这些摄政者基本上是白手起家的人或是已故严厉国王卡尔十一世的门徒。这些贵族和绅士自以为是地认为，如果他们能把年轻的国王卡尔十二世成功地从监护的束缚中解放出来，那么卡尔十二世一定会心存感激。另外我们得知，根据已故国王卡尔十一世的意愿，瑞典议会或参议院是国家体制的一部分。尽管瑞典议会或参议院是国家体

---

① 从很多草案的条目中可以明显看出，这样的情形经常发生："陛下不会发表任何意见"，"陛下没有回复"。法兰西王国大使让-安托万·德·梅斯描述："没有一个参议员能让卡尔十二世说出一句话。卡尔十二世虽然听了别人说的每句话，但一句话都不回答。"——原注

登基后的卡尔十二世

制中的一部分，但参议院的成员忌妒摄政者意外获得高级权力。而几个月前，他们都只不过是自己的同僚。此外，摄政团体成员自身也被无休止的纷争扰得心烦意乱，特别是外交事务。本特·奥克森谢尔纳坚持依靠海上力量，而被他称之为"反对者"的一派则拥护与法兰西王国联盟。1697年，瑞典议会突然被召集起来。表面上看，这是为了埋葬已故国王卡尔十一世——这很容易理解，但实际上是因为发生了奇怪、令人震惊的事情。

1697年11月6日，星期六，各阶层代表在斯德哥尔摩集合。1697年11月8日，星期一，幻想着政权更迭会带来最大利益的贵族，立刻开始了他们的变革。趁议院秘书暂时不在，议会议长以一种介于谈话和辩论之间的语气，就国王卡尔十二世之前表现出的种种才能，与离自己最近的一位代表侃侃而谈。他建议道，如果在离开之前，各阶层代表能看到仁慈的、年轻的卡尔十二世完全掌权，那将是多么令人愉快的事情。他还暗示道：卡尔十二世可能会喜欢自己的这一番话。接着，他的话被贵族和士绅阶层的欢呼声打断——所有人齐声说道，他们希望卡尔十二世能够立即受邀来负责瑞典的统治。随后，在极少数反对派被迅速镇压后，大家通过口头表决的方式通过了一项关于此事的正式提案。正式提案通过后，他们就开始实施该提案，并立刻派了一个代表团等候卡尔十二世的到来。卡尔十二世礼貌地接待了代表们，并慎重地建议他们，如此重要的事情应先和参议院商讨一下。因此，一个小时后，在议长的率领下，由七十四位贵族和绅士组成的代表团出现在了参议院。在忠于王室方面，参议院和摄政团不愿落后于贵族阶层，便表示它们衷心赞同贵族阶层代表的提议。参议院和贵族代表团等候着卡尔十二世的到来。此时，作为发言人，大臣本特·奥克森谢尔纳请求仁慈的卡尔十二世立即接管政权，以取悦他的子民。卡尔十二世立刻表明自己的意愿与忠实子民的愿望一样。在赫德维希·埃莉诺拉太后面前，摄政者和参议院代表亲吻了卡尔十二世的手，并祝贺卡尔十二世接管政权。

由于贵族阶层的行动是在其他三个阶层——神职人员、资产阶级和农民——不同意，甚至不知情的情况下进行的，因此，遭到其他三个阶层的质疑。但现在其他三个阶层正式地知晓了此事，并被邀请一起加入行动。尽管神职人员阶层发出了一些胆怯的警告声，但大多数民众还是同意了国王卡尔十二世的统治。由四个阶层代表组成的联合代表团匆匆忙忙地来到王宫，以瑞典议会的名义，恭敬地请卡尔十二世亲手接管政权。卡尔十二世的回答简短扼要。卡尔十二世说，他不会抗拒各阶层代表的紧急呼吁，但会以上帝的名义接管政权。代表团离开后，卡尔十二世立即回到了自己的房间，并跪在那里默默祈祷了一个小时。这场持续了不到十二小时的无声革命对瑞典和欧洲都产生了重大的影响。

随后是一段充满惊喜和不确定性的时期。年轻国王卡尔十二世那不可逾越的矜持和缄默阻断了所有猜测。法兰西王国大使让-安托万·德·梅斯在给法兰西王国宫廷回信时，只是客观表达了其他人对这件事的看法："我们不知道我们现在在哪里。"贵族希望从政权更迭中得到最大的回报，却发现新国王卡尔十二世比老国王卡尔十一世掌控得更多。在召开了长达三周的会议后，瑞典议会便被解散了。四个阶层的代表得到允许，多停留几周以便处理他们的特殊事务。贵族阶层代表认为这是卡尔十二世示好的标志，于是向卡尔十二世递交了各种各样的请愿书。在请愿书中，贵族谦卑地恳求国王卡尔十二世减轻他们的负担，还特别恳请卡尔十二世暂停或至少限制土地赎回制度的运作。但一周内，请愿书就被送回，上面还写着简要刻薄的批示：卡尔十二世陛下认为自己能对所有人的功绩做出公正的评判，也会友好地对待自己选择的人。然而，在加冕礼上，卡尔十二世提出的创新举措更是令人吃惊。首先，各阶层代表必须要在加冕礼之前宣誓效忠，而不是在加冕礼之后。其次，卡尔十二世并没有根据以往的惯例在加冕仪式期间戴王冠，而是在去教堂的途中自己戴上了。这些都令旁观者极度不安。参议院代表也没有像以往那样骑马去参加游行，而是一边走路，一边举着超过卡尔十二世头顶的华盖。然而，拥有强大帝王气势的卡尔十二世骑着马去教堂。①在教堂门口,大主教及随行的高级教士迎接卡尔十二世,并说道:"奉主的名来的,是有福的!"接着,他们护送卡尔十二世来到圣所。在这里,卡尔十二世坐上了置于宝座上的银椅。宝座上铺着朱红色的锦缎和金丝织物。听了哈昆·斯佩格尔主教的布道之后,卡尔十二世脱下披风,摘下王冠,跪在祭坛前,并按惯常的方式接受涂油。紧接着,卡尔十二世又重新戴上王冠,坐上了象征王位的宝座。然而,在所有改变中,最重要的是卡尔十二世省略了从建国以来祖先们就一直执行的加冕誓言。这一个行为被理解为卡尔十二世认为自己对臣民没有任何义务。一位同时代的人告诉我们,在场观

哈昆·斯佩格尔主教

---

① 就在卡尔十二世骑马的时候,王冠从他头上掉了下来。许多人自然而然地认为这是一个非常邪恶的预兆。——原注

众的骨子里透着一种剧痛。许多人开始自问,在统治之初,这位年轻的国王便毫不犹豫地打破了瑞典最古老的习俗,那他的这些令人惊恐的行为要到什么时候才会停止呢?

行政改革同样激进,与其说是民意,不如说是个人野心使然。加冕礼刚过两天,老大臣本特·奥克森谢尔纳就收到提醒:本特·奥克森谢尔纳不再是一位外交圣人,而仅仅是一个国家部门的行政文员,并且今后只能负责该部门事务。与此同时,本特·奥克森谢尔纳最强劲的两位对手法比安·弗雷德和尼尔斯·瑟雷森·比耶尔克被告上了法庭。他们被指控管理不善,以及挪用公款。由于被两个出身卑微的新议员蒙蔽,由经验丰富的议员组成的参议

法比安·弗雷德

院也失去了大部分剩余的权力。不过现在,卡尔十二世却完全信任两位新议员——托马斯·波卢斯和卡尔·皮佩。1697年12月31日,托马斯·波卢斯和卡尔·皮佩被任命为参议员。1698年1月3日,托马斯·波卢斯和卡尔·皮佩在同一天被封为伯爵,分别掌管着外交和国内事务。我们已经知道,托马斯·波卢斯是卡尔十二世的老师之一。斯德哥尔摩的外交大臣形容托马斯·波卢斯是一位能干而诚实的政治家。不过,托马斯·波卢斯看上去似乎缺乏主动性,一点也不像同僚卡尔·皮佩那样杰出。正如我们将看到的那样,在接下来的十三年里,卡尔·皮佩将成为年轻国王卡尔十二世的左膀右臂。甚至在外交体制方

卡尔·皮佩

17 世纪末的斯德哥尔摩

面,瑞典都变得越来越专制。法兰西王国大使让-安托万·德·梅斯形容说,在公众场合,这个时期的卡尔十二世比他父亲卡尔十一世更专横。法兰西王国大使让-安托万·德·梅斯告诉我们:"过去,参议员常常可以选择进入已故国王卡尔十一世的房间,并在那里自由而大声地交谈。但现在,没有许可,参议员不能进入卡尔十二世的房间。即使进去之后,除了偶尔在彼此耳边低语几句,他们也必须保持沉默以示尊敬。"一切反君主制的行为,无论是直接的还是间接的,都会立即受到残酷严厉的处罚。例如,一位名叫雅各布·伯蒂乌斯的乡村牧师,因抗议神职人员将绝对权力交给一个十五岁的男孩,便于午夜在床上遭到了逮捕。雅各布·伯蒂乌斯被一路拖到斯德哥尔摩,并被判处死刑。不过后来,卡尔十二世将判决改为终身监禁。难怪许多人像法兰西王国大使让-安托万·德·梅斯一样,开始害怕"这段艰难的统治时期"。但就我们所知,总体上,年轻国王卡尔十二世是鼓舞人心的,特别是当人民明白他的行为是受严格的原则约束,而不仅仅是随心所欲的任性时。卡尔十二世坚决反对将酷刑作为审判调查的手段,理由是"严刑逼供得到的供词不能作为法庭判决的依据"。这无疑表明卡尔十二世比大多数支持相反意见的委员会成员更人道、更开明。

卡尔十二世处理事务的能力堪称楷模,甚至在很多人看来有些过于勤奋。英格兰王国驻瑞典大使约翰·罗宾逊在给英格兰宫廷的信中写道:"瑞典国王卡尔十二世已经开始像他父亲卡尔十一世那样,以同样的毅力和不懈的努力处理事务并指挥一切。卡尔十二世每天5时起床,一天的大部分时间都在工作。如果大家能好好地侍奉这位国王,并且他的身体不会被太多的工作拖垮……瑞典将拥有美好的前景。"

卡尔十二世尽管努力地装出大人的样子,但毕竟只是个孩子。卡尔十二世的孩子气常常违背强加在他身上的非自然约束,打破一切限制。这恰好解释了

约翰·罗宾逊

卡尔十二世两次在探望他的表兄①荷尔斯泰因-戈托普公爵腓特烈四世时的放肆行为。这件事也使头脑清醒的臣民感到痛苦和不安。1698年4月中旬，荷尔斯泰因-戈托普公爵腓特烈四世第一次来到瑞典，一直待到1698年8月中旬。1698年5月12日，荷尔斯泰因-戈托普公爵腓特烈四世娶了瑞典国王卡尔十二世最喜爱的姐姐——赫德维希·索菲娅公主。与父亲卡尔十一世一样，卡尔十二世喜欢荷尔斯泰因家族——所以很好地招待了表兄荷尔斯泰因-戈托普公爵腓特烈四世，憎恨与瑞典对立的丹麦君主制政体。荷尔斯泰因-戈托普公爵腓

赫德维希·索菲娅公主

---

① 荷尔斯泰因-戈托普公爵腓特烈四世（1671—1702）的妈妈弗雷德丽卡·阿玛利亚与卡尔十二世（1682—1718）的妈妈乌尔丽卡·埃莉诺拉同是丹麦国王腓特烈三世的女儿。因此，荷尔斯泰因-戈托普公爵腓特烈四世是卡尔十二世的表兄。——译者注

特烈四世在瑞典的旅行如同凯旋一般。为欢迎荷尔斯泰因-戈托普公爵腓特烈四世来到斯德哥尔摩，瑞典人民举办了有史以来最隆重的宴会。瑞典国王卡尔十二世、参议院代表和一群不太知名的人在宫殿的北门迎接荷尔斯泰因-戈托普公爵腓特烈四世，并在数百门火炮的欢迎声中，护送荷尔斯泰因-戈托普公爵腓特烈四世到了宫殿。因为荷尔斯泰因-戈托普公爵腓特烈四世不仅激发了卡尔十二世对危险运动的爱好，还鼓励卡尔十二世进行大胆的冒险，所以荷尔斯泰因-戈托普公爵腓特烈四世很快就赢得了年轻国王卡尔十二世的全部信任，并对卡尔十二世产生了非凡的影响。这似乎是卡尔十二世生平第一次遇到懂自己的朋友。因此，卡尔十二世决定好好抓住这个朋友。卡尔十二世一生中的这段时期有时被称为"荷尔斯泰因狂热期"——该名字名副其实。荷尔斯泰因-戈托普公爵腓特烈四世到达后，除了每天都会发生的那些惊险的骑马

荷尔斯泰因-戈托普公爵腓特烈四世

活动，荷尔斯泰因-戈托普公爵腓特烈四世还经常以把餐桌上的盘子和玻璃杯都打碎，把所有家具从宫殿的窗户扔到外面来取乐。有时，为了改变消遣方式，他们会扔掉侍从的假发，折断侍从的佩剑。一天晚上，虔诚的斯德哥尔摩人民惊讶地看到卡尔十二世和荷尔斯泰因-戈托普公爵腓特烈四世骑着同一匹马进城。当时，荷尔斯泰因-戈托普公爵腓特烈四世坐在卡尔十二世身后，除了衬衫，什么也没有穿。他们拔出剑将沿途的窗户全部劈成了碎片。法兰西王国大使让-安托万·德·梅斯告诉我们，有一次，为了测试宝剑的锋利性，瑞典国王卡尔十二世和荷尔斯泰因-戈托普公爵腓特烈四世便在王室宫殿里砍下小牛、绵羊和狗的头颅，并将流着血的头颅从窗户扔了出去。这种博人眼球的消遣方式持续了整整一个星期，以至最后宫殿内部变得像屠宰场一般。这种行为激起了大众的愤怒和厌恶。大家非常怨恨荷尔斯泰因-戈托普公爵腓特烈四世，甚至怀疑荷尔斯泰因-戈托普公爵腓特烈四世是在盘算着要了卡尔十二世的命，然后夺取王位。众所周知，卡尔十二世的身体状况一直不好，并且他对婚姻有着根深蒂固的反感。这也让大家对卡尔十二世的继位议论纷纷，认为卡尔十二世继位后的前景不容乐观。然而，令大家庆幸的是，荷尔斯泰因-戈托普公爵腓特烈四世离开后，卡尔十二世的举止立即得到了改善。他又变成了从前那个沉默寡言、勤劳自强的年轻人。1699年7月，荷尔斯泰因-戈托普公爵腓特烈四世又来了。荷尔斯泰因-戈托普公爵腓特烈四世一来，虽然卡尔十二世的行为又变得狂暴起来，但还保持着些许高雅。另外，在拥有一年左右处理事务的经验后，卡尔十二世冷静了不少，也更加注意自己的王者尊严。在荷尔斯泰因-戈托普公爵腓特烈四世第二次逗留期间，一向死气沉沉的瑞典宫廷似乎完全改变了。卡尔十二世不遗余力地招待客人。他出手阔绰，很快便将父亲卡尔十一世存下的积蓄都散尽了。[1]舞会、戏剧和化装舞会接二连三地进行

---

[1] 与卡尔十一世不同，卡尔十二世天生便是个阔绰的人。据估计，从1698年3月10日至1698年8月13日，在赠送礼物和娱乐活动方面，卡尔十二世便花费了八十三万五千英镑。外宾每天要花费卡尔十二世三百多英镑。——原注

着。卡尔十二世经常饱含热情、充满活力地跳舞——一个晚上不得不换两三次衣服。卡尔十二世花钱从巴黎请来了最好的演员团，并在宫廷里为他们建了一个剧院。在宫廷中，演员们每周演出两次。不同寻常的是，这位沉默寡言的年轻国王——卡尔十二世居然与贵妇们嬉戏打闹。这给了一大群媒人微弱的希望。那些天，她们将宫廷紧紧围住，坚称要为卡尔十二世张罗对象。1698年到1699年的冬天，那些心存幻想的求偶者尤其积极。尽管雪花无休止地落着，大雪越积越深，但一位接一位的外国公主冒着冬日的严寒来到了斯德哥尔摩。1698年12月月初，荷尔斯泰因-戈托普公爵腓特烈四世的母亲弗雷德里卡·阿玛利亚[①]带着她年轻的女儿玛丽·伊丽莎白来到了斯德哥尔摩——也想参与竞争，赢得这位年轻国王的心。弗雷德里卡·阿玛利亚对当时瑞典和丹麦的联姻计划有了初步的了解，并决定尽可能地阻止它。在赶往瑞典的五天时间里，弗雷德里卡·阿玛利亚因恶劣的天气遭受了严重的损失，但仍然勇敢地坚持着自己的计划。弗雷德里卡·阿玛利亚用了不止十六匹马拖拽马车，但最后不得不把马车扔在了雪地里，改用农民的雪橇。1698年12月中旬，丹麦的大臣也到达了斯德哥尔摩。他的目的很明确：就是要避开弗雷德里卡·阿玛利亚。为了不让别人在无法通行的积雪中发现他的踪迹，丹麦的大臣便在访问初期躺在床上睡觉。据说，在收到弗雷德里卡·阿玛利亚抵达的报告后，卡尔十二世说："她想要什么？来我们这儿联姻的人已经够多了！"符腾堡和勃兰登堡的大臣们也正忙着为同一个目标进行协商。对此，埃尔·恩斯特·卡尔松进行了描述："这位未来的伟大领导者发现自己被公主们包围了！"不过，这些美女围攻者很快发现卡尔十二世是坚不可摧的。卡尔十二世的性情天生冷淡。全天下卡尔十二世最关心的女人就是他那出色的母亲乌尔丽卡·埃莉诺拉王后和姐姐赫德维希·索菲娅。赫德维希·索菲娅现在已经变成了荷尔斯泰因-戈托普公爵夫人。安定舒适的家庭生活对卡尔十二世没有任何吸引力，而冒险和艰辛才能

[①] 荷尔斯泰因-戈托普公爵夫人弗雷德里卡·阿玛利亚是荷尔斯泰因-戈托普公爵腓特烈四世的母亲，也是卡尔十二世的姨妈。——译者注

弗雷德里卡·阿玛利亚

使他快乐。当卡尔十二世还是个孩子的时候，在隆冬时节，为了"磨砺自己"，卡尔十二世从床上爬起来，整夜躺在光秃秃的木板上。结果，卡尔十二世感冒了，还差点丧命。战斗是卡尔十二世真正的使命，而冒险能给卡尔十二世带来快乐。卡尔十二世从来没有像处于混战之中那样快乐。现在，环境的力量激起了卡尔十二世内心的渴望，并把卡尔十二世推向了世界的舞台。当卡尔十二世还安静地在国内学习时，国外的风暴已经开始使他的政治前景变得黯淡。现在，爆发一场使整个欧洲人民都感到震惊的血腥战争也只是一个时间问题了。在南部，西班牙的王位继承问题使政治家心神不宁。所有相关势力都在焦急地等待着手中握着西班牙权力的卡洛斯二世逝世。在北方，荷尔斯泰因家族和丹麦王室连续不断的争端同样是一个炙手可热的问题。在这场争端里，瑞典即使不是主要关注的对象，也同样受到了关注。1695年1月6日，荷尔斯泰因-戈托普公爵克里斯蒂安·阿尔伯特去世后，丹麦国王克里斯蒂安五世更改了丹麦以前关于戈托普财产的所有要求。卡尔十一世立刻将新任荷尔斯泰因-戈托普公爵腓特烈四世的事当作自己的来处理。在瑞典的斡旋下，一场和平会议在平讷贝格召开，但最终没有达成任何协议。卡尔十一世死后，这场争端愈演愈烈。丹麦军队不仅入侵了荷尔斯泰因，还摧毁了刚在那里建立起来的防御

卡洛斯二世

丹麦国王克里斯蒂安五世

工事。然而，1698年——被称作"拥有许多联盟的一年"，所有大国都渴望与瑞典建立友谊，其中也包括丹麦。之前，丹麦还曾试图促成卡尔十二世与丹麦公主索菲娅·赫德维希的婚姻。但由于荷尔斯泰因-戈托普公爵腓特烈四世到访瑞典，并与卡尔十二世的姐姐赫德维希·索菲娅结婚，这个计划才被破坏。但正如我们所看到的那样，荷尔斯泰因-戈托普公爵腓特烈四世不仅娶了卡尔十二世的姐姐赫德维希·索菲娅，还赢得了卡尔十二世的友谊。这是一份永远都在尽心付出的友谊，而且一旦付出，就无法改变。实际上，与荷尔斯泰因的联姻是瑞典历史上的一个转折点。而随后在神圣罗马帝国任命荷尔斯泰因-戈托普公爵腓特烈四世为瑞典军队的总司令便是这一结果产生的迅速而意义深远的影响。现在瑞典已经将自己的命运同荷尔斯泰因联系在了一起，而丹麦在自我防护方面比较受限，因此在极力寻找盟友。然而，丹麦想寻找的盟友打算同新的波兰国王奥古斯特二世和俄罗斯帝国沙皇彼得大帝结盟。尽管表面上，波兰国王奥古斯特二世希望与瑞典结盟，并私下或公开地断言自己将坚定不移地忠于年轻的瑞典国王——卡尔十二世。但事实上，为了实现自己的统治野心——使其萨克森选帝侯国成为一个强国，奥古斯特二世一直在密谋算计

波兰国王奥古斯特二世

约翰·赖因霍尔德·帕特库尔

卡尔十二世。奥古斯特二世当时的首席顾问是利沃尼亚人——约翰·赖因霍尔德·帕特库尔。约翰·赖因霍尔德·帕特库尔是使整个北方处于水深火热之中的始作俑者。现在需要对约翰·赖因霍尔德·帕特库尔的生涯和性格进行解释说明。

1660年,约翰·赖因霍尔德·帕特库尔出生在斯德哥尔摩的一个地牢里。约翰·赖因霍尔德·帕特库尔的父亲因涉嫌将瓦尔米耶拉要塞出卖给波兰人而被关在那里,而约翰·赖因霍尔德·帕特库尔的母亲则一直陪着他的父亲待在那里。约翰·赖因霍尔德·帕特库尔很小就进入了瑞典军队,并且1689年就已经成了一名上尉。在利沃尼亚贵族代表团的领导下,约翰·赖因霍尔德·帕特库尔去斯德哥尔摩抗议在他家乡实施的土地恢复制度。尽管约翰·赖因霍尔德·帕特库尔的口才和胆识使卡尔十一世颇感兴趣,但约翰·赖因霍尔德·帕特库尔陈述的内容没人理会。1692年,在向瑞典国王卡尔十一世提交的一份请愿书中,约翰·赖因霍尔德·帕特库尔用攻击性的语言再次提出了自己的申诉。这使约翰·赖因霍尔德·帕特库尔被判叛国罪。因为藐视法庭,约翰·赖因霍尔德·帕特库尔被判处砍去右手及头颅的刑罚。为了自救,约翰·赖因霍尔德·帕特库尔逃到了瑞士。在接下来的四年里,约翰·赖因霍尔德·帕特库尔过着流浪的生活。1698年,在请求瑞典新国王卡尔十二世的赦免失败后,约翰·赖因霍尔德·帕特库尔开始为奥古斯特二世服务。不过现在,毁灭瑞典国王卡尔十二世和瑞典成了约翰·赖因霍尔德·帕特库尔的主要目标。约翰·赖因霍尔德·帕特库尔并不是一个普通人。约翰·赖因霍尔德·帕特库尔身材高大、力大无比、面容英俊、体魄健美、勇气可嘉。单凭这些就足以使约翰·赖因霍尔德·帕特库尔与众不同。此外,因为接受过精心的教育,天赋异禀的约翰·赖因霍尔德·帕特库尔智商过人。约翰·赖因霍尔德·帕特库尔能用四种语言进行雄辩,能写拉丁语和希腊语,有着深厚的史学底蕴,数学和神学也学得很好。这些与众不同的天赋十分罕见地聚集在约翰·赖因霍尔德·帕特库尔一人身上。不过,约翰·赖因霍尔德·帕特库尔是一个极度傲慢、狭隘自私、自鸣得意的人,这白白浪费了他的天赋。一些现代历史学家居然将约翰·赖因霍尔德·帕特库尔理想化为自由的英雄和烈士。事实上,约翰·赖因霍尔德·帕特库尔什么也不是。贵族阶级的特权是约翰·赖因霍尔德·帕特库尔争取的唯一合法权利。约翰·赖因霍尔德·帕特库尔能容忍地位在自己之下的人特立独行,却无法容忍地位在自己之上的人有任何的权威。约翰·赖因霍尔德·帕特库尔理解的"自由的利沃尼亚"其实就是允许少数不负责任的地主欺压农奴。年轻时,约翰·赖因霍尔德·帕特库尔就因对待家属及下属野蛮残暴而臭名昭著。将约翰·赖因霍尔德·帕特库尔当作烈士仍旧是不合理的。约翰·赖因霍尔德·帕特库尔的叛逆行为都是为了报仇雪恨。约翰·赖因霍尔德·帕特库尔刻意过着臭名昭著的生活,并以对待叛徒的方式被公正地处死。如果约翰·赖因霍尔德·帕特库尔的命运没有让你感到震惊,那么这不是被他伤害并惩罚了他的卡尔十二世的错,而是那个艰难时期允许有这样的惩罚。

  为使瑞典分崩离析,约翰·赖因霍尔德·帕特库尔精力充沛、夜以继日地想找一个更好的借口建立一个大联盟。为此,1698年3月,虽然起初只是纯粹的防御,但丹麦和萨克森选帝侯国还是通过约翰·赖因霍尔德·帕特库尔缔结了联盟。1698年8月,约翰·赖因霍尔德·帕特库尔促使波兰国王奥古斯特二世和俄罗斯帝国沙皇彼得大帝在拉瓦召开了一次会议。在会上,双方对联盟达成了

1698年的彼得大帝

第3章 卡尔十二世统治初期及荷尔斯泰因问题(1697—1700)

初步共识。彼得大帝被称为"具有伟大进步思想的野蛮人"。俄罗斯帝国沙皇彼得大帝比任何人都更想快速实现自己的梦想。俄罗斯帝国沙皇彼得大帝清楚地知道,俄罗斯帝国必须始终保持半野蛮状态,直到收复它的天然海岸。为获得这个国家必不可少的领土,彼得大帝做好了牺牲一切的准备,包括荣誉。此时,瑞典却挡住了彼得大帝的去路。因此,只有将瑞典夷为废墟,彼得大帝才能在其之上建立自己的帝国。多亏了约翰·赖因霍尔德·帕特库尔四处奔走活动,反瑞典联盟才得以迅速缔结。1699年8月,加入仅两周的雄心勃勃的丹麦国王腓特烈四世与萨克森选帝侯国签订了一项针对瑞典的明确进攻性条约。1698年

丹麦国王腓特烈四世

11月，怀着同样的目标，俄罗斯帝国与萨克森选帝侯国缔结了联盟。勃兰登堡也应邀加入联盟，但它仍维持自己的保留态度，更愿意等待时机。然而，所有这些谈判都没有引起瑞典外交大臣的警惕。即使是瑞典最能干的外交家莫里斯·维尔林克，也只顾享受着波兰国王奥古斯特二世的友谊，而被完全蒙蔽了双眼。莫里斯·维尔林克自信地向瑞典宫廷保证，当下的瑞典绝对安全。然而此刻，入侵的军队却在行军备战。为了能迅速采取措施以掠夺"好兄弟"和"盟友"的领土，沙皇彼得大帝和波兰国王奥古斯特二世都在虚伪地假装友好。我们将看到这种口是心非的行为深深地刺痛了卡尔十二世。卡尔十二世是一个正人君子，既不能原谅他们，也无法像他们那样口是心非。

在这段时间里，卡尔十二世一直忙于荷尔斯泰因问题，热情地支持着姐夫荷尔斯泰因-戈托普公爵腓特烈四世的事业。这种热情激怒了一些中立势力，并使他们感到担忧。1699年夏天，在没有咨询大臣的情况下，卡尔十二世便从维斯马派遣了两千四百名士兵到荷尔斯泰因帮助重建那里的防御工事。与此同时，丹麦也立即开始武装。在完全不顾英格兰王国和荷兰共和国的抗议及路易十四的愤怒的情况下，卡尔十二世派了五千名瑞典士兵壮大自己在神圣罗马帝国的军队。1699年10月24日，丹麦向列强发出通知，为出师攻打瑞典正名。最终，卡尔十二世也收到了令人不安的传言：俄罗斯帝国和萨克森选帝侯国将采取敌对行动。于是，卡尔十二世通过与海上强国建立明确的防御联盟加强了自己的地位。尽管卡尔十二世决心不做侵略者，但可以肯定的是，卡尔十二世对战争充满了热情，焦急地等待着战争的爆发。没等多久，1700年2月12日，萨克森军队入侵利沃尼亚，并在没有事先宣战的情况下包围了里加。1700年2月26日，丹麦人占领了荷尔斯泰因。得到消息的时候，卡尔十二世正在猎熊，并且毫不在意这一消息，这让他的随从完全无法理解。卡尔十二世微笑着转向法兰西王国大使让-安托万·德·梅斯说："我们将很快就让波兰国王奥古斯特二世从哪里来回到哪里去。"卡尔十二世立刻赶到斯德哥尔摩做最后的准备。在斯德哥尔摩，卡尔十二世首次得知俄罗斯帝国也加入了反对瑞典的联盟。然而，卡尔十二世的镇定自若让每个人都感到惊讶。危险的逼近似乎使这个男孩变成了一个男人。卡尔十二世对参议院说:"我已经下定决心,决不发动不义之战,但我也下了决心,在我将敌人彻底消灭之前,决不结束正义之战。"随后的一天,全国人民都有理由记住这些不祥的话。1700年4月16日,卡尔十二世离开了他再也不打算再见的首都。

第4章

大北方战争的开端

(1699—1701)

精彩看点

包围里加——埃里克·达尔贝里——荷尔斯泰因战役——无精打采的瑞典盟友神圣罗马帝国——卡尔十二世在斯科讷——卡尔十二世拮据的财政——瑞典舰队出海——汉斯·瓦赫特迈斯特——英格兰王国与荷兰共和国舰队抵达桑德海峡——与英格兰王国和荷兰共和国舰队会合的困难——卡尔十二世与其海军上将的通信——瑞典人登上西兰岛——卡尔十二世的危险处境——《特拉芬达尔和约》——利沃尼亚的远征准备——瑞典大臣的规劝——卡尔十二世的沉默——卡尔·古斯塔夫·雷恩施霍德、芒努斯·斯滕博克、阿尔维德·霍恩和亚当·卢德维格·利文豪普——在佩尔瑙登陆——进攻纳尔瓦——三个月的艰辛——俄军营地——纳尔瓦战役——纳尔瓦战役引起的轰动——拒绝所有调解——莱亚斯城堡的冬天——卡尔十二世与其姐妹的通信与此同时，瑞典与萨克森两军的战争已经打响。1700年2月，约翰·赖因霍尔德·帕特库尔随军前往利沃尼亚。因此，奥古斯特二世相信了约翰·赖因霍尔德·帕特库尔的诺言和陈述，下令让萨克森军队攻打利沃尼亚。约翰·赖因霍尔德·帕特库尔的计划是在他人的帮助下突袭里加。约翰·赖因霍尔德·帕特库尔说，肯定会成功，在利沃尼亚的贵族背叛瑞典之后，萨克森军队将迎来胜利。然而，这个计划被深谋远虑的指挥官埃里克·达尔贝里[①]识破了。埃里克·达尔贝里无疑是瑞典军队中最伟大的谋士和最勇敢的军官。1650年，在卡尔十世·古斯塔夫的统治时期，埃里克·达尔贝里便首次赢得荣誉。正是埃里克·达尔贝里向卡尔十世·古斯塔夫提议穿越冰冻、贫瘠的危险地带，最终赢得罗斯基勒战争的胜利。埃里克·达尔贝里的上级军官卡尔·古斯塔夫·弗兰格尔曾认为穿越冰冻、贫瘠的危险地带是完全不可能的，并决定永不原谅埃里克·达尔贝里。当卡尔·古斯塔夫·弗兰格尔成了摄政团中的一员后，卡尔·古斯塔夫·弗兰格尔提议说，埃里克·达尔贝里应当安享晚年，而不应该得到进一步的提拔。但年轻的卡尔十一世首先采取的行动便是重新任用并酬谢父亲的这位忠实下属——埃里克·达尔贝里，并先后任命埃里克·达尔贝里为伯爵、陆军元帅和总督。在卡尔十二世的统治时期，经验丰富的埃里克·达尔贝里即

---

① 当时，他已经七十五岁了。——原注

将创造最后的丰功伟绩。1700年2月月初,埃里克·达尔贝里率军在里加城外击退了萨克森军队,并在文登和诺伊姆赫勒的交战中获胜。但由于兵力不足,埃里克·达尔贝里无法阻止萨克森军队攻占陶格夫里瓦城堡。陶格夫里瓦城堡是通往德维纳的必经之路。1700年5月,萨克森人第二次入侵利沃尼亚,但在芬兰和爱沙尼亚军队的帮助下,埃里克·达尔贝里率领的瑞典军队再次击退了萨克森军队。1700年6月,在里加举行的一次州议会中,约翰·赖因霍尔德·帕特库尔被公开谴责为叛徒。缺乏人手和资金阻碍了瑞典将军的每一步行动。1700年7月,在第三次渡过德维纳河时,军事力量得到极大巩固的萨克森军

埃里克·达尔贝里

汉诺威选帝侯乔治一世

队没有遭到任何抵抗。在接下来的六周里,奥古斯特二世驻扎在里加城外,死死地包围着里加。1700年5月中旬,荷尔斯泰因的战争也开始打响了。当时,为抵抗丹麦人,吕讷堡的诸侯联合尼尔斯·于伦谢纳领导下的一小支瑞典部队坚守在阵地上。实际上,丹麦人当时已经占领了整个荷尔斯泰因,包围了荷尔斯泰因-戈托普公爵腓特烈四世最后的,也是最坚固的要塞——滕宁。当时,瑞典将军约翰·加布里埃尔·班纳顽强地保卫着滕宁。虽然汉诺威选帝侯乔治一世指挥着联合军队,但由于汉诺威士兵心中充满了忧虑,不愿意在战争中顽强奋战,甚至还小心翼翼地躲避着每一次可能的交战,整场交战看上去更像是在

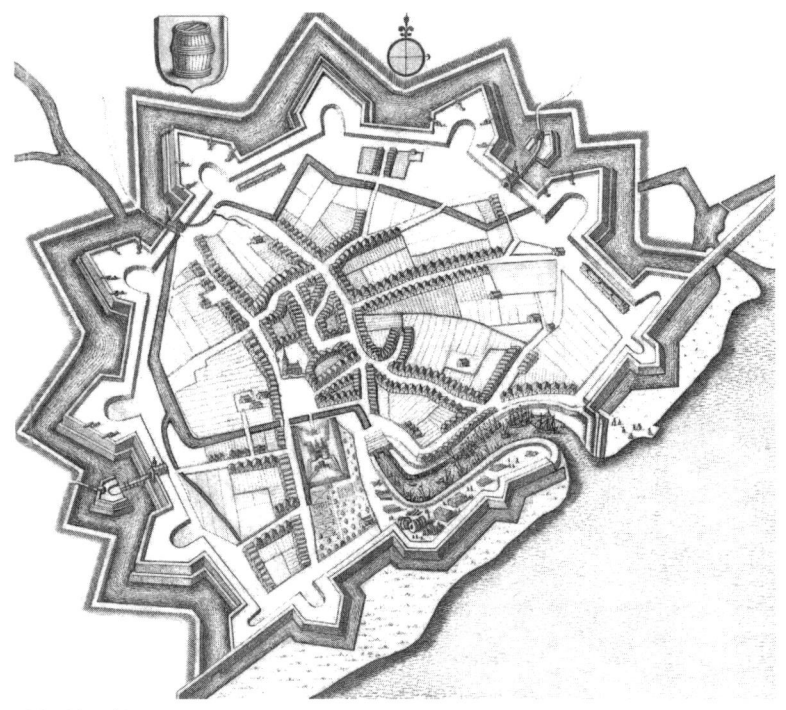

滕宁要塞示意图

进行军事演习。由于汉诺威士兵的消极怠战,丹麦人对滕宁加强了围攻。在接下来的两个月里,除了在谈话距离内谨慎地观察对方,乔治一世指挥的盟军和丹麦军队什么也没做。而中立势力则在努力地、徒劳地试图调停。最后,无法容忍拐弯抹角的卡尔十二世突然主动出击,结束了这场战争。

1700年4月,卡尔十二世抵达了卡尔斯克鲁纳。卡尔十二世监督和动员军队并鼓舞士兵、检查舰队装备的情况,并根据战事的需要在斯科讷的哥德堡、马尔默和卡尔斯克鲁纳之间来回奔波。卡尔十二世有着非同寻常的精力和热情,在每次遇到困难的时候更是如此。而现在,瑞典最主要的困难便是贫困已经让国家无法运作。瑞典虽然现在非常需要钱,但没有资金来源。瑞典经受着持续了三年的严重饥荒带来的影响:国库空空荡荡;贵族们因削减制度的苛刻要求而一贫如洗,只能给予那些窘迫的人很少的帮助或几乎无能为力。在一场代

卡尔斯克鲁纳

价高昂的战争前夕,瑞典政府发现自己几乎已经弹尽粮绝了。难怪卡尔十二世许多经验丰富的顾问都摇头,喃喃自语地说,对瑞典来说,卡尔十二世想从事的事业太过伟大。然而,卡尔十二世却完全没考虑瑞典目前的艰难情形。"凡事皆有可能"是卡尔十二世一贯的座右铭。在与那些看似显然无法克服的困难搏斗中,卡尔十二世获得了别人难以想象的乐趣。然而,周围的人非但没有对卡尔十二世的行为感到不安,反倒充满了敬佩。卡尔十二世用十分武断和不同寻常的方法筹集了一些现金——提前一年征收税款;向参议员借现金;在卡尔十二世的命令下,瑞典各省的总督说服当地的富豪给王室赠送礼品;从荷兰共和国和吕讷堡的贵族那里获得小额贷款。经过三个月的艰苦努力,瑞典的舰队终于准备出海了。卡尔十二世调动了斯科讷的军队,准备进行第一次军事冒险。瑞典整个外交使团的联合抗议也无法阻止卡尔十二世。一个世纪以来,为了达成关于西班牙王位继承战中分割条约的谅解,法兰西王国、英格兰王国和荷兰共和国等海上强国第一次达成了共识,并急于去阻止一场没法本土化的战争,但卡尔十二世没有听从其建议。卡尔十二世采取了一种简单而令人恼火的权宜之计。为了摆脱那些无所不在的外交官的纠缠,卡尔十二世不断地把他们召到五百英里①外位于斯德哥尔摩的驻瑞典大使馆。对于斯德哥尔摩发给卡尔十二世的信,卡尔十二世从不回复。卡尔十二世每天都在桑德海峡等待着英格兰王国和荷兰共和国舰队的到来。英格兰王国和荷兰共和国虽然表面上是瑞典和丹麦的朋友,但暗地里带着不是很明确的秘密指令与瑞典合作——目的就是要使丹麦在荷尔斯泰因问题上听从它们。最后,1700年6月12日,英格兰王国海军上将乔治·鲁克率领的十二艘英格兰王国班轮和阿拉蒙德率领的十三

乔治·鲁克

---

① 1英里约合1.6千米。——译者注

汉斯·瓦赫特迈斯特

艘荷兰共和国班轮抵达哥德堡。1700年6月16日，包含三十八艘大船和一些小型轮船的瑞典舰队携带二千七百支枪也出海了。这支壮丽的瑞典舰队是古斯塔夫三世统治以来最好的舰队。这支瑞典舰队是伟大的海军上将汉斯·瓦赫特迈斯特一生的心血。在1665年6月短暂而血腥的第二次英荷战争期间，汉斯·瓦赫特迈斯特曾作为一名志愿兵在英格兰王国舰队服役。

1675年至1679年，瑞典与丹麦的战争给了汉斯·瓦赫特迈斯特大展拳脚的机会。加入这场战争时，汉斯·瓦赫特迈斯特还只是一名海军上校，而战争结束后，便已经升为海军上将。尽管当时瑞典舰队被荷兰共和国和丹麦的联合舰队击败，但汉斯·瓦赫特迈斯特在厄兰岛和莫恩的海战中表现出色。随后，汉斯·瓦赫特迈斯特又在旗舰上战胜了七名荷兰人。在1678年的第二次厄兰岛战役中,汉斯·瓦赫特迈斯特仅用一支有六艘船组成的小舰队便击败了丹麦的十二艘班轮。战争结束时,汉斯·瓦赫特迈斯特全心全意地致力于重建瑞典海军。经过二十年不间断的努力,汉斯·瓦赫特迈斯特终于可以指挥自己亲手创建的舰队。与此同时,英格兰王国和荷兰共和国的联合舰队也通过了桑德海峡。丹麦海军上将尤里克·弗雷德里克·格尔德龙带着四十五艘班轮回到哥本哈根,占据着从波罗的海进入桑德海峡的唯一安全通道——被称为"昆珠"

尤里克·弗雷德里克·格尔德龙

的海峡入口,切断了英格兰王国和荷兰共和国的联合舰队与位于马尔默以南的瑞典舰队的联系。尤里克·弗雷德里克·格尔德龙下达了命令,通过逐一攻击瑞典与英格兰王国和荷兰共和国的联合舰队,以防止它们相互联系,但绝不冒险与三支舰队同时发生冲突。与此同时,在马尔默上岸之后,卡尔十二世收到了英格兰王国海军上将乔治·鲁克的一封信。在信中,乔治·鲁克敦促卡尔十二世尽快调集舰队,到桑德海峡与英格兰王国和荷兰共和国的联合舰队会合。卡尔十二世立即命令汉斯·瓦赫特迈斯特前往桑德海峡。然而,一个棘手的问题摆在了汉斯·瓦赫特迈斯特的面前。怎样才能与英格兰王国和荷兰共和国的联合舰队会合呢?丹麦舰队几乎位于一个坚不可摧的位置,镇守着大家通常要经过的昆珠海峡。虽然还有弗林特兰尼海峡可以选择,但弗林特兰尼海峡位于萨尔特岛和瑞典海岸之间,凶险异常——没有一艘战舰能通过。尽管汉斯·瓦赫特迈斯特很勇敢,经过两周持续不断的焦虑与犹豫后,他还是无法确定自己的舰队能否通过狭窄、布满礁石的弗林特兰尼海峡。汉斯·瓦赫特迈斯特比任何人都清楚这支舰队的价值。瑞典花了二十年的时间才建成这支舰队。而且这支舰队是瑞典仅有的一支舰队,瑞典的安全还要靠这支舰队。英格兰王国和荷兰共和国的海军上将们催得越来越急,汉斯·瓦赫特迈斯特却还在犹豫。卡尔十二世已经无法控制自己了,从卡尔十二世给汉斯·瓦赫特迈斯特的训诫信中可以看出卡尔十二世的愤怒和不耐烦。在训诫信中,卡尔十二世不仅暗示汉斯·瓦赫特迈斯特是一个胆小鬼,还在训诫信的结尾写道:"我忍不住要告诉你,我们对你的做法非常生气,如果你无法立刻采取经过深思熟虑后的行动弥补之前一直等待的过失,我们将永远不会原谅你。"这话触到了汉斯·瓦赫特迈斯特的痛处。在简短的回信中,汉斯·瓦赫特迈斯特公开表示,他的一生从未害怕过任何东西。汉斯·瓦赫特迈斯特随后补充说,他即将采取的行动将表明自己的勇敢是无人能敌的。这封信落款是1700年7月6日。实际上,1700年7月7日,汉斯·瓦赫特迈斯特便率领瑞典舰队穿过了弗林特兰尼海峡。在穿越弗林特兰尼海峡的过程中,瑞典舰队确实有五艘船搁浅了,还有十三艘船不得不留在弗林特兰尼海峡南部。尽管如此,瑞典舰队仍旧完成了这一壮举。这一壮举证明了卡尔十二世对冒险的坚持。因为丹麦舰队的势力远不如瑞典及其盟军舰队的总和,所以当瑞典舰队在护卫班轮和护卫舰的掩护下用平底大船渡过桑德海峡并在西兰岛海岸成功着陆时,丹麦舰队只能眼睁睁地看着。在此之前,斯图尔特将军已事先仔细侦察过西兰岛。这项计划如此机智以至丹麦的小部队一开始对真正的登陆点判断失误,但当丹麦人发现这一错误的时候,瑞典军队的先锋部队已经准备冲锋了。卡尔十二世手里拿着一把剑,急急忙忙地从船上跳入淹到腰部的水中,开始涉水上岸。卡尔十二世是第一批上岸的人之一。在经过一场短暂而激烈的小冲突之后,丹麦人被击退了,而瑞典人则在一个安全稳固的营地里安顿了下来。

卡尔十二世涉水上岸

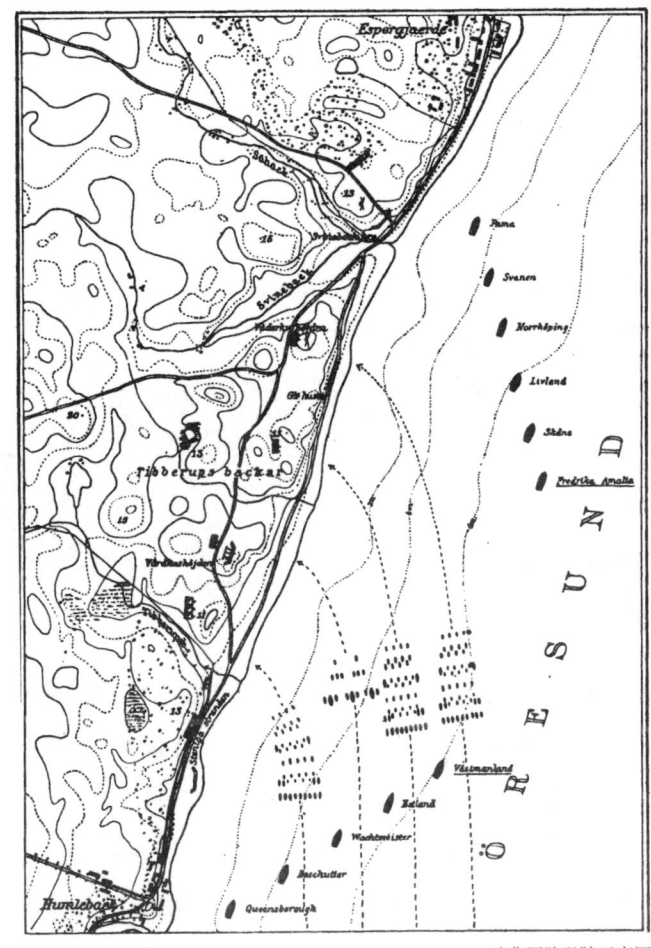

瑞典军队登陆示意图

到目前为止，虽然一切都进展顺利，但卡尔十二世的处境非常危险。卡尔十二世只有一支四千人的军队，而且军需供给只能维持五天。一方面，在整个瑞典境内，卡尔十二世没有骑兵征收军用物资；另一方面，丹麦的军队正在集结，哥本哈根的市民们充满了战斗热情，叫嚷着要一起加入战斗，共同抗击敌人。如果丹麦海军重新获得制海权，或者有任何意外中断了卡尔十二世与瑞典的通信，卡尔十二世就输定了。然而，完全依赖舰队的丹麦政府没有料想到卡尔十二世会突然登陆。丹麦政府被这一举动惊呆了，因此在接下来的一个星期里

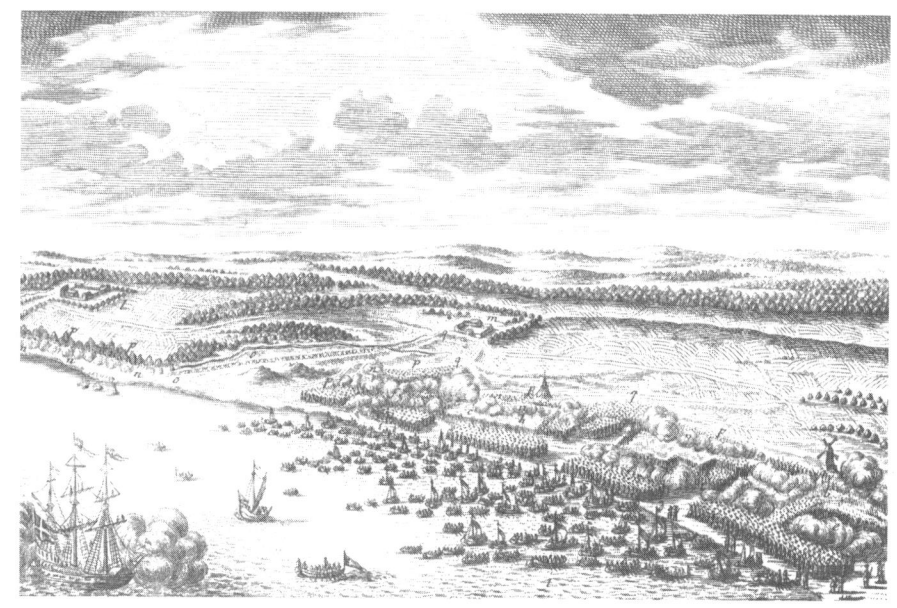

瑞典军队登陆

什么也没做。而这时,卡尔十二世的增援部队已经渡过了桑德海峡。卡尔十二世发现自己已经拥有了一万一千名士兵。正当卡尔十二世准备进攻哥本哈根的时候,南方的一位信使来到了瑞典营地,并带来消息称荷尔斯泰因-戈托普公爵腓特烈四世和丹麦国王克里斯蒂安五世已经在特拉芬达尔达成和解,签订了《特拉芬达尔和约》,并且丹麦国王克里斯蒂安五世同意了荷尔斯泰因-戈托普公爵腓特烈四世提出的所有要求。因此,瑞典舰队就没有必要再去进攻西兰岛。英格兰王国海军上将乔治·鲁克正式通知汉斯·瓦赫特迈斯特,因为荷尔斯泰因的所有要求都得到了满足,已经不再需要英格兰王国舰队的援助,所以英格兰王国舰队接到命令——立即赶回英格兰王国,但卡尔十二世仍不愿意放弃粉碎丹麦君主制政体的宝贵机会。随后,在瑞典军营中,卡尔·皮佩及其同僚一起竭尽全力地向卡尔十二世进谏,并表明违背所有盟国的意愿是一种类似于犯罪的愚蠢行为。卡尔·皮佩及其同僚坚信,如果卡尔十二世执意要鲁莽地将瑞典陷入一场不必要的战争,那么全世界都会憎恨他,甚至连上帝也会迁怒于他。现在，卡尔十二世不仅可以获得正义的和平，而且连难以镇压的利沃尼亚都表明：如果卡尔十二世放弃攻打丹麦，利沃尼亚将为卡尔十二世提供一块新的土地以供军事使用。最终，强有力的理由和巧妙的措辞占据了上风，卡尔十二世同意放弃攻打丹麦。

至此，卡尔十二世的第一次战役光荣地结束了。该战役的胜利主要归功于卡尔十二世。卡尔十二世独自提出了一个大胆的计划：直面强大的丹麦舰队，突袭西兰岛。然而，更加大胆的是：尽管军队中经验丰富的军官都反对这一计划，但卡尔十二世仍旧执行了这一计划。卡尔十二世第一次证明了凭借他那惊人的决心和顽强的意志力就能取得胜利，无须奇迹。同时，卡尔十二世放弃攻打丹麦表明只要建议言之有理，也并非一定要进行激烈的军事战争。所有见过卡尔十二世的人都会对他留下深刻的印象。丹麦军官对瑞典一位年轻将军严明的纪律感到惊讶。在征战的过程中，这位年轻将军率领的部队宁愿在肥沃的土地上忍饥挨饿，也不会去随意掠夺、践踏土地。在豪华的游艇上和卡尔十二世的一次会见中，英格兰王国海军上将乔治·鲁克被卡尔十二世的坦率和开阔的胸襟深深吸引了。据说，英格兰王国海军上将乔治·鲁克曾说过：卡尔十二世是英勇军人的模范代表。此外，英格兰王国海军上将乔治·鲁克还曾想把自己的豪华游艇赠送给卡尔十二世，但私下里被劝阻不要这样做，"因为卡尔十二世不太喜欢这种奢侈品"。

接下来的两个月，卡尔十二世一直留在斯科讷，为征战利沃尼亚做准备。无论卡尔十二世走到哪里，总有一大群大使跟在身后。卡尔十二世对外交官的厌恶似乎与日俱增。卡尔十二世不仅总是拒绝外交官跟随自己，还常将他们打发到驻斯德哥尔摩的大使馆。卡尔十二世如果明智，就会答应奥古斯特二世提出的和平条款。奥古斯特二世对丹麦突如其来的崩溃感到震惊，现在渴望通过法兰西王国向卡尔十二世提出和平条款。然而，对于奥古斯特二世提出的关于和平的任何提议，卡尔十二世都充耳不闻。对奥古斯特二世叛国行为的厌恶，以及惩罚奥古斯特二世的欲望，特别是对胜利的渴望，激起了卡尔十二世对新冒险的兴趣。同时,卡尔十二世把自己的真实情感隐藏在一种令人费解的"沉默外衣"之下。虽然每隔一天就有信送到卡尔十二世那里去,但斯德哥尔摩的大臣已经一周没有收到回复了。有一位纠缠不休的法兰西王国大使的提案被一些不可能的反提案巧妙地驳倒了。这位大使曾建议瑞典与波兰和平共处,并同意西班牙的割地条约。有一次,卡尔十二世以前的老师托马斯·波卢斯抓住一个难得的机会,私下向卡尔十二世敞开心扉,滔滔不绝地讲述自己及同僚对和平提议的看法。笑着听了一会儿后,卡尔十二世站起来礼貌地向托马斯·波卢斯鞠了一躬后,一句话也没说就离开了房间。众所周知,卡尔十二世的一生中充满了各种奇妙的冒险和被忽视的机会。卡尔十二世固执地拒绝同奥古斯特二世达成和解,是卡尔十二世一生中犯的第一个严重错误。卡尔十二世是一个傲慢、以自我为中心的保守主义者,喜欢独立行事,并且不顾一切地坚持走自己的路。这不仅是卡尔十二世作为统治者最大的问题,也是他未来遇到的所有灾难的根源。在这段时间,卡尔十二世的财政情况变得越来越窘迫。许多人认为,卡尔十二世能否调动自己的军队似乎都是个问题——从最意想不到的角落都能听到这种不祥的预警。本特·奥克森谢尔纳一直都是和平的拥护者。长期的经验告诉本特·奥克森谢尔纳忽视机会是危险的。本特·奥克森谢尔纳虽然是大臣中最谨慎、最委婉的一个,但现在对所有事情失去了耐心。在给托马斯·波卢斯的一封信中,本特·奥克森谢尔纳以最直接、最有力的方式表达了自己对事态发展的厌恶和震惊。本特·奥克森谢尔纳不仅痛苦地抱怨自己及同僚对卡尔十二世的计划一无所知,还谴责卡尔十二世的顽固非但不会使敌人自相残杀,反倒会使自己成为众矢之的。种种迹象表明,俄罗斯帝国是一个不能忽视的对手。"彼得大帝一旦在波罗的海占有一席之地,"本特·奥克森谢尔纳写道,"便会坚持到底。"卡尔十二世是否看到了本特·奥克森谢尔纳的这一封信,我们不得而知。但1700年9月25日,卡尔十二世终于打破了长期的沉默。卡尔十二世在对大臣简短的致辞中宣布:他不能接受任何的调解,决心通过"合法武器"让"这场奸诈而不公正的入侵"付出应有的代价。卡尔十二世也不同意任何谈判，除非对方已事先进行了完整、彻底的赔偿。同一周内，卡尔十二世得到消息称，彼得大帝已经入侵了英格里亚。卡尔十二世命令参议院将彼得大帝逮捕入狱，没收全国上下所有俄罗斯帝国的船和货物。准备工作已经完成，卡尔十二世决定带着自己的军队立即出发。1700年10月1日，卡尔十二世登上"韦斯特曼兰"号舰出发，1700年10月2日，便到达了库尔兰海岸。

在跟随卡尔十二世第二次征战之前，我们应该好好地了解一下卡尔十二世的主要将士。在接下来的十八年里，这些将士将跟随不屈不挠的卡尔十二世一起历经沧桑，荣辱与共。英勇的卡尔十二世身边围绕着不少英雄，其中有四位将脱颖而出：卡尔·古斯塔夫·雷恩施霍德、芒努斯·斯滕博克、阿尔维德·霍恩和亚当·卢德维格·利文豪普。

卡尔·古斯塔夫·雷恩施霍德

卡尔·古斯塔夫·雷恩施霍德，1651年8月6日出生于格赖夫斯瓦尔德，并曾在隆德大学的萨穆埃尔·冯·普芬多夫手下学习。1673年，卡尔·古斯塔夫·雷恩施霍德以海军少尉的身份参军。在1673年到1679年的丹麦战争中，卡尔·古斯塔夫·雷恩施霍德首次展示了自己的英勇。在卡尔十一世的三次伟大胜利中——哈尔姆斯塔德战役、隆德战役和兰斯克鲁纳战役，卡尔·古斯塔夫·雷恩施霍德都功不可没。因此，卡尔十一世亲自授予卡尔·古斯塔夫·雷恩施霍德"中校"的头衔和"英勇士兵"的称号。

随后，卡尔·古斯塔夫·雷恩施霍德又加入威廉三世[①]军队中。威廉三世军队虽然经常被打败，但从未被彻底铲除，并且在低地国家荣获了新的荣誉。

萨穆埃尔·冯·普芬多夫

---

① 威廉三世（1650—1702），出生即继位为奥兰治亲王，1672年7月任荷兰省、泽兰省执政，1674年4月26日任乌德勒支省、海尔德兰省及上艾瑟尔省执政，1689年2月13日登基为英格兰国王威廉三世、苏格兰国王威廉二世和爱尔兰国王利亚姆，直到1702年3月8日逝世为止。1688年11月5日，威廉三世废黜岳父詹姆斯二世登上英格兰王位。威廉三世和妻子玛丽二世共治不列颠群岛，直到玛丽于1694年12月18日去世。他们共治时期通常被称为"威廉和玛丽"。——译者注

威廉三世

因此,在卡尔十二世在位期间,卡尔·古斯塔夫·雷恩施霍德是瑞典军队里最成熟、最能干的将军之一。尽管卡尔·古斯塔夫·雷恩施霍德敢于铤而走险的作战策略正中卡尔十二世的下怀,但那些不受卡尔十二世喜爱的将军痛恨卡尔·古斯塔夫·雷恩施霍德,因为他们更喜欢荷兰共和国那套凡事均需要经过深思熟虑才能行动的做派。有些人甚至完全否认卡尔·古斯塔夫·雷恩施霍德是一位将军。卡尔·古斯塔夫·雷恩施霍德即使在弗斯霍瓦取得了辉煌的胜利,也无法使反对者对他刮目相看。不过,像卡尔十一世和卡尔十二世这样严格的君主都对卡尔·古斯塔夫·雷恩施霍德感到满意。如果将卡尔·古斯塔夫·雷恩施霍德在十二场激战、三十场交战中荣获的胜利统统归功于运气,那完全是荒唐的。然而,大家咒骂卡尔·古斯塔夫·雷恩施霍德是一个言语挑衅、近乎残忍和粗鲁的人。这使卡尔·古斯塔夫·雷恩施霍德树敌不少,内心受到了伤害。

芒努斯·斯滕博克是未来赫尔辛堡战役和加德布施战役的胜利者,是一位快乐而杰出的人物。1665年5月12日,芒努斯·斯滕博克出生于斯德哥尔摩。在1683年到1689年海外旅行期间,芒努斯·斯滕博克在巴黎雅克·奥扎南门下学习数学,并以海军少尉的身份加入了威廉三世的近卫骑兵团。回到斯德哥尔

芒努斯·斯滕博克

埃娃·玛格达莱娜·奥克森谢尔纳

摩之后,芒努斯·斯滕博克有幸赢得了瑞典大臣本特·奥克森谢尔纳的女儿埃娃·玛格达莱娜·奥克森谢尔纳的芳心,并且与埃娃·玛格达莱娜·奥克森谢尔纳结为连理。接下来的六年里,芒努斯·斯滕博克依然四处漂泊。在这期间,芒努斯·斯滕博克曾在荷兰共和国军队效力,并且表现出色。在卡尔十二世继位的时候,芒努斯·斯滕博克已经荣升为上校了。我们将看到,芒努斯·斯滕博克的故事与他崇拜的卡尔十二世密不可分。值得注意的是,芒努斯·斯滕博克成了卡尔十二世战争艺术唯一的追随者,而大多数的瑞典将军则属于另外的战争学派或属于上一代。在17世纪所有伟大的英雄中,容光焕发、多才多艺、和蔼可亲的芒努斯·斯滕博克是最受欢迎的。至今,芒努斯·斯滕博克的英雄事迹及遭受的各种苦难仍深深印刻在普通民众的脑海中。在斯科讷,芒努斯·斯滕博克曾担任过一段时间总督。芒努斯·斯滕博克的故事至今仍家喻户晓。除了卡尔十二世,芒努斯·斯滕博克是人们心中的英雄。

用阿尔维德·霍恩最喜欢的话来说,他是"刚出虎穴,又入狼窝"。事实上,阿尔维德·霍恩出生于一个芬兰贵族家庭,但非常贫穷。阿尔维德·霍恩因没有体面的衣服而不被准许进入教堂。后来,阿尔维德·霍恩不得不以普通士兵的身份参军。在军队里,阿尔维德·霍恩认识了芒努斯·斯滕博克。阿尔维德·霍恩曾在低地国家服役。我们不仅将会看到,在卡尔十二世的领导下,阿尔维德·霍恩是如何获得功名的,也将看到,他们之间是如何渐渐出现裂痕的。

阿尔维德·霍恩

亚当·卢德维格·利文豪普

随后,他们之间的裂痕变得如此之大,即使一方心存敬重,另一方心存感激,也无法握手言和。阿尔维德·霍恩深爱着他的国王,但他更爱自己的国家。正如人们所说,阿尔维德·霍恩不希望看到"瑞典因卡尔十二世的任性而洒下最后一滴血"。只要卡尔十二世还活着,阿尔维德·霍恩就只能看着自己的国家流血。不过,在卡尔十二世死后,阿尔维德·霍恩悉心照顾着瑞典,并帮助瑞典恢复活力。①

亚当·卢德维格·利文豪普,生于1659年。卡尔十二世将亚当·卢德维格·利文豪普称为"我们的拉丁上校",因为亚当·卢德维格·利文豪普是少

---

① 罗伯特·尼斯贝特·贝恩:《古斯塔夫三世》,第1卷,第1章。——原注

数几个能用拉丁语进行谈判的瑞典军官之一。除芒努斯·斯滕博克之外，亚当·卢德维格·利文豪普可能是卡尔十二世最好的将军。不过，亚当·卢德维格·利文豪普属于那种小心谨慎、细心周到的"荷兰共和国学派"战术家。亚当·卢德维格·利文豪普曾在低地国家服役过七年。不过之前，亚当·卢德维格·利文豪普一直被自己的上司低估、忽视。据说，当听到亚当·卢德维格·利文豪普在盖马乌埃尔托夫取得伟大胜利时，他的上司甚至感到不可思议。正如我们将看到的，亚当·卢德维格·利文豪普是卡尔十二世的将军中唯一一个能独立指挥军队的人。只要是独自指挥行动，亚当·卢德维格·利文豪普就能做得非常出色。但亚当·卢德维格·利文豪普从来都不是一个受欢迎的人。从某种程度上讲，亚当·卢德维格·利文豪普那默默而可靠的付出在他那些更加聪明的同僚面前显得黯然失色。

1700年10月6日，经过一段艰难的旅程后，卡尔十二世到达了派尔努。起初，卡尔十二世打算解放里加，但发现爱沙尼亚的要塞纳尔瓦仍面临俄罗斯

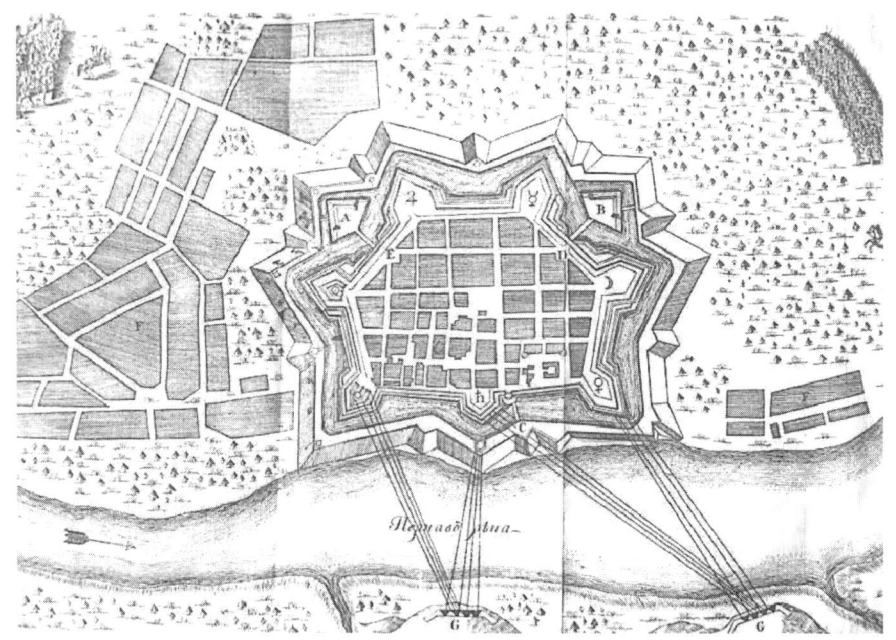

派尔努布防图

人步步紧逼的危险。因此，卡尔十二世决定向北抗击彼得大帝。在拉克韦雷建立总部后，卡尔十二世立即开始集合和调动军队。1700年11月13日，卡尔十二世率领着军队向纳尔瓦进发。然而，对所有瑞典军官来说，这次行动似乎是危险的。按最保守的估算，[①]俄军的人数至少是瑞典军队的五倍，并且俄军还有坚固的营地提供保护。从拉克韦雷到纳尔瓦需要行军七天，而且沿途十分荒芜、危险。从拉克韦雷到纳尔瓦的途中还得沿着险恶的沼泽行进，而要到达沼泽至少还要经过三条危险的小路。只要在这些小路上做出一些防御措施，纳尔瓦便坚不可摧。甚至连卡尔十二世最勇敢的军官卡尔·古斯塔夫·雷恩施霍德和芒努斯·斯滕博克都只能挥手作罢。卡尔十二世发现自己最讨厌的法兰西王国新任大使吉斯卡德在雷瓦尔等着自己。法兰西王国新任大使吉斯卡德和其他人一样真诚地反对这一探险性的计划，但徒劳无功。在雷瓦尔，法兰西王国新任大使吉斯卡德像影子一样紧紧跟着卡尔十二世。卡尔十二世并没有每天期待着能有一千名骑兵从雷瓦尔赶过来。卡尔十二世坚持认为，多拖延一天都是危险的，要想削弱俄军的优势，唯一的办法就是出敌不意地采取行动。当军官暗示说有可能遭遇毁灭性的失败时，卡尔十二世回答说，他确信上帝会捍卫正义之举，而且有一群身着蓝色制服[②]的英勇士兵在自己身后，他什么也不怕。于是军队出发了，但结果证明进军纳尔瓦比预想的还要糟糕。

在纳尔瓦战役的最后五天里，整块土地都被战火和刀剑摧毁，满目疮痍，因此，瑞典军队不得不露营。与此同时，瑞典军队已经没有了军粮。俄罗斯人十分小心，撤退时没有给瑞典军队留下任何东西。随着行军的推进，情况变得越来越糟，泥潭中的泥没过了士兵的膝盖，暴风雪和冻雨把士兵们淋得浑身湿透。在过去的两天里，士兵们几乎没有得到一点面包，马也没有吃到一点粮草。幸运的是，俄罗斯人忘记了占领瑞典军队行军路线上两条危险的通道，而第三条通道，即皮哈伊达格，本应由鲍里斯·彼得罗维奇·舍列梅捷夫带领六千人

---

① 俄罗斯人的人数并不像人们通常想象的那样是八万，但略多于四万。——原注
② 瑞典的制服是蓝色的，国旗是蓝色和黄色的。——原注

守卫,却被卡尔十二世亲自率领的四百名骑兵冲破了。1700年11月19日,饥寒交迫的瑞典军队到达了离纳尔瓦大约九英里的拉格纳村,并向被包围的纳尔瓦要塞发出了到达的信号。

与此同时,在俄军的军营里,俄军士兵提心吊胆,混乱不堪。得知鲍里斯·彼得罗维奇·舍列梅捷夫逃亡回来后,彼得大帝惊慌失措,完全失去了理智。彼得大帝决定不再坐以待毙。彼得大帝匆忙将军队的最高指挥权移交给了查尔斯·尤金·德克罗伊。然而,碰巧的是,查尔斯·尤金·德克罗伊完全没有将心思放在俄军上。起初,查尔斯·尤金·德克罗伊以自己完全不了解这些俄罗斯人的作战模式、语言和行事方法为由,拒绝了这份危险的"美差"。彼得

鲍里斯·彼得罗维奇·舍列梅捷夫

大帝害怕得快要疯了，半夜喝了点白兰地，来到查尔斯·尤金·德克罗伊的帐篷里，借着酒疯大喊大叫，一下子巧言哄骗，一下子怒骂威胁，直到查尔斯·尤金·德克罗伊答应自己的要求。随后，彼得大帝喝了更多的白兰地，并借口说与奥古斯特二世有急事要谈，便急急忙忙地走了。其实大家都知道，奥古斯特二世在至少五百英里以外的地方。[①]

　　俄军尽管在决定性的时刻被彼得大帝抛弃了，但粮草丰足、武装精良、防御工事坚不可摧，依旧处于有利地位。此外，俄军的人数是饥寒交迫、疲惫不堪的瑞典军队的五倍。俄军似乎一定会在这场战争中获胜。纳尔瓦镇在一块狭窄的土地上，周围被纳洛瓦河宽阔、弯曲的河道所包围。纳尔瓦镇的南边有一条瑞典军队唯一可以靠近的道路。俄罗斯人固守在两道防线之间。这两条防线不仅切断了纳尔瓦镇获得救援的通道，而且保护俄军免受外界的攻击。第一道防线外有一个九英尺[②]高的壁垒和一条六英尺宽的战壕，还有一百四十门大炮。1700年11月20日黎明时分，瑞典军队在拉格纳被击散。在去往纳尔瓦的途中，当瑞典军队从森林里行进到平原上的时候，查尔斯·尤金·德克罗伊误把瑞典的这支小分队当作了瑞典军队的先锋队，本想派出一万五千名俄军士兵将这支小分队赶回去，但俄军军官拒绝放弃他们的防线。瑞典军队现在的战斗队形是步兵在中央，骑兵在两翼。莫里斯·维尔林克指挥右翼，而负责此次进攻策划的卡尔·古斯塔夫·雷恩施霍德则指挥左翼。卡尔十二世与阿维德·霍恩和芒努斯·斯滕博克率领着瑞典军队最左侧的一支小分队。1700年11月20日14时，在进攻信号发出之后，全体瑞典军队冒着俄军的猛烈炮火前进。突然，天空因一场猛烈的暴风雪而变暗。一些瑞典军队将领想等风暴结束之后再袭击。"不！"卡尔十二世喊道，"难道你们没有看到暴风雪在我们的背后，但刮

[①] 瑞典人制作了一枚奖章嘲笑彼得大帝这次可耻的逃亡。奖章的正面是彼得大帝手举着迫击炮的样子，上面写着："彼得坐在火旁取暖。"奖章的背面是彼得大帝全速逃跑的样子，帽子和权杖都掉在了地上，同时还配了这样一句话："逃之夭夭，哭声哀哀！"——原注

[②] 1英尺约合0.3米。——译者注

纳尔瓦战役

纳尔瓦战场上的卡尔十二世

在俄军的脸上,使敌人看不清我们没有强大的军队吗?我们要竭尽所能地抓住这个有利机会。"说完就继续进攻了。因为暴风雪,俄军只能看清三十步以内的东西,所以直到瑞典军队逼得很近之时,俄军才发现。这次袭击如此迅速猛烈,一刻钟过后,瑞典军队便占据了外圈的战壕。瑞典军队排着队站在战壕上,仿佛在游行示威一样。俄军右翼顿时陷入混乱,士兵仓皇逃跑。在过桥时,由于身后的桥突然断开,逃跑的俄军中不少人被淹死。其余的俄军士兵匆忙地躲在一辆倒在路中间的马车后面,而马车周围的血腥战斗一直持续到天黑。

瑞典军队在纳尔瓦战场上缴获的俄军军旗

在纳尔瓦战场，卡尔十二世身处险境，坐骑向前倾倒

卡尔十二世似乎总是出现在战斗最激烈的地方。卡尔十二世曾多次处于险境之中：沼泽吞没了他的一只杰克靴；战斗结束后，在他的领结里发现了一颗被压扁的子弹。俄军左翼也同样被卡尔·古斯塔夫·雷恩施霍德率领的瑞典军队左翼迅速解决了。天黑之时，战斗就差不多结束了。卡尔十二世迅速占领了俄军安放重要火炮的高地，阻断了俄军左右翼残余分子的会合。那些疲惫的瑞典士兵终于可以在第二道防线和堡垒之间的安全位置得以休息片刻。黎明时分，俄军左翼部队的亚当·阿达莫维奇·维德将军命令手下的士兵投降。那些饥饿、精疲力竭的瑞典士兵也甘愿让亚当·阿达莫维奇·维德将军及其麾下的六千名士兵——数量相当于所有瑞典征服者——放下武器回家。查尔斯·尤金·德克罗

伊和其他在俄军中服役的外国军官本都已经投降了，但在逃跑的过程中被他们自己那些无知、惊慌失措的士兵杀死了。在灾难来临时，这些懦弱的、惊慌失措的俄军士兵选择了背叛。1700年11月21日，俄军躲在各处的残余部队都无条件投降了。但为了不让俄军发现自己的弱点，①瑞典军队立即将俄军俘虏遣散了。俄军的营地、全部炮火和大量的战利品都落入了瑞典人的手中。俄军损失了大概九千到一万人，而瑞典军队只损失不到两千人。在给岳父本特·奥克森谢尔纳的信中，芒努斯·斯滕博克发出这样的感慨："这完全是上帝的杰作呀！但如果说其中有任何人为因素，那就是卡尔十二世陛下坚定的、毫不动摇的决心，以及卡尔·古斯塔夫·雷恩施霍德将军适宜的安排。"卡尔十二世为瑞典士兵感到骄傲，因为是他们平时严格的纪律与作风换回了今天的巨大胜利。据说，当战胜的瑞典士兵进入俄军的帐篷后，瑞典士兵发现桌上摆满了银盘和各种各样好吃好喝的东西，尽管已经两天没吃东西了，②但为了追赶敌人，他们连一块面包都没有碰。

经过十周的围困之后，纳尔瓦终于解围了。1700年11月22日，卡尔十二世在居民的欢呼声中进城了。卡尔十二世首先赶到教堂，跪在那里，为这次胜利感谢上帝，并谦虚地否认了自己在这次胜利中做出的任何贡献。

在整个欧洲，纳尔瓦战役引起了轰动。当卡尔十二世开始冒险远征的时候，许多人因没有看清局势而放弃了卡尔十二世。然而，法兰西王国大使吉斯卡德随后迷途知返，站在了卡尔十二世这边。法兰西王国大使吉斯卡德对卡尔十二世获胜的消息感到非常惊讶，以至几天一句话也说不出来。纳尔瓦战役的胜利引发的后果也不容忽视。一方面，英格里亚被解救了出来。虽然俄军惊慌失措，处于下风，但卡尔十二世全副武装的小队人马——其中一半以上已经住

---

① 据说当时有一万二千名俄罗斯士兵在只有六百人的芒努斯·斯滕博克面前缴械投降了。——原注
② 确实，战后还有一种说法，因为卡斯帕·雷德在给父亲的信中写道：在俄军的帐篷里，他们发现俄军士兵喝了很多白兰地。由于不好安排这些俄罗斯俘虏，他们不得不放走了他们。卡斯帕·雷德补充道："如果当时俄军士兵攻击我们，我们无疑会被打败。"——原注

俄军向卡尔十二世投降

进了医院——急需休息,这阻止了卡尔十二世乘胜追击。另一方面,纳尔瓦战役的胜利也有坏处,因为这不仅使年轻的卡尔十二世自信地认为自己天下无敌,还使卡尔十二世对彼得大帝充满了错误的蔑视——这将让卡尔十二世悔恨不已。1700年12月中旬,瑞典军队进入了塔尔图的冬季营区。为了方便春天来临之时立即开始战争,在接下来的六个月,卡尔十二世一直居住在塔尔图和佩普西湖中间的莱亚斯城堡里。

与此同时,一个事件完全改变了欧洲政治面貌。1700年11月,西班牙国王卡洛斯二世驾崩了。卡洛斯二世把西班牙王室的全部财产都遗赠给了路易十四

卡洛斯二世驾崩

安茹公爵菲利普·德·弗朗斯

的第二个孙子安茹公爵菲利普·德·弗朗斯[①]。路易十四随即公开否认了与英格兰王国和荷兰共和国等海上强国签订的分割契约，并宣布他的决定：安茹公爵菲利普·德·弗朗斯将完全拥有权力。因此，法兰西王国和海上强国之间必然有一场战争。这场战争的爆发只是时间的问题。然而，双方都向瑞典寻求援助。不仅竞争激烈的法兰西王国和西班牙的大使出现在了瑞典的军营中，而且英格兰王国和荷兰共和国的大臣们也同样在斯德哥尔摩忙碌着。在这场大规

---

① 即西班牙波旁王朝的首位君主腓力五世。——译者注

模的竞争中，本特·奥克森谢尔纳看到了瑞典利益最大化的另一个机会，即结束"目前几面倒的战争，让瑞典的国王陛下成为欧洲的仲裁者"。本特·奥克森谢尔纳指示女婿——目前是国王身边大红人的芒努斯·斯滕博克——向卡尔十二世陈述与萨克森选帝侯国和俄罗斯帝国缔结和平的好处，并建议卡尔十二世在即将爆发的关于西班牙王位继承问题的战争中保持中立。这将使瑞典在欧洲享受统治地位，正如卡尔十一世统治下的瑞典在帕拉蒂纳战争期间享有的统治地位一样。这是一个稳妥而安全的建议，如果卡尔十二世能洞察到其中的智慧，并听从这一建议的话，瑞典将获得不可估量的好处。但像往常一样，卡尔十二世没有给出任何的答复。由于卡尔十二世总是保持沉默，关于卡尔十二世的一切就是一个猜不透的谜。法兰西王国和西班牙的大使求助于本特·奥克森谢尔纳。本特·奥克森谢尔纳给卡尔十二世写了无数封信——不知道被读过没有，但从来没有得到答复。芒努斯·斯滕博克绝望地写信给岳父本特·奥克森谢尔纳说："卡尔十二世陛下似乎只愿从上帝那里得到灵感，并且已经把战争的想法牢牢地刻在了自己的脑袋里了，什么也不想去做。"卡尔十二世的另一位军官塞德赫杰姆写道："只有上帝知道这一切的结局是什么。政治和经济都未受到应有的重视，我们只能尽可能地走一步算一步。"卡尔十二世的大臣尼尔斯·利耶罗斯在海牙的紧急陈述，大意是威廉三世和荷兰共和国的大议长安东尼·海因修斯都对延长不必要的北方战争而感到不安，并希望了解瑞典国王的真实想法。但最终，从沉默寡言的卡尔十二世处得到了一个极其勉强的答复。卡尔十二世写道："如果我们与一个如此卑鄙、滥用自己荣誉的人签订条约——哪怕是最微小的条约——都将使我们的荣誉蒙羞。"卡尔十二世已经明确表态要惩罚曾背叛自己的人——奥古斯特二世。在卡尔十二世采取行动惩罚奥古斯特二世之前，所有人对卡尔十二世都没有什么可指望的了。

在接下来的六个月里，卡尔十二世一直和军官们待在莱亚斯城堡。他们打猎、跳舞、滑雪橇、冲进芒努斯·斯滕博克精心设计的雪堡参加音乐会，甚至带着学童般的热情玩"瞎子摸鱼"的游戏。卡尔十二世给姐姐赫德维希·索菲

安东尼·海因修斯都

娅和妹妹乌尔丽卡·埃莉诺拉公主的信虽然很简短，但让我们看到了卡尔十二世无拘无束的一面。在信中，卡尔十二世总是深情款款，有时甚至幽默诙谐。例如，当卡尔十二世替自己的宠物狗庞培向妹妹乌尔丽卡·埃莉诺拉公主的贵宾犬问候时写道"向梅尼斯夫人（狗名）或碰巧也在宫廷中的其他狗狗问好"！有一次，卡尔十二世非常幽默地给姐姐赫德维希·索菲娅描述了一场利沃尼亚农民的婚礼。然而，值得注意的是，卡尔十二世很少谈及自己，从不说自己怎么样了，或者自己打算做什么。姐姐赫德维希·索菲娅身体微恙的时候，卡尔十二世会写很长的信去问候，并为她祈祷。从信中可以看出，卡尔十二世能给姐姐赫德维希·索菲娅很多好的建议。在信中,卡尔十二世也经常询问自己的小外甥查理·腓特烈——未来的荷尔斯泰因-戈托普公爵。卡尔十二世总是将自己的小外甥称为"小C.F."。然而,通常情况下,卡尔十二世的每一封信里都会包含非常简短的道歉——说自己那个时候无法写太多内容。此外,卡尔十二世的所有信似乎都是在极度匆忙的情况下写的,其中很多甚至没有署名。

第5章
卡尔十二世在波兰拥立新国王
(1701—1703)

精彩看点

奥古斯特二世的失望——约翰·赖因霍尔德·帕特库尔鼓起勇气——1701年的征战——卡尔十二世在里加——穿过德维纳——卡尔十二世占据库尔兰——波兰的状况——奥古斯特二世的危险处境——萨皮哈家族——枢机主教迈克尔·斯蒂芬·拉齐约夫斯基——卡尔十二世在伍尔根的冬季营地——拒绝同奥古斯特二世谈判——威廉三世建议调解——卡尔十二世的固执和冒险精神——玛丽亚·奥萝拉·冯·柯尼西斯马克的任务——卡尔十二世向华沙进攻——占领华沙——徒劳无功的谈判——卡尔十二世向南进军——柯里佐夫战役——克拉科夫的沦陷

与此同时，瑞典的敌人正在准备与瑞典重新展开较量。彼得大帝的警惕性十分高。的确，在纳尔瓦战役之后不久，彼得大帝倾向于与卡尔十二世和解，但彼得大帝顽强的决心很快就战胜了一时的恐慌。冬天，彼得大帝加强了自己的边疆要塞，背地里招募了新兵，还派了一个特使去哥本哈根，劝说丹麦国王腓特烈四世与瑞典再次决裂。几天后，在萨莫吉希亚的比尔斯城堡同奥古斯特二世见面时，彼得大帝发现奥古斯特二世垂头丧气。奥古斯特二世现在与卡尔十二世几乎面临着一样的困难。奥古斯特二世的萨克森选民的财政状况非常糟糕。奥古斯特二世在波兰立陶宛联邦的地位一直都不是很稳固，甚至变得岌岌可危。奥古斯特二世在波兰立陶宛联邦最好的朋友建议奥古斯特二世与瑞典和平相处，因此奥古斯特二世几乎同意了瑞典提出的任何条件。与此同时，约翰·赖因霍尔德·帕特库尔一直在奥古斯特二世的身边。约翰·赖因霍尔德·帕特库尔是奥古斯特二世的首席顾问。约翰·赖因霍尔德·帕特库尔是第一个点燃北方战争战火的人，并且现在仍全力以赴地主张战争。约翰·赖因霍尔德·帕特库尔能力非凡，对瑞典心存仇恨。这使约翰·赖因霍尔德·帕特库尔成了瑞典最强大的敌人。约翰·赖因霍尔德·帕特库尔一直与瑞典所有敌人——真正的敌人和潜在的敌人——都保持着联系。有充分的理由怀疑就是约翰·赖因霍尔德·帕特库尔促成彼得大帝和奥古斯特二世的见面，并且不厌其烦地说服奥古斯特二世从疲惫的瑞典人手中夺走利沃尼亚。不过，奥古斯特二世仍然犹疑不决。奥古斯特二世试图通过勃兰登堡选帝侯的调解与卡尔十二世达成和解，但卡尔十二世坚决不与曾欺骗过自己的人谈判。奥古斯特二世被迫进行战斗。1701年3月27日，亚当·海因里希·冯·施泰瑙元帅从华沙出发，开始控制在利沃尼亚的萨克森军队。亚当·海因里希·冯·施泰瑙元帅的命令不是在与俄罗斯人会合之前穿过德维纳——当时是瑞典利沃尼亚和波兰立陶宛联邦之间的边界——而是不惜任何代价阻止瑞典人通过。

瑞典军队已经占领了利沃尼亚，现在是穿过德维纳的时候了，因为利沃尼亚城内已经没有任何吃的了。不幸的利沃尼亚一年内就遭受了敌人的再三蹂躏，而自己的保护者——瑞典又几乎榨干了利沃尼亚的所有财富。由于情况紧急，卡尔十二世迫不得已把利沃尼亚当作一个被征服的省份来对待。因此，一场具有攻击性的战争很快爆发。瑞典军队不耐烦地等待着援军。1701年① 春末，当援军数量达到近一万人后，卡尔十二世再次踏上了战场。1701年6月17日——卡尔十二世的生日，卡尔十二世带领着一万五千人的军队向南行进，开始寻找敌人。1701年7月7日，瑞典军队站在里加的城下。听说瑞典军队的到来，一支由一万名萨克森人和一万九千名俄罗斯人组成的萨克森军队急忙在德维纳河对岸集合完毕，面对着里加。

有传言说卡尔十二世打算在科肯豪森穿越德维纳河。科肯豪森位于德维纳河下游几英里处，那里的河道相对更窄。由于被传言误导，留下约翰·赖因霍尔德·帕特库尔和库尔兰公爵腓特烈·威廉指挥大部队后，亚当·海因里希·冯·施泰瑙元帅便率领着自己挑选的部队赶往科肯豪森。萨克森军队不仅在人数上具有优势，处于居高临下的位置，还拥有坚固的战壕，最重要的是萨

---

① 在卡尔十二世不断的施压下，瑞典拿出了所有资源。瑞典很少会配备这样一支强大而装备精良的军队。1701年年初，瑞典的总兵力估计有八万人，其中一万七千名待在国内保护边疆；一万八千名留在波美拉尼亚，控制丹麦和萨克森；近四万五千人分布在利沃尼亚、爱沙尼亚和英格里亚。——原注

库尔兰公爵腓特烈·威廉

克森军人身经百战,英勇无敌。据说,库尔兰公爵腓特烈·威廉曾说过:"瑞典军队即使有十万人,也不可能成功地越过德维纳河。"因此,约翰·赖因霍尔德·帕特库尔和库尔兰公爵腓特烈·威廉都没有带领部队到河岸去阻止瑞典军队通过,而是到不远的高地上占据一个有利位置,计划等到那区区几千人的瑞典军队过河后,便上前去将瑞典军队统统消灭。萨克森军队还指望着俘虏卡尔十二世,让他沦为自己的阶下囚,让卡尔十二世充分意识到他那惯常的放肆行为非但不会让他逃避危险,反倒会惹祸上身。

1701年7月8日,瑞典军队开始上船。很久以前,埃里克·达尔贝里就接受了卡尔十二世的设计指导,把各种各样的船聚集在一起。埃里克·达尔贝里还发明了一种特殊的平底帆船。这种平底帆船很大，大到可以容纳大炮和骑兵。船的前面有巨大而坚硬的保护装置，在过河时可以像帆一样升起，在到岸的时候可以作为着陆板放下。1701年7月8日4时左右，整条德维纳河上都是木筏、平底帆船和满载瑞典军队的船。瑞典军队走在前面的所有帆船上装满了潮湿的稻草。这些稻草点燃散发的大量烟雾吹到萨克森人的脸上，使萨克森人无法确切地知道瑞典人在做什么。当萨克森人能看清的时候，瑞典军队已经渡过了德维纳河的一半。随后，萨克森人的炮兵开始向前进的瑞典舰队开火，但大部分的炮弹和子弹都被平底帆船上的保护装置挡住了。一小时四十五分钟之后，第一批军队到达了岸上。警备队的掷弹兵是第一批登陆的，其中就有卡尔十二世。"我的伙计们，"卡尔十二世边上岸边喊道，"在上帝的帮助下，我们走了这么远，上帝会帮助我们走得更远的！"事先，瑞典所有将军都恳求卡尔十二世，不要在这么危险的事情上拿自己的生命冒险。当时，卡尔十二世没有说话，但抓住机会溜走了，并带着第一批船的物资过河了。约翰·赖因霍尔德·帕特库尔看到进攻的时机已经成熟，便开始攻击仍处于混乱状态的瑞典小分队。与此同时，整个萨克森军队也发起了攻击。但很快，萨克森军队发现卡尔十二世已经在战场上部署了自己的军队，并且放下了拒马，将萨克森军队置于危险的境地。这场战斗很激烈。卡尔十二世的左翼部队因缺少骑兵而受到重创。然而，幸运的是，卡尔十二世有两支最好的队伍，一支是骑兵卫队，另一支是护卫骑兵团。这两支队伍都进行了顽强的抵抗，特别是由阿尔维德·霍恩率领的骑兵卫队。在交战刚开始时，阿尔维德·霍恩的腿便被一颗子弹射穿了，但阿尔维德·霍恩一直坚持骑在马背上作战，直到战斗结束。最终，萨克森人被迫撤退。于是，整支俄军分遣队不战而逃。然而，就在这时，亚当·海因里希·冯·施泰瑙元帅从科肯豪森回来了。亚当·海因里希·冯·施泰瑙元帅召集萨克森军队，再次前进。而此时，库尔兰公爵腓特烈·威廉决定向瑞典人发起猛攻。尽管已经战死了两匹战马，但库尔兰公爵腓特烈·威廉勇气可嘉，一直奋战到底。虽然库尔兰公爵腓特烈·威廉发起的猛攻遭到了瑞典人的顽强抵抗，并最终被击退，但萨

卡尔十二世率军越过德维纳河

克森军队又发起了第三次攻击。不过,第三次攻击的结果更加绝望——萨克森人最终落荒而逃。亲自带队的约翰·赖因霍尔德·帕特库尔和亚当·海因里希·冯·施泰瑙元帅也因此受伤。战斗从1701年7月8日5时持续到7时,而追捕逃犯持续到了10时。在这场战斗中,瑞典军队伤亡五百人,而萨克森军队伤亡两千人——这还不包括被杀害的、独立扎营的四百名俄罗斯人——被俘虏大约一千人。

这一次取得的伟大胜利,其成果远远超过纳尔瓦的那次胜利。萨克森军队一直逃亡到普鲁士王国地界,而库尔兰①完全落入了卡尔十二世之手。在此之前,卡尔十二世一直在攻打库尔兰;而此次,在没有遭遇任何阻挡的情况下,卡尔十二世从东到西横扫了整个库尔兰,并占领了库尔兰首府米托——米托城内装满了军用储备物资和弹药。在接下来的几年里,整个库尔兰就像瑞典的一个

萨克森军队发起攻击

---

① 当时的库尔兰是波兰的一个半独立的领地。——原注

行省一样，由瑞典总督进行管理。利沃尼亚的居民被允许甚至是被鼓励在库尔兰的森林中随意砍伐木材。现在，德维纳河上所有要塞都被瑞典一个接一个地夺回了，德维纳河上再也看不到一个萨克森人和俄罗斯人。1701年9月月初，卡尔十二世去了伍尔根附近的西库尔兰的冬季营地——位于波兰立陶宛联邦边界，离利耶帕亚不是很远。

在讲述卡尔十二世在波兰的冒险经历之前，我们最好先简单地看一下卡尔十二世17世纪在波兰取得的辉煌战绩。这段经历读起来不像是单调、乏味的现代历史篇章，而更像是中世纪骑士史上的一段插曲。

以前，波兰国土辽阔[①]，但到了这个时候，疆域已经大大缩小。不过，波兰仍然是欧洲土地辽阔的国家之一。波兰的领土向北延伸到波罗的海，向南延伸到摩尔达维亚，并包含奥得河和第聂伯河之间的广阔平原。然而，庞大的波兰已经在垂死的边缘了。波兰之所以仍然存活，仅仅是因为它的邻国还不够强大，不足以给它致命的一击。波兰的衰落始于16世纪中叶。波兰突然从君主世袭制转变为君主选举制，议会拥有最高统治权。顺便说一下，议会仅由贵族组成，而城镇不能代替农村所占的份额。议会的每个成员都被赋予了自由否决权和中止诉讼权。由于议会成员能行使的权力没有约束，在1652年和1764年举行的五十七场议会中，至少有四十八场是无效的。虽然波兰立陶宛联邦由波兰王国和立陶宛组成，但事实上，整个波兰立陶宛联邦只认可一位国王和一个议会，而波兰王国和立陶宛又分别拥有自己的军队、司法和国家高级官员，这大大增加了统治的难度。此外，波兰王国和立陶宛又被分成了不同的省份或享有王权的贵族领地。这些省份和领地都有自己独立的、可以拒绝认可国家议会法令的地区议会。为了解决这种混乱的局面，宪法唯一能做的就是给议会的每一位成员特权以组成一个新的武装联盟。在自由否决权使用不当使立法陷入僵局时，该武装联盟可以视情况支持多数派或少

[①] 波兰立陶宛联邦已经失去的土地面积相当于英格兰王国总面积加上荷兰共和国和比利时的领土面积，但它现有的面积仍然还有法兰西王国面积的一半大。——原注

数派。如果国王和参议院加入了该武装联盟，任何议会决定的问题都可能重新探讨。但这样一来，一个与之相对的联盟可能由任何人在任何时候以任何借口建立起来，所以权宜之计往往容易引起内战。因此，波兰立陶宛联邦的统治呈现一种无政府状态。这种形而上学的体制实际上持续了一个半世纪，与其说这是因为波兰骑士的英勇——毫无疑问，这也是其中的原因之一——不如说是波兰立陶宛联邦邻国的冷漠或软弱让这种体制存在了如此长的时间。① 另外，特别是在像斯蒂芬·巴托里和扬三世·索别斯基这样能干的英

斯蒂芬·巴托里

---

① 就我个人认为，一方面，耶稣会士可能也是波兰沦陷的原因之一。就其扩大的范围而言，对国家的稳定和凝聚力也产生了影响。另一方面，因为新教固有的特性是分裂成不同的宗派，所以新教的传播也是造成国家分裂的原因之一。——原注

扬三世·索别斯基

勇国王的统治下,波兰还有一些休养生息的时候。扬三世·索别斯基曾试图确保自己家族的王位继承权,制订了拯救整个国家的计划,但因法兰西王国的阴谋而受挫。1696年,在一段空位期后,奥地利的影响和财富使波兰王位落入了为了王权而放弃宗教信仰的萨克森选帝侯奥古斯特二世之手。不过,奥古斯特二世在波兰立陶宛联邦的地位一点儿也不稳固。扬三世·索别斯基

孔蒂亲王弗朗索瓦·路易

和法兰西王国王储孔蒂亲王弗朗索瓦·路易的追随者们在波兰境内暗中勾结以对抗奥古斯特二世，而奥古斯特二世对立陶宛争端的干涉使立陶宛最有权势的萨皮哈家族成了与他势不两立的敌人。萨皮哈家族当时在立陶宛的影响力与五十年前拉齐维乌家族和五十年后恰尔托雷斯基家族的影响力相差无几。萨皮哈家族起源于加利西亚。尽管直到17世纪中叶，萨皮哈家族才在参议院获得一席之位，但早在15世纪中叶，人们对萨皮哈家族就已经有所耳闻。当时，萨皮哈家族的主要代表人物是大盖特曼^①——或者，我们应该说是立陶宛的军队总指挥——扬·卡齐米日·萨皮哈。扬·卡齐米日·萨皮哈野心勃勃、脾气暴躁。扬·卡齐米日·萨皮哈对待朋友慷慨大方、和蔼可亲，但对待反对者非常残暴。扬·卡齐米日·萨皮哈曾尝试着将立陶宛贬为一个家族封地。这让

扬·卡齐米日·萨皮哈

---

① 盖特曼是15世纪至18世纪波兰、乌克兰及立陶宛（1569年至1795年称为波兰立陶宛联邦）军队指挥官的头衔，地位仅次于君主。——译者注

立陶宛的大多数贵族在奥金斯基家族的带领下开始反对扬·卡齐米日·萨皮哈。在引发了一系列被文明国家视为内战的事件之后,奥金斯基家族成功地剥夺了萨皮哈家族巨头的权力及扬·卡齐米日·萨皮哈大部分的私人财产。因此,卡尔十二世打算从扬·卡齐米日·萨皮哈身上下手,寻找一个现成的坚定拥护者。在波兰,枢机主教迈克尔·斯蒂芬·拉齐约夫斯基的地位举足轻重。迈克尔·斯蒂芬·拉齐约夫斯基是波格涅兹诺的大主教和波兰王室的首席主教,年

迈克尔·斯蒂芬·拉齐约夫斯基

轻时曾接受过军械类的专业训练。但不幸的是，迈克尔·斯蒂芬·拉齐约夫斯基因在巴黎的哈考特学院杀死了自己的一个同学而被开除。离开学校之后，迈克尔·斯蒂芬·拉齐约夫斯基回到了波兰立陶宛联邦，接受圣职。扬三世·索别斯基率先发现了迈克尔·斯蒂芬·拉齐约夫斯基的卓越能力。在扬三世·索别斯基的保护下，迈克尔·斯蒂芬·拉齐约夫斯基迅速被提拔为瓦尔米亚主教，并因其对教皇真挚的热情和投入而闻名。然而，天真的卡尔十二世授予迈克尔·斯蒂芬·拉齐约夫斯基的枢机主教的地位似乎完全改变了迈克尔·斯蒂芬·拉齐约夫斯基的想法。从那时起，迈克尔·斯蒂芬·拉齐约夫斯基的品性就开始一步一步地恶化，并开始变得傲慢。与此同时，大家发现迈克尔·斯蒂芬·拉齐约夫斯基还十分贪财。扬三世·索别斯基死后，迈克尔·斯蒂芬·拉齐约夫斯基作为临时执政者统治了波兰立陶宛联邦几个月。为了确保孔蒂亲王弗朗索瓦·路易能顺利当选，法兰西王国贿赂了迈克尔·斯蒂芬·拉齐约夫斯基。迈克尔·斯蒂芬·拉齐约夫斯基尽管接受了法兰西王国的贿赂，但将权位卖给了出价更高的萨克森选帝侯奥古斯特二世。不过，在卡尔十二世到来之时，孔蒂亲王弗朗索瓦·路易没有完全答应迈克尔·斯蒂芬·拉齐约夫斯基的过分要求。在整个过程中，迈克尔·斯蒂芬·拉齐约夫斯基都小心翼翼的，并试图尽可能多地从法兰西王国和萨克森选帝侯国两方都获得好处。但当卡尔十二世带领着征战军队来到波兰立陶宛联邦边境的时候，迈克尔·斯蒂芬·拉齐约夫斯基更倾向于像欢迎英雄一样欢迎卡尔十二世，而不是像害怕敌人一样害怕卡尔十二世。

　　从1701年9月中旬到1701年12月月底，卡尔十二世一直留在伍尔根，训练军队，处理军务。正如我们看到的，卡尔十二世正忙着与波兰立陶宛联邦的巨头谈判。卡尔十二世精神饱满，时常和军官一起在营地里打雪球、扔纸制手榴弹自娱自乐。有的军官喜欢居住在舒适、结实的房屋中，但卡尔十二世认为那有失军人风范，便不断地砸坏房屋的窗户。普通士兵只能住在泥土盖起来的临时营房里。卡尔十二世自己也将就着住在一个简单搭建的帐篷中，时不时地才能用一堆柴火取暖。卡尔十二世靠近波兰立陶宛联邦边境,令奥古斯特二世十分担忧。枢机主教迈克尔·斯蒂芬·拉齐约夫斯基应奥古斯特二世的请求写信给卡尔十二世提醒他,波兰立陶宛联邦与瑞典目前处于和平状态,禁止卡尔十二世越境,并提议为卡尔十二世与奥古斯特二世进行调解。卡尔十二世的答复断绝了一切谈判的机会。卡尔十二世直截了当地要求革去奥古斯特二世波兰国王的职务。随后,卡尔十二世送信到波兰立陶宛联邦的参议院,以奥古斯特二世背叛为由,重申自己的要求是正当的,并威胁说,如果波兰立陶宛联邦不服从,他将亲自惩罚奥古斯特二世。卡尔十二世对独立而友好的波兰立陶宛联邦下了如此令人无法容忍的最后通牒,这自然很快伤害到了波兰骑士的尊严。因此,波兰立陶宛联邦出现了一股支持奥古斯特二世的热潮。波兰立陶宛联邦许多地方议会宣称它们已经准备好,即使耗尽最后一滴血,也要维护奥古斯特二世。迈克尔·斯蒂芬·拉齐约夫斯基给卡尔十二世写了一封谦恭而真诚的劝告信,拒绝接受卡尔十二世革去奥古斯特二世波兰国王职务的要求。不过,在信中,迈克尔·斯蒂芬·拉齐约夫斯基几乎是在恳求卡尔十二世立即撤离波兰立陶宛联邦领土。从伍尔根军营中,卡尔十二世同许多外国大使讲述了自己取得的新胜利,但外国大使大多数都劝诫卡尔十二世离开波兰立陶宛联邦。威廉三世对卡尔十二世十分钦佩,甚至以父亲般的口吻写信给卡尔十二世,劝告卡尔十二世,并敦促卡尔十二世为了自己的利益,为了欧洲的利益,立即实现和平,特别是卡尔十二世目前正处于一个内部动乱的环境中。1701年9月,威廉三世成功建立了海牙大联盟。海牙大联盟团结了中立势力一起抵制奢侈无度、虚荣做作的法兰西国王路易十四,但威廉三世觉得自己有生之年应该无法亲自领导海牙大联盟。我们有充分的理由相信,威廉三世已经把纳尔瓦和邓纳蒙德的征服者——卡尔十二世——定为自己的接班人和总指挥。[1]在随着卡尔十二世不断取得胜利的同时,瑞典的政治家也越来越焦虑和警惕。他们希望与波

---

[1] 法兰西国王路易十四不遗余力地想把卡尔十二世争取到自己的一边。法兰西王国提供了巨资贿赂卡尔·皮佩,目的就是想让他把卡尔十二世争取到法兰西这一边。——原注

兰立陶宛联邦和萨克森和平相处，但又不愿瑞典卷入西方海上强国的争夺之战。对瑞典来说，彼得大帝仍然是一个长期的威胁。瑞典政治家一次又一次地坚持认为俄罗斯帝国才是真正的敌人，并建议卡尔十二世集中力量与彼得大帝抗衡。毫无疑问，这是瑞典目前最好的政策。虽然这政策被巧妙地传到了卡尔十二世那里，但卡尔十二世并没听取。卡尔十二世坚持违背大家一致的观点，继续他废黜奥古斯特二世的计划——而这观点几乎是欧洲诸国的想法。二十岁左右的卡尔十二世身上的意志力使他未来的顾问感到惊讶。然而，卡尔十二世的固执无疑有点不通情理，但与那些愚蠢、暴力的莽夫残暴的固执不能相混淆，因为那些莽夫在下定决心之前是完全不讲道理的。卡尔十二世总是彬彬有礼、耐心地听别人提出的论点，仔细地权衡它们之间的差别。只有在极少数的情况下，卡尔十二世才会在做决定之前为自己的行为做出解释。然而，卡尔十二世清晰精准的推理使每个人都感到惊讶。此外，在目前的情况下，卡尔十二世手头已经有了一个可以直接干涉波兰立陶宛联邦内政的绝佳机会。1701年9月，扬·卡齐米日·萨皮哈投奔卡尔十二世，并将自己置于瑞典的保护之下。卡尔十二世最勇敢的部下亚历山大·胡默杰姆率领的六百名精锐骑兵立即被派往萨莫吉希亚，协助扬·卡齐米日·萨皮哈攻打奥金斯基家族。与此同时，波兰立陶宛联邦的领土也遭到了侵犯。然而，这一次，卡尔十二世突然带着四百骑兵从营地消失，并且在接下来的几个星期里杳无音讯，这可吓坏了瑞典的军官。卡尔·皮佩仓促地召开了一个军事会议，制订了以下应对办法：阿尔维德·霍恩立刻带领五百名骑兵去寻找卡尔十二世；1702年1月2日之前，衣衫褴褛、食不果腹、没有领导的瑞典军队只能待在原地，但1702年1月2日之后，他们便可以到其他地方去寻找食物。然而，1701年12月30日，卡尔十二世回来了。卡尔十二世似乎厌烦了长期懒散的生活，便亲自去攻打奥金斯基家族。卡尔十二世一路经过了危险重重的沼泽和森林，追了波兰立陶宛联邦的轻骑兵一百八十英里。在对奥金斯基家族造成一些小小的伤害，并且至少有六次从死亡线上逃回来之后，卡尔十二世毫发无伤地回到了营地。当卡尔十二世安全返回营地时，士兵们为能再次看到卡尔十二世感到莫大的欣慰。据说,当卡尔十二世安全回到营地的消息传到斯德哥尔摩时,斯德哥尔摩的百姓开心地为卡尔十二世的平安归来干了不少杯酒。

库尔兰的人民也为卡尔十二世的平安归来干杯。1702年1月13日,卡尔十二世离开了天气干燥的库尔兰,并在比洛维兹驻扎。1702年1月中旬,奥古斯特二世到欧洲各宫廷寻求帮助,但一直徒劳无功。无奈的奥古斯特二世紧接着派出了两位使者。这是奥古斯特二世最后的希望。美丽的玛丽亚·奥萝拉·冯·柯尼西斯马克是其中的一位使者。三年来,玛丽亚·奥萝拉·冯·柯尼西斯马克一直

玛丽亚·奥萝拉·冯·柯尼西斯马克

伏尔泰

是奥古斯特二世的情妇，也是奥古斯特二世三百六十五个孩子中两个孩子的母亲。伏尔泰①曾将这位女士描述为两个世纪以来最著名的女性。当时，玛丽亚·奥萝拉·冯·柯尼西斯马克的事业正处于鼎盛时期。在欧洲，无论是智慧、优雅，还是品位，玛丽亚·奥萝拉·冯·柯尼西斯马克都无人能敌。迷人的玛丽亚·奥萝拉·冯·柯尼西斯马克现奉命尽一切可能地说服卡尔十二世。与此同时，玛丽亚·奥萝拉·冯·柯尼西斯马克已经计划好与卡尔·古斯塔夫·雷恩施霍德和卡尔·皮佩进行秘密谈判。玛丽亚·奥萝拉·冯·柯尼西斯马克给年轻的

---

① 原名弗朗索瓦–马里·阿鲁埃，法国启蒙时代思想家、哲学家、文学家，启蒙运动公认的领袖和导师。被称为"法兰西思想之父"。——译者注

卡尔十二世写了一封满是恭维之词的信。在信中,玛丽亚·奥萝拉·冯·柯尼西斯马克不仅解释了自己任务的性质,暗示了卡尔十二世可以从中得到的好处,还表达了自己希望能有幸亲吻国王卡尔十二世的手,但并没有得到任何回应。于是,在隆冬时节,玛丽亚·奥萝拉·冯·柯尼西斯马克亲自前往瑞典营地,但卡尔十二世刻意回避,断然拒绝与玛丽亚·奥萝拉·冯·柯尼西斯马克见面。一天,当卡尔十二世外出骑马的时候,玛丽亚·奥萝拉·冯·柯尼西斯马克拦住了卡尔十二世。玛丽亚·奥萝拉·冯·柯尼西斯马克从马车上下来,在泥泞的路上跪在了卡尔十二世面前。卡尔十二世有点吃惊,他彬彬有礼地举起帽子,弯腰行礼,但随后立刻策马扬鞭,全速疾驰而去。最终,玛丽亚·奥萝拉·冯·柯尼西斯马克不得不无功而返。[①]玛丽亚·奥萝拉·冯·柯尼西斯马克离开后,卡尔十二世立即召集了所有潜入营地、不明身份的女人,并强迫她们跪下,说了一段很长但巧妙的威吓之言后便轻蔑地、无礼地将她们从自己的营地里赶了出去。很多人认为这件事是给玛丽亚·奥萝拉·冯·柯尼西斯马克的一种暗示——暗示她不要再出现在瑞典的军营。奥古斯特二世派遣的第二位使者是维斯图姆伯爵。为了贿赂瑞典人,维斯图姆伯爵来的时候口袋里装满了荷兰共和国房产的票据。同时,维斯图姆伯爵口袋里还有一份条约草案。人们认为这一条约将满足卡尔十二世最苛刻的要求。然而,卡尔十二世不仅拒绝见维斯图姆伯爵,还下令逮捕维斯图姆伯爵。特使维斯图姆伯爵不仅被当作一名囚犯送往里加,而且来时携带的荷兰共和国房产的票据也被没收了。事实上,卡尔十二世已经决定不再接待任何人——无论是朋友还是敌人。这段时间,波兰立陶宛联邦参议院和议会派来的一个代表团一直在等待卡尔十二世,但被卡尔十二世礼貌地拒绝了。1702年3月月初,在发布一份申明之后,卡尔十二世出发去了华沙。申明的大意是说卡尔十二世将作为波兰立陶宛联邦的朋友去惩罚并废黜奥古斯特二世。卡尔十二世经常与波兰立陶宛联邦的游击队发生冲突,但沿途并

[①] 有个传言,卡尔十二世当时看着她,大声说:"啊,哈!你这个小坏蛋,还真漂亮!"——原注

华沙

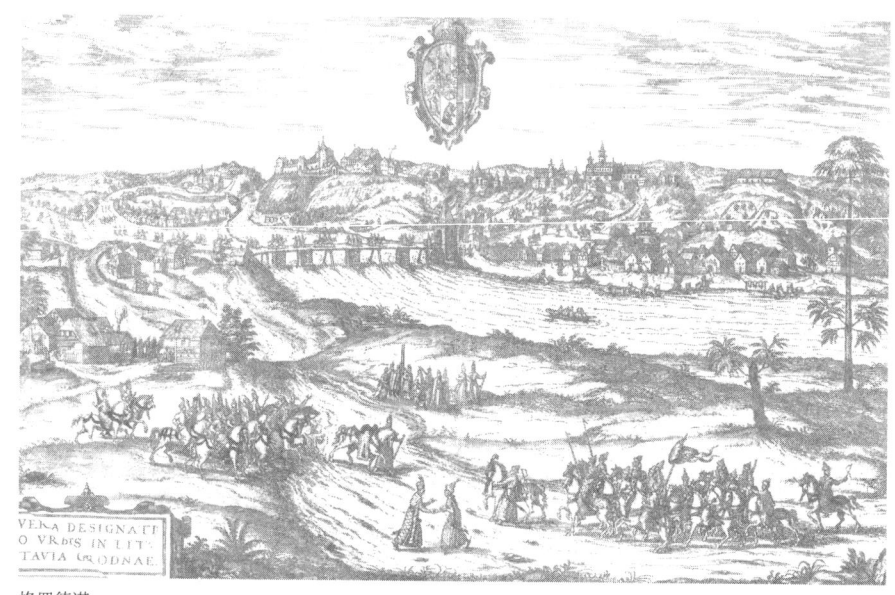

格罗德诺

没有遇到过大的阻挠。顺便说一下,在经过格罗德诺和维尔纽斯的时候,卡尔十二世对格罗德诺和维尔纽斯做出了巨大的贡献。在尤根伯格,卡尔十二世与当时已经成为自己首席顾问的扬·卡齐米日·萨皮哈会合了。在距格罗德诺八英里的地方,卡尔十二世被由波兰立陶宛联邦五百名骑着马的贵族组成的庞大代表团追上了。在将军的陪伴下,卡尔十二世在自己的帐篷里接待了波兰立陶宛联邦的代表团。双方互相恭维,但没有谈成任何事情。最终,波兰立陶宛联邦的代表团离开了。波兰立陶宛联邦的代表团对这位被枢机主教迈克尔·斯蒂芬·拉齐约夫斯基称之为"现代阿提拉"——卡尔十二世——的顽固和严厉感到震惊。接着,卡尔十二世继续沿着波兰立陶宛联邦崎岖的道路前进。据当时的一位目击者描述,卡尔十二世的军队有一万六千个可怜的、光着半边身子、营养不良、衣衫褴褛的士兵,军队马匹稀少,缺乏炮火,但士兵的耐力和作战时的英勇完全不可匹敌。由于河上只有两只小木筏可以用来运送军队,卡尔十二世的军队花了一个星期才穿过宽阔、水流湍急的内曼河。这是途中遇到的唯一比较严重的障碍。1702年5月14日,卡尔十二世安全抵达华沙。在进入波兰立陶宛联邦地界后,卡尔十二世发布了另一份公告:宣布萨克森选帝侯奥古斯特二世——现在卡尔十二世仍坚持称奥古斯特二世为"萨克森选帝侯"——因违反波兰立陶宛联邦宪法被迫放弃了波兰王位,而瑞典人只是协助波兰立陶宛联邦摆脱奥古斯特二世的统治。到达波兰立陶宛联邦首都华沙后,卡尔十二世做的第一件事就是率领军队到皇宫前的大广场上,并在那里唱了《赞美颂》。卡尔十二世的军队就驻扎在城里。卡尔十二世把贵族的豪宅留给将军,自己却选择了普拉加郊区的一间未铺地毯的小房间寄宿,并在那里过着平常而简朴的生活。卡尔十二世向华沙征收了三万里克斯达勒①。正如卡尔十二世所说:"瑞典人不能靠风和天气生活。波兰人应该支持瑞典军队,因为瑞典军队是为了你们才来到这里的。"② 尽管如此,瑞典军队依旧保持着严格的纪律。瑞典军官十分尊重当地居民的生命和财产,并与波兰立陶宛联邦贵族结下了深厚的友谊。在舞会和宴会上,瑞典军官为过去的艰辛找到了一些慰藉。然而,卡尔十二世却对这些舞会活动并不感兴趣。当时,卡尔十二世的节俭、谦虚、节制和虔诚是如此罕见,特别是对于他这样的年纪和所处的地位而言。所有见过卡尔十二世的人都对此感到惊讶和钦佩。

然而,华沙已经没有人可以谈判了。在卡尔十二世抵达前一周,奥古斯特二世就带着所有贵重物品逃到了"加冕城"——克拉科夫。实际上,枢机主教迈克尔·斯蒂芬·拉齐约夫斯基一直在洛维茨逗留。洛维茨是离华沙大约十二英里的一个小地方。迈克尔·斯蒂芬·拉齐约夫斯基对接下来会发生什么感到恐惧和怀疑,但在卡尔十二世的三次召唤之后,迈克尔·斯蒂芬·拉齐约夫斯基冒险来到华沙的征服者卡尔十二世的面前。在华沙的一座宫殿里,枢机主教迈克尔·斯蒂芬·拉齐约夫斯基同年轻的卡尔十二世交谈了很长时间。卡尔十二世断然要求立即召开议会罢黜奥古斯特二世,并选举其他人代替奥古斯特二世。

---

① 里克斯达勒是1604年首次铸造的瑞典硬币的名字。——译者注
② 自从与扬·卡齐米日·萨皮哈会合之后,卡尔十二世就将自己伪装成波兰人的同伙。——原注

枢机主教迈克尔·斯蒂芬·拉齐约夫斯基反对说，根据波兰立陶宛联邦宪法，在国王活着的时候，不能选举新国王。无论如何，自由的波兰立陶宛联邦议会都不可能在强迫下选举国王。最后，对于卡尔十二世来说，更合理和有利的方案便是利用自身的特殊优势勒索奥古斯特二世的担保人，以便削弱奥古斯特二世的权力，使他形同虚设。枢机主教迈克尔·斯蒂芬·拉齐约夫斯基向卡尔十二世保证，在后一种情况下，波兰人将愿意与他一起竭尽全力。在瑞典的将军和政治家听来，这些陈述似乎公正、合理。于是，他们恳切地敦促卡尔十二世听从枢机主教迈克尔·斯蒂芬·拉齐约夫斯基的建议，并重申了瑞典目前的衰落境况和关于安全的老一套论调——瑞典目前孤立的处境，未来的安全问题堪忧。但卡尔十二世仍然不为所动，并且平静地宣称，即使整个国家的人都拿起武器反对，他也不会放弃废黜奥古斯特二世的计划。卡尔·皮佩激烈地抗议，但仍旧徒劳无功。枢机主教迈克尔·斯蒂芬·拉齐约夫斯基的脸颊上流下了苦恼的泪水，并绝望地离开了现场。

1702年5月28日，卡尔十二世带着一小支军队离开了华沙，去寻找奥古斯特二世。瑞典将军们劝卡尔十二世，至少等与尼尔斯·于伦谢纳率领的约一万六千名波美拉尼亚特遣队的精兵或是莫纳旗下的五千名士兵会合之后再走。当时，卡尔十二世派莫纳分队留在立陶宛帮助萨皮哈家族对抗奥金斯基家族。这其实是一个严重的战略错误。然而，卡尔十二世只同意派一个信使给莫纳，命令莫纳马上与自己会合。然后，卡尔十二世就出发去了小波兰①。奥古斯特二世最好的将军——雅各布·海因里希·冯·弗莱明看到了主人的机会，并建议奥古斯特二世立刻集合萨克森军队，并集合波兰南部贵族领地的士兵，以便在卡尔十二世的小部队得到增援之前，尽快将它消灭。奥古斯特二世立刻采取了行动。1702年7月2日，拥有一万九千名精兵的萨克森军队离开了克拉科夫。1702年7月6日，奥古斯特二世在柯里佐夫安营扎寨。随后不久，奥古

---

① 小波兰是波兰立陶宛联邦最南端的一个地区，由卢布林、桑多梅日和克拉科夫组成。——原注

雅各布·海因里希·冯·弗莱明

斯特二世与大盖特曼希罗尼姆·奥古斯丁·卢博米尔斯基领导下的一支约六千人的波兰立陶宛联邦军队会合。1702年7月8日,卡尔十二世到了离波兰立陶宛联邦军营不到一英里的地方,而莫纳分队只需一天的时间便可到达。虽然卡尔十二世完全可以偷袭波兰立陶宛联邦军队,而不用等莫纳分队的到来,但卡尔·皮佩建议,由于1702年7月9日正好是邓纳蒙德战役的周年纪念日,在这场战争的周年纪念日出征并赢得胜利将更加光荣。卡尔十二世同意了这个建议,并让疲惫的士兵们休息了几个小时。1702年7月8日20时,莫纳分队与卡尔十二世会合。由于长时间的行军,莫纳分队已经非常疲乏,但卡尔十二世不想再推迟这场战斗。于是，1702年7月9日6时，卡尔十二世便率军搜寻波兰立陶宛联邦军队。卡尔十二世的军队大约有一万人。经过六英里的行军后，瑞典人出现在了波兰立陶宛联邦军营的视线范围之内。萨克森军队的右翼在树木茂密的高处休息，他们的前面有一条长长的沼泽保护，沼泽出去就是萨克森军队的左翼。萨克森军营的后面包围着一个半圆形的深沼泽，如果萨克森军队撤退①，可能会损失惨重。营地前面的一座小山上驻扎着炮兵，可以控制整个平原和远处的树林。到了中午时分，瑞典人已经穿过这些树林，径直地朝着萨克森军营前进。奥古斯特二世立刻命令萨克森军队的左翼部队跟随瑞典军队，如果瑞典军队企图撤退，就与瑞典军队展开战斗。整个萨克森军队都被

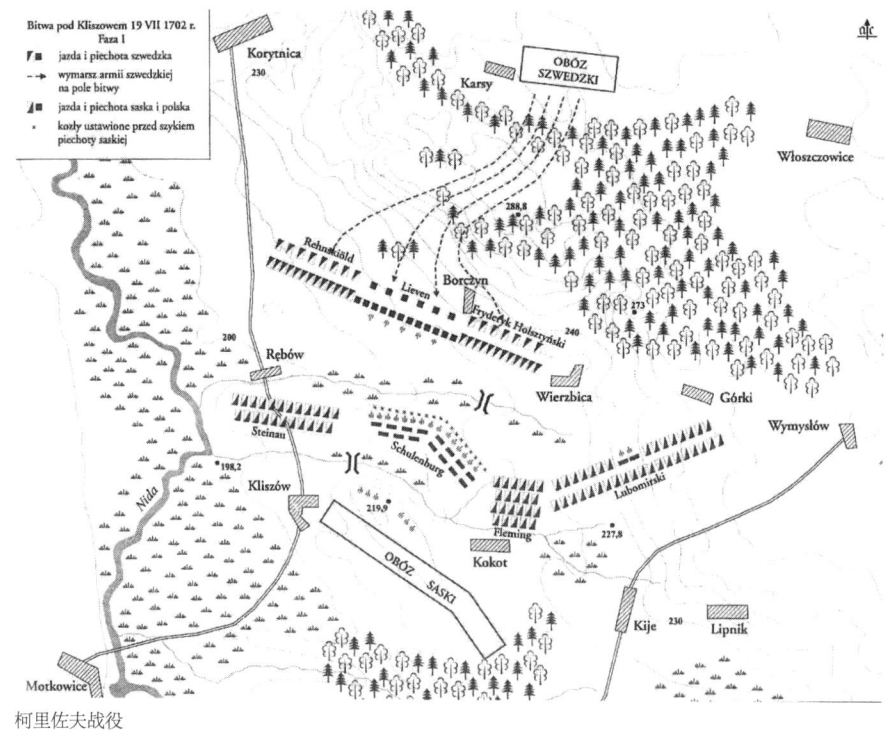

柯里佐夫战役

---

① 然而，这种可能性被认为是不可能的。萨克森人对军官们很有信心。在战斗开始时，军官们就告诉厨师要热着晚饭，因为一小时之内就能回来吃。——原注

妥善地安排在营地前面，而且排兵线路有将近四分之一瑞典里[①]，是瑞典排兵线路的两倍。

卡尔十二世一眼就看出，敌军地理位置优越，如果近距离进攻，瑞典军队不可能取胜。于是，卡尔十二世命令瑞典军队向左急转弯，向萨克森军队右翼所在的小山靠近，那里远离沼泽。这一策略的执行使萨克森军队的地理位置不再具有优势。现在，萨克森军队的右翼不得不转身与瑞典军队正面交锋，而萨克森军队的左翼被前方的泥沼阻挡，如果不绕道很远就没法加入战斗。现在波兰立陶宛联邦的军队挺身而出，与萨克森军队联合起来。曾在战争中获得荣誉职位的瑞典指挥官希罗尼姆·奥古斯丁·卢博米尔斯基开始大规模地钳制

希罗尼姆·奥古斯丁·卢博米尔斯基

---

① 1瑞典里等于6英里。——原注

萨克森军队的右翼,并阻碍了它的自由部署。1702年7月9日14时,战斗开始了。卡尔十二世亲自指挥左翼军队,发出了前进的命令。然而此时,卡尔十二世的姐夫——指挥瑞典右翼部队的荷尔斯泰因-戈托普公爵腓特烈四世却受了重伤。[1]瑞典右翼部队不得不由奥托·韦林克将军指挥。当穿着华丽的波兰立陶宛联邦骑兵英勇地向瑞典人发起进攻时,迎接他们并不是瑞典骑兵,而是瑞典步兵。因为卡尔十二世已提前将配备长矛的步兵巧妙地安置在波兰立陶宛联邦骑兵的空隙之间。当波兰人手持短矛冲锋时,他们出乎意料地被瑞典前方的军队拦住了,而瑞典后方的军队则从最近的营地向这些波兰立陶宛联邦的骑兵发起了致命的攻击。波兰立陶宛联邦骑兵不得不落荒而逃。[2]他们慌乱地从田野中疾驰而逃,从而使萨克森军队右翼暴露在瑞典人的猛烈攻击下。瑞典军队冲向了萨克森军队右翼躲藏的树木茂密的高处,击散了整个萨克森军队的右翼部队。在此期间,萨克森军队的将军雅各布·海因里希·冯·弗莱明两次受伤,身下的战马也被射杀。然而,最激烈的战斗发生在瑞典军队的右翼。萨克森左翼部队从一条瑞典人不知道的道路成功地通过了面前的泥沼,并且同时从前后左右袭击了瑞典军队的右翼。猛攻如此激烈以至瑞典的龙骑兵有些招架不住,但卡尔·古斯塔夫·雷恩施霍德很快就把皇家骑兵和近卫骑兵聚集到一起,相互帮助,并让他们像步兵一样组成了方阵。自卡尔十世·古斯塔夫以来,瑞典人从未表现得如此英勇。后来,萨克森士兵说瑞典骑兵站得非常稳,好像是被焊接在了一起。萨克森军队的两次猛烈攻击都被瑞典骑兵击退。瑞典骑兵集体冲锋,沿途砍毁了所有东西,并把大多数的萨克森骑兵赶到了营地后面的泥沼中——他们大多数人都死在了那里。与此同时,在营地中央,

---

[1] 卡尔十二世在战后的几天给妹妹乌尔丽卡·埃莉诺拉公主的信中写道,"我希望上帝能安慰所有人,特别是姐姐赫德维希·索菲娅,使她不至于为这场灾难痛苦。我希望亲爱的妹妹乌尔丽卡·埃莉诺拉和祖母赫德维希·埃莉诺拉能尽力安慰赫德维希·索菲娅姐姐。"顺便说一句,赫德维希·索菲娅是卡尔十二世最喜欢的姐姐。《埃根简介》,第34页到第35页。——原注
[2] 在战争最需要的时候,希罗尼姆·奥古斯丁·卢博米尔斯基仓促地离开了。这非常需要解释。后来,希罗尼姆·奥古斯丁·卢博米尔斯基特别解释说,他的出逃纯粹是一种爱国主义,因为在最后一刻,他听到谣言说,卡尔十二世和奥古斯特二世密谋一起毁掉波兰。——原注

两军的步兵展开了激烈的交战。因为瑞典步兵中大量的长矛兵被派去援助瑞典军队左右翼的骑兵,所以瑞典步兵的力量被大大削弱了,而且大多数的萨克森步兵都是有经验的老兵。尽管战斗处于最激烈的时候,卡尔十二世也没有让瑞典骑兵去追击萨克森军队。瑞典骑兵一出现就被一个中队一个中队地派去解救那些被步步紧逼的瑞典步兵。除此之外,瑞典军队还将自己缴获的具有致命效果的火炮掉头对准了萨克森军队的营地。1702年7月9日16时30分,战斗结束了,那些还没有逃走的萨克森人也缴械投降了。萨克森军队伤亡三千三百人,而瑞典军队伤亡约两千人。

柯里佐夫胜利的荣誉完全属于卡尔十二世。入侵西兰岛是由斯图尔特将军策划的,攻打纳尔瓦及邓纳蒙德是由卡尔·古斯塔夫·雷恩施霍德策划的,但在柯里佐夫采用的战术则是卡尔十二世自己想出来的。结果证明卡尔十二世确实具有指挥官的才能。在这场战斗中,尽管人们总是能在最需要卡尔十二世的地方找到他,但他并没有肆意地暴露自己。

1702年7月31日,在把奥古斯特二世从一个地方赶到另一个地方之后,卡尔十二世站在了克拉科夫城外。卡尔十二世攻占克拉科夫的故事听起来简直太棒了。卡尔十二世和只有三百人的芒努斯·斯滕博克的军队勇敢地走向克拉科夫的城门。芒努斯·斯滕博克邀请克拉科夫的指挥官出来。克拉科夫的指挥官出来后开始和芒努斯·斯滕博克谈判,直到后面的卡尔十二世对谈判的拖延感到厌烦。卡尔十二世不耐烦地用法语喊道:"开门!"——这是卡尔十二世为数不多的讲法语的情况。正当克拉科夫的指挥官探出头准备看看这位傲慢的年轻人是谁时,卡尔十二世和芒努斯·斯滕博克冲向那扇半掩着的大门,并使劲把它打开了。除拐杖和未上膛的步枪之外,三百名瑞典士兵,手里什么也没拿。在大炮还未来得及掉头转向瑞典军队的时候,瑞典军队就已经攻入了堡垒内部,并迫使守卫军无条件投降。与此同时,卡尔十二世又失踪了。事实上,在这座城市的街道上,卡尔十二世正独自一人骑马奔驰,就好像在自己的首都一样。回到对自己充满敬畏的军队后,卡尔十二世幽默、详细地向士兵们叙述了这座城

柯里佐夫战场上的炮兵

柯里佐夫战役

市的新鲜事,并任命芒努斯·斯滕博克为克拉科夫的总督和驻军指挥官——拥有三支瑞典军队的驻扎兵。因此,有一段时间里,波兰立陶宛联邦的资产都掌握在卡尔十二世的手中。

第6章

斯坦尼斯瓦夫·莱什琴斯基

(1703—1704)

精彩看点

卡尔十二世仍然拒绝谈判——卡尔·皮佩和赫尔梅林的规劝抗议——奥古斯特二世在华沙——卡尔十二世大腿受伤——芒努斯·斯滕博克掠夺沃里尼亚——中立势力的调停努力——西班牙王位继承战争——政治局势——海牙的瑞典大臣尼尔斯·利耶罗斯——尼尔斯·利耶罗斯做出的努力——约翰·罗宾逊同卡尔十二世在卢布林会面——1704年的战役——普乌图斯克战役——包围并占领托伦——卡尔十二世的慷慨——卢布林的议会——大波兰联盟——奥古斯特二世和彼得大帝之间的新联盟——华沙的议会——作为外交官的阿尔维德·霍恩——废黜奥古斯特二世——索别斯基兄弟——空缺王位的其他候选人——斯坦尼斯瓦夫·莱什琴斯基——枢机主教迈克尔·斯蒂芬·拉齐约夫斯基的固执——阿尔维德·霍恩逼迫波兰立陶宛联邦贵族选举斯坦尼斯瓦夫·莱什琴斯基

在接下来的两个月里，卡尔十二世在克拉科夫按兵不动，让军队——在波美拉尼亚增援部队及时到达后，瑞典军队现在已经拥有两万五千多名精兵——休整，并冷漠地关注着周围混乱的局势。事实上，波兰立陶宛联邦这个不幸的国家似乎即将解体。整个立陶宛都笼罩在内战的战火中。农民暴动肆虐，每天都发生着骇人听闻的暴行。表面上，虽然萨克森和瑞典都与波兰立陶宛联邦维持和平状态，但克拉科夫一边被萨克森军队征收税款，一边又被瑞典军队勒索钱财。在一封来自华沙的信中有这样的描述"到处都是哀号和咬牙切齿的声音"。奥古斯特二世曾说他将尽一切努力结束战争。但柯里佐夫战役之后，奥古斯特二世不仅立即释放了手中的瑞典军官，把他们送回了卡尔十二世的身边，还送了很多礼物过去。然而，在慷慨这一方面，卡尔十二世也不甘示弱。卡尔十二世立刻释放了更多的波兰立陶宛联邦囚犯，并送上了更加珍贵的礼物。不过，卡尔十二世不想听任何关于和平的提议，甚至拒绝读奥古斯特二世的信，并将所有调停与外交事务都交给了卡尔·皮佩处理。忠实的卡尔·皮佩下了很大的决心，要把顽固的卡尔十二世引到理性的道路上来。1702年8月29日，卡尔·皮佩鼓起勇气给卡尔十二世写了一封陈情书，不仅批评了卡尔十二世扭曲波兰立陶宛联邦的政策，还恳求卡尔十二世维持和平。在陈情书中，卡尔·皮佩不仅有力地反驳了卡尔十二世的废黜计划，还直截了当地向卡尔十二世提出了一系列问题。这些问题多少会让人感到有点不舒服。卡尔·皮佩问道,即使卡尔十二世能推翻奥古斯特二世,如果没有一支瑞典军队支持,那么候选人又怎么保住自己那不稳固的波兰王位呢?而现在,卡尔十二世根本没有办法匀出那样的一支军队。难道所有欧洲国家不都认为瑞典军队是一支奇怪的军队,在自己的土地被俄罗斯人蹂躏的同时,还在外国土地上继续进行无利可图的战争?为什么瑞典精锐的军队还未给瑞典做出任何贡献就要在他国毁灭呢?在陈情书的最后,卡尔·皮佩还提出了一个无可争辩的论点。每当被顾问的论据逼得走投无路时,卡尔十二世总是把争论引向自己最喜欢的事业正义和上帝恩惠上。现在,卡尔·皮佩连卡尔十二世找空子逃跑的机会都剥夺了。卡尔·皮佩问道,对敌人滋生无情的仇恨是一个真正基督徒的所作所为吗?而且这些敌人已经承认了自己的错误,准备好为自己的过去做出赔偿,并且为未来提供安全保障。卡尔·皮佩争辩说,如果您仍然拒绝聆听敌人的忏悔,那么在正义、仁慈的上帝的眼中,您的事业将不再正义,而且自夸上帝站在您的一边也完全是自以为是的推测。最后,卡尔·皮佩指出了与奥古斯特二世和平相处的直接好处。一方面,瑞典将很容易得到波兰立陶宛联邦的一个省——可能是库尔兰——作为和平的担保。另一方面,瑞典可以将全部的注意力都转移到俄罗斯人上。这样一来,卡尔十二世不仅可以收复失去的省份,还可以"敲诈"彼得大帝,重新获得进入俄罗斯帝国领土的权利。这将使瑞典能够巩固并加强自身。

卡尔十二世接过这份陈情书,仔细地读了一遍,并思考了好几天,但卡尔十二世对任何人都只字未提,似乎这对他的决心没有产生任何影响。不过,卡尔·皮佩自由的言论并没有冒犯到卡尔十二世。因为在同一天,为了赞赏卡尔·皮佩的热情,卡尔十二世任命卡尔·皮佩为乌普萨拉大学校长[①]。外勤秘书赫尔梅林也经常冒险向卡尔十二世进谏,但卡尔十二世的机智回答总能使赫

---

① 深感困惑的卡尔·皮佩写信给家乡的一个朋友,说他已经竭尽所能,但卡尔十二世的决心无比坚定。——原注

尔梅林无言以对。例如，有一次在赫尔梅林面前，卡尔十二世故意说道："我们还有十年的时间与波兰人作战。然后，我们将有二十年的时间与俄罗斯人作战。"赫尔梅林回答说："在这种情况下，那些碰巧幸存下来的士兵一定会纪律严明。""肯定，"卡尔十二世笑着回答，"士兵们都应该纪律严明，不是吗？"

与此同时，卡尔十二世和奥古斯特二世都想竭尽所能地把波兰立陶宛联邦拉到自己的一边。有一种荒谬的谣言说，在波兰立陶宛联邦被瑞典人和萨克森人掠夺的那一刻，人们还认为波兰立陶宛联邦与他们都处于和平共处的状态。在桑多米尔举行了一次失败的巨头会议后，奥古斯特二世利用卡尔十二世不在华沙的机会，回到了华沙，并在那里召集了一个议会。但在枢机主教迈克尔·斯蒂芬·拉齐约夫斯基的鼓动下，大波兰[1]拒绝派代表参加议会。因此，议会被认为是非正式的，最终也毫无结果。

此外，奥古斯特二世的萨克森军队在华沙的所作所为如此恶劣，甚至连在华沙的瑞典人都为他们的行为而流下悔恨的眼泪。与此同时，卡尔十二世对波兰人的拖延越来越不耐烦，于是用火和剑摧毁了波兰立陶宛联邦的南方封地。卡尔十二世也曾因一次差点致命的事故而残疾。在一次匆忙的疾驰中，卡尔十二世的马被绊倒了，压在卡尔十二世的身上，折断了卡尔十二世的左股骨。不过，卡尔十二世像以往一样冷静，对这场不幸的遭遇一笑置之。当天晚上，卡尔十二世躺在担架上，让人抬着他在军营中绕了一圈，向士兵表明他还活着。但这件事使他的军官非常震惊，在整个欧洲也引起了一些轰动。[2]然而，卡尔十二世不允许这个意外妨碍自己的策略。1702年10月，卡尔十二世离开克拉科夫去寻找新的营地，并让芒努斯·斯滕博克带着两千人去袭击、掠夺沃里尼亚。用芒努斯·斯滕博克的话说，芒努斯·斯滕博克是"大摇大摆"地穿过了沃里尼亚。虽然芒努斯·斯滕博克是一个善良、勇敢的人，做事讲究"节制和奖励"，但卡

---

[1] 大波兰是波兰立陶宛联邦最西部的一部分，包括波兹南、卡利什和谢拉兹封地。——原注
[2] 开始，人们都相信卡尔十二世已经死了。马夏尔的这段话很适用于卡尔十二世："从卡尔十二世获得的荣誉来看，卡尔十二世已经是一名老兵了。"——原注

卡尔十二世骑马画像

尔十二世不会答应芒努斯·斯滕博克以仁慈之心对待敌人。卡尔十二世写道:"波兰立陶宛联邦贵族要么怀着仇恨之心被迫追随我们,要么被彻底消灭,以防他们帮助我们的敌人。"事实上,卡尔十二世对顽固和叛逆的人总是无情的。卡尔十二世与生俱来的严苛似乎因战争的恐怖而变得残酷无情。①于是,芒努斯·斯滕博克继续着破坏行动②,并获得了丰厚的战利品。这些战利品的收益被用来为瑞典军队购买衣服,支付瑞典军队的开支。

---

① 不久之后,卡尔十二世建议卡尔·古斯塔夫·雷恩施霍德摧毁周围的所有村庄,使敌人无法报复。卡尔·古斯塔夫·雷恩施霍德尽管不是一个特别心软的人,但忽视了卡尔十二世的这一建议,就像卡蒂纳无视卢沃伊提出的"大火烧了封地"的野蛮建议一样。——原注
② 但应该说,卡尔十二世在这个时候听从了萨皮哈家族和索别斯基家族的建议。萨皮哈家族建议卡尔十二世把奥古斯特二世的坚定拥护者的房子全烧了,以便让他们恢复理智。——原注

1703年1月，在派遣卡尔·古斯塔夫·雷恩施霍德和扬·卡齐米日·萨皮哈带着十个团进入大波兰去保护自己的坚定拥护者之后，卡尔十二世便进入了卢布林附近的冬季营区。奥古斯特二世正在试图惩罚卡尔十二世的坚定拥护者，因为他们拒绝服从奥古斯特二世的命令——在桑多米尔和华沙集合。卡尔·古斯塔夫·雷恩施霍德的出现激发了亲瑞典派的信心。一方面，在华沙召集议会的时候，枢机主教迈克尔·斯蒂芬·拉齐约夫斯基对奥古斯特二世采取的措施充满敌意。另一方面，在马林堡，奥古斯特二世举行了一次对应的会议，宣布枢机主教迈克尔·斯蒂芬·拉齐约夫斯基的会议无效，并谴责所有亲瑞典派都是叛徒。枢机主教迈克尔·斯蒂芬·拉齐约夫斯基虽然对奥古斯特二世怀有敌意，但无法承担推翻奥古斯特二世之后需要担负的责任。卡尔十二世尽管与迈克尔·斯蒂芬·拉齐约夫斯基在普拉加进行了长达四个小时的谈话，用尽了所有招数，威逼利诱迈克尔·斯蒂芬·拉齐约夫斯基推翻奥古斯特二世，但没有

马林堡

第6章 斯坦尼斯瓦夫·莱什琴斯基（1703—1704）

成功。同样,在其他营地,卡尔十二世也无法说服其他人。为结束波兰立陶宛联邦的纷争,1703年到1704年的冬天,英格兰王国及其盟国做出了巨大努力。事实上,这完全是为了它们自己的利益。自1701年夏天以来,西班牙王位继承战争一直在激烈地进行着,但迄今为止还没有明确的结果。不管我们如何看待法兰西王国发动的这场战争,法兰西王国投入的精力都是巨大的。法兰西王国六个重要的军官率领着六支法兰西军队,在默兹河、上莱茵、下莱茵、萨伏依、蒂罗尔和比利牛斯山脉与英格兰王国的盟军对峙。总的来说,它们表现出色。一方面,尤金·弗朗索瓦亲王在卡普里和基亚里的维莱罗伊击败了尼古拉·卡蒂

尤金·弗朗索瓦亲王

基亚里战役

纳,而且第一代马尔伯勒公爵约翰·丘吉尔占领了马斯河一个又一个的要塞。另一方面,旺多姆公爵路易·约瑟夫·德·波旁阻止了尤金·弗朗索瓦亲王的进一步征战,法兰西军队占领了布赖萨赫和兰道。与此同时,克劳德·路易斯·赫克托·德·比拉尔在霍赫施塔特打败了奥地利将军赫尔曼·奥托二世。1704年年初,整场战争就没有取得任何进展。在这种情况下,法兰西王国和海上强国都开始寻找新的盟友。对于大北方战争来说,英格兰王国本可以依靠丹麦、勃兰登堡和神圣罗马帝国新教势力的帮助。但现在,它们正全神贯注地关注着瑞典的进展。因此,英格兰王国的目标是说服卡尔十二世收起宝剑,以便让这些持观望态度的附属国自由选择。与此同时,法兰西王国不希望看到四万多名新教徒在法兰西王国随心所欲,因此尽力煽动波兰立陶宛联邦的矛盾。目前,瑞典的大臣们正竭尽所能地附和英格兰王国,其中最具代表性的是尼尔斯·利耶

尼古拉·卡蒂纳

第一代马尔伯勒公爵约翰·丘吉尔

克劳德·路易斯·赫克托·德·比拉尔

赫尔曼·奥托二世

罗斯。当时，海牙是欧洲的外交中心，而尼尔斯·利耶罗斯是卡尔十二世安排在海牙的大使。尼尔斯·利耶罗斯是卡尔十一世统治时期取得杰出成就的人物之一。尼尔斯·利耶罗斯从1697年签署了《赖斯维克和约》以来到1705年他去世，都是欧洲最有影响力的外交官员之一。尼尔斯·利耶罗斯与英格兰王国和荷兰共和国的官员关系非常亲密，并且能够为瑞典提供重要的服务。卡尔十二世一直向尼尔斯·利耶罗斯申请经费，瑞典的大臣也向尼尔斯·利耶罗斯征求意见。目前，第一代马尔伯勒公爵约翰·丘吉尔和大议长安东尼·海因修斯都在向尼尔斯·利耶罗斯求助，因为他们认为尼尔斯·利耶罗斯是最有能力说服卡尔十二世听取和平建议的人。尼尔斯·利耶罗斯的处境极其困难，但他做得完美至极。与本特·奥克森谢尔纳一样，尼尔斯·利耶罗斯一直坚持认为，彼得大帝是瑞典最有理由害怕的敌人。尼尔斯·利耶罗斯曾预言：俄罗斯帝国如果在波罗的海建立稳固的基础，那么很快就会成为欧洲最强大的国家之一。

海牙

尽管不确定卡尔十二世是否支持自己，几个月来也没有得到卡尔十二世的任何指示，尼尔斯·利耶罗斯还是设法阻止了俄罗斯帝国和丹麦持续不断的外交阴谋。同时，尼尔斯·利耶罗斯劝说卡尔十二世通过承认新建立的普鲁士王国政权，[①]以得到普鲁士王国的支持。尼尔斯·利耶罗斯还向英格兰王国许诺说，与波兰立陶宛联邦的战争一结束，瑞典军队便会援助英格兰王国，从而与英格兰王国维持着良好的关系。也正是由于尼尔斯·利耶罗斯的影响，在斯德哥尔摩的英格兰王国驻瑞典大使约翰·罗宾逊得到了"在严冬时节，从斯德哥尔摩出发去卡尔十二世营地"的许可。在好战的卡尔十二世整个统治期间，尽管瑞典的首都在不断地变，但这个营地确实是真实存在的。一到卢布林，约翰·罗宾逊就被吓了一跳。瑞典军官拼命地教约翰·罗宾逊如何少说多听，因为他们知道卡尔十二世心里有多么厌恶外交官。然而，在这种场合下，约翰·罗宾逊是幸运的——他得到了一个难得的机会。有一天，在和卡尔·皮佩吃完饭回营地的途中，约翰·罗宾逊恰巧遇见了骑着马的卡尔十二世。当卡尔十二世走近马车，好奇地想看看里面是谁时，约翰·罗宾逊立刻认出了卡尔十二世。于是，约翰·罗宾逊马上变得神采奕奕，并开始用瑞典语与卡尔十二世交谈。约翰·罗宾逊表示自己非常开心，能有幸见到卡尔十二世，并说自己把这次的碰面看成是一个正式的接见。在这次突然的见面中，卡尔十二世看到约翰·罗宾逊站在雪堆中，戴着帽子，穿着遮到眼睛的皮毛衣服，头上戴着一顶破旧的假发。这一打扮戳中了卡尔十二世笑点，使卡尔十二世异乎寻常地屈尊俯就。没穿防雪外套，也没戴帽子的卡尔十二世跳下马，与约翰·罗宾逊交谈了一个多小时。最后，卡尔十二世给了约翰·罗宾逊一个十分难得的许诺——只要约翰·罗宾逊愿意，可以随时进出卡尔十二世的营地。不过，这次访问没有什么进展。在跟随了卡尔十二世两周之后，约翰·罗宾逊清楚地意识到自己已经没有必要留

---

① 我认为，在那些日子里，没有什么能如此清楚地显示出瑞典的指挥地位。由于长期犹豫，瑞典并未认可新的汉诺威选帝侯或新的普鲁士王国，但这两个大势力都渴望得到瑞典的认可。——原注

在波兰立陶宛联邦。在给瑞典的朋友的信中,约翰·罗宾逊写道:卡尔十二世是一个有礼貌的人,但沉默寡言,所以他离开了。

1704年的春天,与萨克森军队的敌对行动重新开始了。1704年4月21日,在普乌图斯克,卡尔十二世向萨克森军队发起了突然袭击,将萨克森军队击散到各个地方。萨克森军队充满了惊慌和恐惧,甚至单是关于卡尔十二世的作战策略消息就足以使其逃跑。然而,卡尔十二世突然停止追捕,向相反的方向走去,并在强大的托伦要塞前驻足。托伦要塞驻扎着奥古斯特二世及其六千名精锐步兵。在接下来的八个月里,尽管能干的顾问含泪抗议,[①]卡尔十二世仍然一

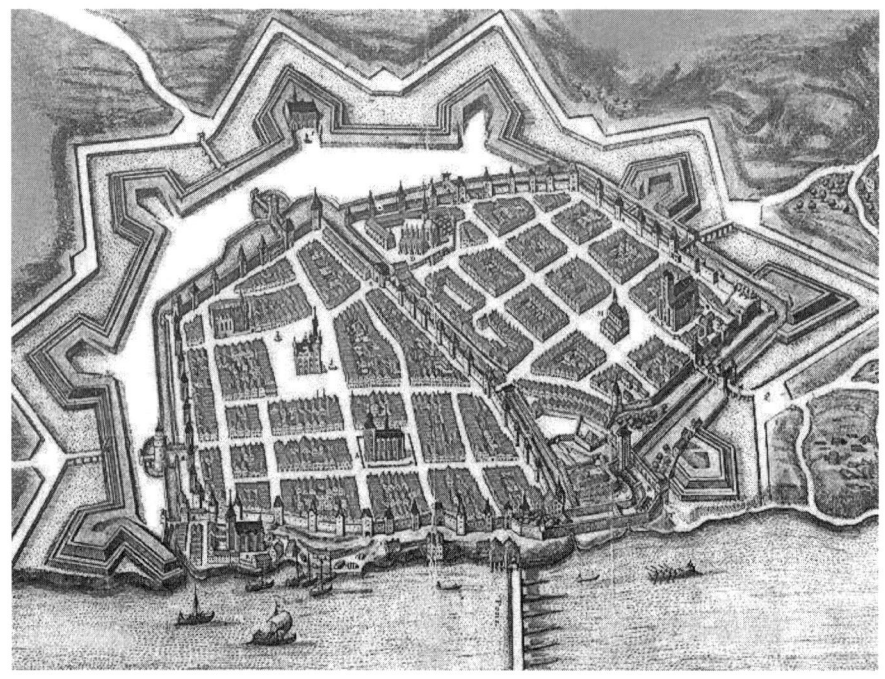

托伦要塞

---

① 卡尔·皮佩提醒他,彼得大帝已经得到了波罗的海的避风港,并在那里建了一座比整个波兰立陶宛联邦都值钱的堡垒。卡尔十二世对所有劝告都充耳不闻。"好吧,我,"卡尔·皮佩喊道,"我已经说出了我的心里话,拯救了我的灵魂,但要让我看到自己的国家陷入困境,不如先让我去死吧。"——原注

瑞典军队炮轰托伦要塞

动不动地站在托伦要塞的城墙前。与此同时,彼得大帝一个接一个艰难地征服着瑞典遥远而荒芜的波罗的海的省份。①卡尔十二世的总部就在托伦要塞的炮击范围内。卡尔十二世鲁莽地、反复地暴露在危险之中。卡尔十二世那不屈不挠的宿命论精神使瑞典最勇敢的军官目瞪口呆。顺便说一句,除了之后将使他失去荣耀的波尔塔瓦围攻和使他失去生命的弗雷德里克沙尔德围攻,这是卡尔十二世目前唯一亲自指挥的一次围攻,而围攻过程中缓慢的行动使卡尔十二世忍无可忍。有一次,卡尔十二世甚至提出要带领一支只有六百人的敢死队攻破城墙,但瑞典军官没有允许他这样做。瑞典军官说,那样就是去送死,更不用说让那些英勇的士兵白白战死是多么愚蠢了。在这样一场不可挽回的损失之后,瑞典会变成什么样呢?然后,卡尔十二世说出了一些令人难忘的话:

---

① 见第8章。——原注

"有我士兵的地方，就有我。至于瑞典，我应该不会给它造成很大的损失，因为到目前为止，它从我身上没有得到多少好处。"尽管如此，卡尔十二世还是被说服了。1704年9月13日，炮击战开始后，宏伟的市政厅和其他建筑都处于战火之中。不过，在卡尔十二世的特别命令下，所有教堂都幸免于难。1704年10月4日，当萨克森军队人数减少了三分之二后，托伦要塞投降了。当时，八十四门大炮、一千支枪和丰厚的战利品都落入了瑞典军队手中。托伦必须支付六万里克斯达勒[①]，并禁止教堂敲钟——因为在围攻期间，教堂一直在敲钟。不过，驻扎在托伦的卫戍部队和托伦的人民受到了卡尔十二世慷慨、温柔的对待。这是卡尔十二世对待被击败的敌人的一贯作风。三十头牛和四十只羊被赶到镇上，用来宴请半饥饿的民众。囚犯们被释放，并可以带上尽可能多的新鲜肉回家给家人。在盛大的宴会上，萨克森军官受到款待。每个萨克森士兵的妻子，只要去过柯里佐夫，并能认出卡尔十二世，便都能从卡尔十二世那里得到几块硬币。只有一件事是卡尔十二世绝对无法改变的。尽管居民们含泪惋惜，但托伦要塞的墙壁都被夷为了平地。在围攻期间，在波兰发生的种种事件迅速导致了另一场危机。趁着卡尔十二世不在卢布林，奥古斯特二世召开了一个主要由他自己的忠实支持者组成的会议。在会上，枢机主教迈克尔·斯蒂芬·拉齐约夫斯基被羞辱——从未有枢机主教被如此羞辱过——并被强迫跪下，发誓与包括萨皮哈家族在内的所有亲瑞典派永远为敌。萨皮哈家族需要在六个星期内向奥古斯特二世缴纳相应的罚款。尽管卢布林的会议时间很短，但对奥古斯特二世来说，结果无疑是一个胜利。暴虐的多数派把波兹南和卡利什的贵族领地中的代表排除在了会议之外，这自然而然地激怒了大波兰省。实际上，会议刚结束，大波兰省便派了一个武装联盟来反抗奥古斯特二世。枢机主教迈克尔·斯蒂芬·拉齐约夫斯基也加入了这个联盟，并成了奥古斯特二世的死敌。在试图与大波兰省的武装联盟谈判失败之后，奥古斯特二世也曾试图用

---

① 大约一万五千英镑。——原注

武力解散它。怀着此目的，奥古斯特二世也确实带领一万兵力越过了维斯瓦河，但卡尔·古斯塔夫·雷恩施霍德的小部队在巧妙地指挥下迫使奥古斯特二世撤退了。由于波兹南这座重要的城市向卡尔·古斯塔夫·雷恩施霍德投降，大波兰省的武装联盟得到了进一步的巩固。在一份公告中，卡尔十二世宣布将大波兰省的武装联盟纳入自己的保护范围之下。不过现在，奥古斯特二世绝望的命运似乎也有所好转。1703年9月2日，约翰·赖因霍尔德·帕特库尔再次投靠了奥古斯特二世。这次，约翰·赖因霍尔德·帕特库尔以俄罗斯沙皇特使的身份来到奥古斯特二世身边，口袋里还装着一份新的同盟条约。彼得大帝虽然占领了波罗的海沿岸那些长期令人垂涎的省份，但还需要一段时间才能在那里站稳脚跟。因此，对彼得大帝来说，将卡尔十二世困在波兰立陶宛联邦的时间越长，就对自己越有利。根据1703年10月签署的新条约，一方面，俄罗斯帝国承诺每年向奥古斯特二世提供三十万卢布①的援助，以及一支一万两千人的军队；另一方面，在没有盟国的情况下，双方都不能与瑞典讲和。奥古斯特二世承诺自己将一直紧盯卡尔十二世，谨防卡尔十二世卷土重来。

与俄罗斯帝国联盟是奥古斯特二世现在可以抓住的最后一根稻草。不过，对俄罗斯人强烈的民族仇恨也使许多一直支持奥古斯特二世的波兰人与其疏远。当波属普鲁士②的贵族加入大波兰联邦时，枢机主教迈克尔·斯蒂芬·拉齐约夫斯基觉得自己的责任和能力足以在华沙召集一个总联盟。自在卢布林会议中遭到侮辱之后，枢机主教迈克尔·斯蒂芬·拉齐约夫斯基的心中便一直燃烧着报复的怒火。1704年1月，总联盟在华沙成立了。尽管参加的人数众多，但波兰南部和整个立陶宛的贵族都没有代表前来。就总联盟本身而言，它符合卡尔十二世的目的。进入了瓦尔米亚的主教辖区——海尔贝格周围的冬季营地后，在枢机主教迈克尔·斯蒂芬·拉齐约夫斯基的帮助下，卡尔十二世决定

---

① 卢布是一些与俄罗斯帝国经济密切相关的东欧国家的货币单位。——译者注
② 波属普鲁士包括了波美拉尼亚、马林堡和克洛姆。——原注

把总联盟作为推翻奥古斯特二世的工具。卡尔十二世任命阿尔维德·霍恩为驻华沙总联盟的特使。

这是阿尔维德·霍恩接受委派的第一个外交任务。许多人认为卡尔十二世应该选择一个纯粹的骑兵军官完成如此艰巨而微妙的任务,但卡尔十二世了解阿尔维德·霍恩的为人。阿尔维德·霍恩也很快培养出了那些罕见的外交及政治才能。这些才能不仅使阿尔维德·霍恩在外交和政治上的能力大大提高,也使阿尔维德·霍恩被称为瑞典最伟大的政治家之一。阿尔维德·霍恩发现华沙的一切都停滞不前,总联盟的代表任性而多变。枢机主教迈克尔·斯蒂芬·拉齐约夫斯基主张领导总联盟的代表们,而不是驱动他们。但阿尔维德·霍恩用自己充满活力的语言激励、刺激着枢机主教迈克尔·斯蒂芬·拉齐约夫斯基,并给波兰人看了从玛丽亚·奥萝拉·冯·柯尼西斯马克和维斯图姆伯爵那里截获的信。在信中,奥古斯特二世不仅把波兰的领土秘密地许诺给了瑞典人,还用最轻蔑的措辞谈论波兰的参议员。

最终,总联盟被说服,决定废黜奥古斯特二世。阿尔维德·霍恩终于可以写信给卡尔十二世,并告诉他这一难题终于解决了。然而,当由谁成为奥古斯特二世的继任者的问题出现时,阿尔维德·霍恩的困难才真正开始。拖延了几个星期甚至几个月之后,奥古斯特二世也尽了最大的努力给总联盟设置了不少障碍。在克拉科夫,奥古斯特二世召开了一次会议,庄严地宣布罢黜的法令是非法的。奥古斯特二世绑架了最有可能的候选人:詹姆斯·路易·索别斯基和康斯坦蒂·瓦迪斯瓦夫·索别斯基——当时他们正在波兰境内的布雷斯劳附近旅行,并把他们关在普莱森堡要塞。奥古斯特二世曾多次试图带领自己的萨克森军队进攻华沙,但都被警惕、机智的卡尔·古斯塔夫·雷恩施霍德及其在波兰立陶宛联邦的小部队阻止了。然而,对卡尔十二世来说,索别斯基兄弟被抓是一件非常尴尬的事。詹姆斯·路易·索别斯基曾是卡尔十二世认定的波兰王位候选人。尽管詹姆斯·路易·索别斯基的弟弟亚历山大·本尼迪克·索别斯基现在正如卡尔十二世指定的那样被瑞典军队从布雷斯劳护送到华沙,但世

詹姆斯·路易·索别斯基

康斯坦蒂·瓦迪斯瓦夫·索别斯基

界上没有任何人能说服亚历山大·本尼迪克·索别斯基接受这危险的王位。[①]
枢机主教迈克尔·斯蒂芬·拉齐约夫斯基建议选出某个有足够权力反对萨克森候选国的外国王子,但在这方面又有不可逾越的困难。卡尔十二世既不能在不冒犯盟国的情况下支持法兰西王国候选人孔蒂亲王弗朗索瓦·路易,也不能在不冒犯法兰西王国的情况下支持盟国候选人诺伊堡王子。接着,有提议将特

亚历山大·本尼迪克·索别斯基

---

① 据说,奥古斯特二世曾秘密地威胁说,如果亚历山大·本尼迪克·索别斯基接受波兰王位,奥古斯特二世就会杀掉亚历山大·本尼迪克·索别斯基的两个兄弟。——原注

拉科齐·费伦茨二世

兰西瓦尼亚的拉科齐·费伦茨二世作为波兰王位候选人，但卡尔十二世认为拉科齐·费伦茨二世是一个反抗国王权威的人。最后，卡尔十二世决定将波兰王位交给波兰人，并选择了波兹南封地的斯坦尼斯瓦夫·莱什琴斯基。那是一个家族成员清白、才华横溢、家世显赫的年轻人。此外，通过与富有、美丽的卡塔日娜·奥帕林斯卡的婚姻，斯坦尼斯瓦夫·莱什琴斯基同许多富豪有着密切的联系。从一开始，斯坦尼斯瓦夫·莱什琴斯基就是一个热情的亲瑞典派，并凭借自己的能力和口才赢得了卡尔十二世的好感。作为波兰代表团的领头人，斯坦尼斯瓦夫·莱什琴斯基请求瑞典人减免沉重的战争税赋。尽管波兰王位的前景对斯坦尼斯瓦夫·莱什琴斯基并没有什么吸引力，但斯坦尼斯瓦夫·莱

斯坦尼斯瓦夫·莱什琴斯基

什琴斯基现在完全任由卡尔十二世摆布。尽管在候选人斯坦尼斯瓦夫·莱什琴斯基身上，枢机主教迈克尔·斯蒂芬·拉齐约夫斯基和阿尔维德·霍恩并不能找到任何过错，但他们联合起来反对这样的选择。事实上，枢机主教迈克尔·斯蒂芬·拉齐约夫斯基和阿尔维德·霍恩都是斯坦尼斯瓦夫·莱什琴斯基最亲密的朋友，但他们深信，除了康斯坦蒂·瓦迪斯瓦夫·索别斯基，任何波兰人都不是波兰王位最合适的人选。枢机主教迈克尔·斯蒂芬·拉齐约夫斯基表示，像斯坦尼斯瓦夫·莱什琴斯基这样的国王统治持续不了六个星期，并坚决反对斯坦尼斯瓦夫·莱什琴斯基作为候选人。而阿尔维德·霍恩预测了实际会发生的事情：瑞典人离开之后，这样一个脆弱的君主将立即垮台，只有瑞典军队永远驻扎在旁边才能保住斯坦尼斯瓦夫·莱什琴斯基那摇摇欲坠的王位。但卡尔十二世一旦下定决心，就没有什么能使他偏离自己的目标。卡尔十二世宣布，他不仅要让候选人斯坦尼斯瓦夫·莱什琴斯基登上波兰王位，而且要让斯坦尼斯瓦夫·莱什琴斯基在波兰王位上坐稳。为了完成斯坦尼斯瓦夫·莱什琴斯基的选举，卡尔十二世给了阿尔维德·霍恩一笔贿赂基金和一支军队。受波兰立陶宛联邦代表日益增长的愤怒的影响，枢机主教迈克尔·斯蒂芬·拉齐约夫斯基和他们一样非常反对选举本土的波兰人作为波兰国王。斯坦尼斯瓦夫·莱什琴斯基开始为自己的安全感到担忧。于是，阿尔维德·霍恩把斯坦尼斯瓦夫·莱什琴斯基送进了瑞典的军营。这样一来，卡尔十二世可以劝说斯坦尼斯瓦夫·莱什琴斯基不用为自己的安全担忧。斯坦尼斯瓦夫·莱什琴斯基回来后便听天由命了，但阿尔维德·霍恩必须时刻监视斯坦尼斯瓦夫·莱什琴斯基，以免斯坦尼斯瓦夫·莱什琴斯基在最后一刻逃跑。然而，枢机主教迈克尔·斯蒂芬·拉齐约夫斯基什么都做不了。多年的政治经验告诉枢机主教迈克尔·斯蒂芬·拉齐约夫斯基，推选斯坦尼斯瓦夫·莱什琴斯基是一个不可原谅的错误，即使是在华沙长期与自己私下交谈的卡尔十二世也不能说服他这么做。"我宁愿被活埋，"枢机主教迈克尔·斯蒂芬·拉齐约夫斯基对阿尔维德·霍恩说，"也不愿意宣布斯坦尼斯瓦夫·莱什琴斯基为波兰王位的候选人。""您显赫的地位也许会给您带来不便，"阿尔维德·霍恩回答说，"因此，我已经找到了另一位神父。他将为我们宣布波兰王位的候选人。"这位神父便是波兹南的主教米科拉杰·斯威西基。正如阿尔维德·霍恩所说，米科拉杰·斯威西基一直以来的行为就如"一位称职的瑞典主教"。如果找不到其他神职人员，那么米科拉杰·斯威西基主教将准备推选并宣布斯坦尼斯瓦夫·莱什琴斯基为波兰王位继承人。然而，到了关键时刻，只有施加最大的压力才能使波兰人接受斯坦尼斯瓦夫·莱什琴斯基作为他们的国王。1704年7月2日中午,也就是指定任命新国王的那天,一群人聚集在靠近华沙西边的选举场上,但选举大会只有少数的城主和大量的普通民众参加。现场一个贵族也没有,唯一在场的主教只有波兹南的主教米科拉杰·斯威西基,唯一的高级官员便是贝内迪克特·萨皮哈——立陶宛人。与此同时,选举场地附近有三百名瑞典龙骑兵和五百名瑞典步兵。而阿尔维德·霍恩骑在马背上,身边围着士兵。

在选举的时候,会议主持者犹豫不决。会议主持者首先派代表到华沙请枢机主教迈克尔·斯蒂芬·拉齐约夫斯基及其他国家高级官员。他们尽管都在华沙,但都拒绝前来。这时,一直皱着眉头、咬着指甲、心中满是烦恼的阿尔维德·霍恩骑马穿过人群,直接来到波兹南的主教米科拉杰·斯威西基面前,并命令米科拉杰·斯威西基主教立刻继续选举。阿尔维德·霍恩忽视了波德拉谢省①代表的抗议。这些代表坚决主张只要瑞典军队在场,选举就不能被称之为"自由选举"。随后,米科拉杰·斯威西基主教转向会众,问他们是否愿意斯坦尼斯瓦夫·莱什琴斯基做他们的国王。尽管波德拉谢省的代表仍在抗议,但波兰立陶宛联邦的大多数绅士把帽子扔到空中,并高喊着:"我们愿意!我们愿意!""那么,"米科拉杰·斯威西基主教颤抖地喊道,"我宣布斯坦尼斯瓦夫·莱什琴斯基为波兰国王和立陶宛的大公爵。"然后,新当选的波兰国王斯坦尼斯瓦夫·莱什琴斯基被拥护者抬到一匹肥壮的战马上护送回了首都,并庄重地进入大教堂。米科拉杰·斯威西基主教在几乎空无一人的大教堂里进行就职布道,而瑞典军队则在教堂外欢呼雀跃。1704年7月3日,卡尔十二世骑马去迎接,并祝贺新的波兰国王斯坦尼斯瓦夫·莱什琴斯基。卡尔十二世终于成功地把自己的"木偶"推上了波兰的王位,那么接下来的问题就是如何让斯坦尼斯瓦夫·莱什琴斯基在波兰的王位上坐稳。

---

① 波德拉谢省是波兰立陶宛联邦的中心省份。——原注

第7章

卡尔十二世成为欧洲的仲裁者

(1704—1707)

精彩看点

卡尔十二世夺得了利沃夫——奥古斯特二世重新拿下华沙——斯坦尼斯瓦夫·莱什琴斯基的逃跑——卡尔十二世将奥古斯特二世驱逐出波兰立陶宛联邦——波涅茨战役——卡尔十二世的指挥优势——卡尔十二世的傲慢与保留——卡尔十二世的专横——与普鲁士王国失败的谈判——卡尔十二世的政治错误——在华沙召集的加冕议会——奥古斯特二世为解散议会做出的努力——华沙战役——卡尔十二世在布沃涅——斯坦尼斯瓦夫·莱什琴斯基加冕之路上的难题——仪式——瑞典与波兰立陶宛联邦之间的协议——卡尔十二世奖惩仆人——1705年到1706年的冬季战役——封锁格罗德诺——彼得大帝的惊恐——奥古斯特二世转移注意力——卡尔·古斯塔夫·雷恩施霍德在弗劳斯塔德取得压倒性胜利——卡尔十二世在波德莱西亚的危险征战——卡尔十二世入侵萨克森选帝侯国——西欧外交官的惊恐——第一代马尔伯勒公爵约翰·丘吉尔在阿尔特兰施泰特与卡尔十二世的会面——《阿尔特兰施泰特和约》——卡尔十二世同大不列颠王国的争吵——卡尔十二世的名气——离开萨克森选帝侯国

毫无疑问，从来没有哪个国王像当选后的斯坦尼斯瓦夫·莱什琴斯基这样可怜。除了将斯坦尼斯瓦夫·莱什琴斯基扶上波兰王位的卡尔十二世，任何外国势力都不认可斯坦尼斯瓦夫·莱什琴斯基；没有大臣为他服务，没有军队支持他，他没有金钱奖励他的朋友或贿赂敌人；被推选的时候，全国有一半人都没有同意，而另一半则是被迫选举他；波兰立陶宛联邦的显要人物都孤立他。几乎可以说，斯坦尼斯瓦夫·莱什琴斯基连吃的食物和穿的衣服都得依靠卡尔十二世。如果不是卡尔十二世一直站在斯坦尼斯瓦夫·莱什琴斯基身边，斯坦尼斯瓦夫·莱什琴斯基不知道该如何立足。然而，就在华沙急需卡尔十二世时，他突然离开了。为了占领一座毫无用处的堡垒，卡尔十二世疯狂地向南边冲去，只留下斯坦尼斯瓦夫·莱什琴斯基这个毫无防御能力的"木偶"——自己照顾自己。遥远的利沃夫对卡尔十二世有着不可抗拒的吸引力。然而，原因很简单，因为利沃夫从未被任何敌人占领过。卡尔十二世快速地向南行进，或者更确切地说是在"赛跑"，因为卡尔十二世很快就把自己的步兵和炮兵远远地甩在了身后。在瑞典龙骑兵的帮助下，卡尔十二世一刻钟内便成功夺取了维尔京要塞，并且只损失了四十人。1704年8月27日，利沃夫沦陷了。1704年8月28日，奥古斯特二世夺回了华沙。奥古斯特二世知道华沙的弱点。趁卡尔十二世不在华沙，奥古斯特二世与一支势不可当的俄罗斯和萨克森联军一起进攻华沙。

斯坦尼斯瓦夫·莱什琴斯基发现自己的波兰立陶宛联邦军队完全拒绝战斗。于是，斯坦尼斯瓦夫·莱什琴斯基采取迂回路线前往卡尔·古斯塔夫·雷恩施霍德驻扎在波兰立陶宛联邦的营地。斯坦尼斯瓦夫·莱什琴斯基像可怜的逃亡者一样逃到了卡尔·古斯塔夫·雷恩施霍德的营地，枢机主教迈克尔·斯蒂芬·拉齐约夫斯基也逃到了但泽。然而，阿尔维德·霍恩与四百八十名瑞典人却被困在了华沙。奥古斯特二世用炮弹不停地轰炸他们，直到他们被迫投降。因曾宣布斯坦尼斯瓦夫·莱什琴斯基就职，波兹南的主教米科拉杰·斯威西基犯下了不可饶恕的罪行，并被押送到罗马，由教皇克莱门特十一世亲自处理。与此同时，当华沙失守的消息传到卡尔十二世耳中的时候，卡尔十二世正在向南部的封地征费，并强迫它们承认斯坦尼斯瓦夫·莱什琴斯基的统治。起初，卡尔十二世并不相信这个消息。但经被假释的阿尔维德·霍恩证实后，卡尔十二世迅速采取措施弥补了自己的错误。然而，这个时候，波兰已经开始下秋

但泽

教皇克莱门特十一世

雨了。波兰的道路一直很烂，对于普通的旅行者来说，这个季节都是无法通行的，更不用说军队了，但没有什么能阻止卡尔十二世的冲动。卡尔十二世立刻出发去寻找奥古斯特二世。在洗劫了枢机主教迈克尔·斯蒂芬·拉齐约夫斯基及其他敌人的住所之后，奥古斯特二世把华沙的近郊摧残得寸草不生。尽管快速撤退才是卡尔十二世的明智之举，但在重新占领华沙之后，卡尔十二世紧紧地跟着奥古斯特二世，并在九天的时间横穿了三百六十英里。其间，卡尔十二

约翰·马蒂亚斯·冯·德·舒伦堡

世从未解开过马鞍，每天只和士兵在露天休息几个小时。[①]1704年10月，卡尔十二世设法在波涅茨超过了约翰·马蒂亚斯·冯·德·舒伦堡领导下的萨克森主力军。尽管击败约翰·马蒂亚斯·冯·德·舒伦堡及其部队的概率只有百分之三十，但卡尔十二世还是迫使约翰·马蒂亚斯·冯·德·舒伦堡的军队在不利的情况下作战，并在一次激烈的交战后将他们彻底击溃。夜幕降临才使萨克森人和俄罗斯人免于全军覆灭。在黑暗的掩护下，约翰·马蒂亚斯·冯·德·舒伦堡撤退到西里西亚。为了追捕约翰·马蒂亚斯·冯·德·舒伦堡，卡尔十二世进入了英格兰王国的领土，并一直追到格洛高后才返回波兰立陶宛联邦。卡尔十二

[①] 在匆匆吞下一片黑面包后，卡尔十二世就在一团熊熊燃烧的篝火前，躺在一小堆稻草上睡到了天亮。——原注

世在萨克森选帝侯国边境的拉维茨安营扎寨,从而彻底切断了奥古斯特二世与波兰立陶宛联邦的联系,同时威胁着萨克森选帝侯国。在接下来的八个月里,卡尔十二世在拉维茨一动不动,处理堆积的事情,解决国内事务,并在营地收到了许多大使的提议和祝贺。

现在,瑞典在政治的苍穹之上如同星星一样闪亮,因此每个角落的人都热切地希望与其建立友谊。为了在六个有利的结盟条件中做出选择,卡尔十二世以高傲、冷静、近乎冷漠的态度听取了所有建议,并且隔了很长时间才高调地给予回复。路易十四询问卡尔十二世是否愿意在法兰西王国与英荷同盟之间进行调停。卡尔十二世回答说,他只同意在交战者双方都要求的情况下进行调停。显然,卡尔十二世越来越沉迷于独自一人执剑闯天下,并且丝毫不关心冒犯了谁。因此,估计这一次,卡尔十二世与英格兰王国发生的争执可能会变得很严重。在护送一支商船船队经过英格兰王国水域时,因拒绝向英格兰王国国旗行礼,瑞典的海军上将古斯塔夫·冯·皮兰德与八名英格兰士兵展开了一场战斗。

当时的英格兰王国国旗

第 7 章 卡尔十二世成为欧洲的仲裁者(1704—1707) | 189

古斯塔夫·冯·皮兰德勇敢地战斗，直到自己的船失去战斗能力。安妮女王①的大臣们对古斯塔夫·冯·皮兰德的无礼非常反感，而卡尔十二世则通过斯德哥尔摩的大使馆给出了一个尖锐的答复，这与宣战几乎没有区别。幸运的是，在

安妮女王

---

① 安妮女王，1702年3月8日起成为英格兰、苏格兰和爱尔兰女王。1707年3月1日，《联合法令》正式生效，英格兰和苏格兰两个王国合并为大不列颠王国。于是，她以"大不列颠及爱尔兰女王"的名义继续统治，直到1714年逝世。——译者注

斯德哥尔摩的英格兰驻瑞典大使约翰·罗宾逊找了一个借口,没有将这张纸条交给英格兰政府。于是,这场争论就这么结束了。由于自由市但泽曾庇护过奥古斯特二世的一些难民,卡尔十二世对但泽采取了一些独裁行动。这几乎导致了瑞典与在但泽有着广泛商业联系的两个海上强国的决裂。幸运的是,两个团的瑞典龙骑兵突然出现在丹齐维尔德,说服了但泽的地方行政官员,使他们在最后一刻屈服于卡尔十二世提出的条件。英格兰王国企图通过青岑多夫使卡尔十二世和奥古斯特二世达成和解。对于奥古斯特二世来说,只要允许他保留波兰王位,他就可以接受许多侮辱性的条款,但这一企图最终无果而终。尽管瑞典所有外交官和斯坦尼斯瓦夫·莱什琴斯基都热切地希望与普鲁士王国建立

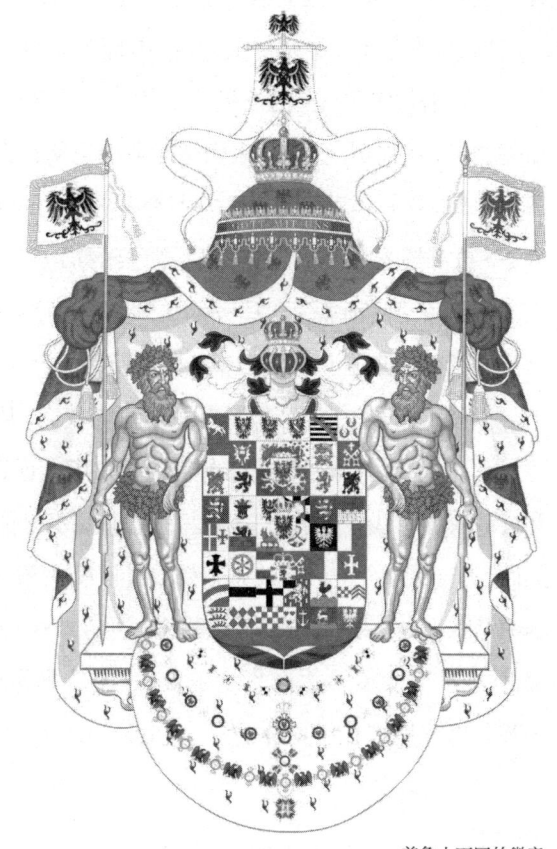

普鲁士王国的徽章

联盟,但卡尔十二世不同意与普鲁士王国结成联盟。毫无疑问,拒绝与普鲁士王国联盟是卡尔十二世犯的众多政治错误之一。卡尔十二世掌控的波兰摇摇欲坠,与俄罗斯人的战争也即将爆发,而普鲁士王国的核心地位和四万七千人组成的精锐军队,本可以在关键时候成为卡尔十二世和斯坦尼斯瓦夫·莱什琴斯基军队依靠的珍贵盟友。而现在,瑞典收买普鲁士王国也很容易,只需给普鲁士王国波属普鲁士①,并将库尔兰归还给普鲁士。作为交换,普鲁士王国还可以给瑞典提供两万人的军队以供调遣。瑞典外交官认为应该立即与普鲁士王国达成和解,但卡尔十二世认为普鲁士王国的要求太多,拒绝与其达成和解。在这种情况下,割让瓦尔米亚教辖区以外的任何波兰领土都是极不明智的。因此,与普鲁士王国一度充满希望的谈判完全失败了。

同时,卡尔十二世竭尽全力、坚决拥立斯坦尼斯瓦夫·莱什琴斯基为波兰国王,而目前的第一步也是最重要的一步当然就是为斯坦尼斯瓦夫·莱什琴斯基加冕。从加冕之日起,人们便对斯坦尼斯瓦夫·莱什琴斯基的统治进行着各种猜想。1705年7月,经过六个月令人恼火的谈判之后,枢机主教迈克尔·斯蒂芬·拉齐约夫斯基终于被说服。为了给斯坦尼斯瓦夫·莱什琴斯基加冕,枢机主教迈克尔·斯蒂芬·拉齐约夫斯基在华沙召集了议会。奥古斯特二世一直想做点什么来阻止加冕仪式。奥古斯特二世曾试图通过获得教皇克莱门特十一世诏书来阻止波兰立陶宛联邦的主教们,从而使加冕仪式无效,并将反对者逐出教会。然而,波兰立陶宛联邦和萨克森选帝侯国没有人有足够的勇气穿过瑞典的防线,给枢机主教迈克尔·斯蒂芬·拉齐约夫斯基送去这份诏书。然而,有一天早上,诏书被刺刀钉在了枢机主教迈克尔·斯蒂芬·拉齐约夫斯基的马厩门上。为了驱散议会,奥托·阿诺德·冯·佩库尔率领着由一万人组成的俄罗斯-萨克森联军向华沙进发,但被瑞典将军卡尔·尼罗特及其两千人的小部队勇敢地挡住了去路。在六个小时的顽强战斗后,俄罗斯-萨克森联军被

---

① 波属普鲁士,包括了波美拉尼亚、马林堡和克洛姆。——译者注

奥托·阿诺德·冯·佩库尔被斩首

彻底击败了,并损失了两千人,而且几乎所有军官都在战斗中遇难。奥托·阿诺德·冯·佩库尔被押送到斯德哥尔摩,并在那里以叛徒的身份被斩首。①与此同时,鲍里斯·彼得罗维奇·舍列梅捷夫领导下的俄军听从了约翰·赖因霍尔德·帕特库尔的建议。为了能在两军开火之际击溃瑞典军队,俄军入侵了立陶宛。1705年8月月初,卡尔十二世以惊人的行军速度突然出现在布沃涅——一个靠近华沙的小地方,并挫败了这一计划。亚当·卢德维格·利文豪普最近的胜利②使利沃尼亚摆脱了俄罗斯人。尽管亚当·卢德维格·利文豪普的军队来不及救库尔兰,但亚当·卢德维格·利文豪普强烈建议卡尔十二世立即去追捕鲍里斯·彼得罗维奇·舍列梅捷夫,并给他致命的一击。然而,在波兰新国王斯

---

① 尽管奥托·阿诺德·冯·佩库尔是利沃尼亚人,也算是瑞典的臣民,但卡尔十二世对奥托·阿诺德·冯·佩库尔从未表现出丝毫的怜悯。——原注
② 见第8章。——原注

波兰立陶宛联邦徽章

坦尼斯瓦夫·莱什琴斯基加冕之前,卡尔十二世什么也没做。在接下来的四个月里,卡尔十二世在布沃涅无所事事,这也不是没有什么用处,至少可以威慑波兰立陶宛联邦的议会。事实上,卡尔十二世的波兰朋友斯坦尼斯瓦夫·莱什琴斯基给他带来的麻烦远比俄罗斯人和萨克森人多。与斯坦尼斯瓦夫·莱什琴斯基加冕礼有关的困难数不胜数,并都难以克服。首先,波兰立陶宛联邦的富豪坚持要在"加冕城"——克拉科夫举行加冕仪式。驳回反对意见后,卡尔十二世提议在华沙或其他地方加冕就好。其次,敏捷而富有远见的奥古斯特二世将波兰王冠带到了萨克森。因此,在为斯坦尼斯瓦夫·莱什琴斯基提供了王位之后,卡尔十二世还不得不为斯坦尼斯瓦夫·莱什琴斯基寻找王冠。①这个

---

① 王冠一个给斯坦尼斯瓦夫·莱什琴斯基,一个给他的王后卡塔日娜·奥帕林斯卡。——原注

问题还未解决，另一个问题又出现了：谁来为国王加冕？枢机主教迈克尔·斯蒂芬·拉齐约夫斯基是唯一获合法授权的人，但枢机主教迈克尔·斯蒂芬·拉齐约夫斯基提出的条件让卡尔十二世无法接受，因此卡尔十二世必须找到一个更加顺从的神职人员。于是，卡尔十二世选择了利沃夫大主教列夫·舒卢比奇·扎伦斯基——次一级的主教。列夫·舒卢比奇·扎伦斯基曾试图逃跑，但最终在一片偏远的森林沼泽地里被发现了。自从被成功送回华沙后，列夫·舒卢比奇·扎伦斯基便致力于照顾和守护"王冠"，而这也正是需要列夫·舒卢比奇·扎伦斯基出现在华沙的原因。现在终于没有什么能阻止斯坦尼斯瓦夫·莱

斯坦尼斯瓦夫·莱什琴斯基加冕典礼

什琴斯基的加冕典礼了。1705年9月24日，加冕典礼①隆重地举行了。由于不喜欢华而不实的场面，卡尔十二世与卡尔·皮佩和马克西米利安二世·伊曼纽尔一起在唱诗班上方的一个小房间里默默地看着加冕礼，只留下阿尔维德·霍恩护送王后卡塔日娜·奥帕林斯卡进出大教堂。游行时，瑞典军队位于队伍的主要位置。宴会上，阿尔维德·霍恩及其两位同僚是唯一被允许坐在王室高台上的人，而波兰立陶宛联邦的高官不得不坐在另一边更矮的桌子旁。②随后，在

马克西米利安二世·伊曼纽尔

---

① 对整场盛会的描述可以在马克西米利安二世·伊曼纽尔的《赖瑟姆》中的第224页到第235页中找到。——原注
② 当听说这件事时，彼得大帝在自己的宫廷里举行了一个模拟仪式。在这个仪式中，他的小丑"庄严地"加冕为瑞典国王。——原注

卡塔日娜·奥帕林斯卡

《奥利瓦条约》的基础上，卡尔十二世和波兰立陶宛联邦达成了联盟，并约定双方必须患难与共。波兰立陶宛联邦承诺会帮助瑞典对抗彼得大帝，直到从彼得大帝那里得到想要的一切。《奥利瓦条约》中还有一条条款让更有远见的瑞典人感到悲伤和惊愕。这一条款规定：斯坦尼斯瓦夫·莱什琴斯基在波兰立陶宛联邦彻底建立自己的政权之前，卡尔十二世应保证绝不从波兰立陶宛联邦撤军。这让卡尔十二世的臣民感到失望。卡尔十二世现在应该全心全意地关注俄罗斯人。因为截至目前，俄罗斯人在波罗的海沿岸诸省的发展不仅威胁着瑞典的安全，也威胁着瑞典作为一个大国的存在。

在这段难得的闲暇时间里,卡尔十二世处理好了瑞典国内的事情,并奖惩了下属。在过去的几年里,瑞典发生了巨大的变化。本特·奥克森谢尔纳、尼尔斯·利耶罗斯、埃里克·达尔贝里,这些上一代的主要政治家们都死了。与此同时,参议院的人数也已经减少到七人。曾经在已故国王卡尔十一世统治下,几乎完全由平民组成的参议院,现在全部由卡尔十二世安排进的士兵组成。三个将军和六个中将在同一天收到了紫色披风,^①其中就有著名的卡尔·古斯塔夫·雷恩施霍德、阿尔维德·霍恩和卡尔·尼罗特。然而,卡尔十二世将具有瑞典最高荣誉的职位授予了一位外交官。他就是卡尔十一世最得力的手下,也是卡尔十二世的老师——尼尔斯·于尔登斯托尔佩。当时,瑞典最引人注目的事件是对参议员尼尔斯·瑟雷森·比耶尔克的审判。整个事件说明,如果对尼尔斯·瑟雷森·比耶尔克审判的证据不充分,如果卡尔十二世足够宽容,那么尼尔斯·瑟雷森·比耶尔克之前的审判就不会改变,他或许就会成为瑞典最有权势的富豪。在卡尔十一世时期,无论是作为一名政治家还是一名士兵,尼尔斯·瑟雷森·比耶尔克的杰出贡献都得到了瑞典最高的奖赏。尼尔斯·瑟雷森·比耶尔克曾因为神圣罗马帝国的皇帝服务而名声大噪。在辞职的时候,尼尔斯·瑟雷森·比耶尔克已经是将军和神圣罗马帝国的伯爵了。后来,尼尔斯·瑟雷森·比耶尔克还获得了波美拉尼亚总督的职位,并在这个位置上获得了很多利益。正当尼尔斯·瑟雷森·比耶尔克还保持着这种尊荣的时候,卡尔十二世对他的不满才开始发泄出来。尼尔斯·瑟雷森·比耶尔克被指控通过贬低铸币、打着国王的旗号到处获益,并因这些及其他罪行而被瑞典最高法院传讯。经过长达八年的审判,尼尔斯·瑟雷森·比耶尔克被判死刑,并没收所有财产。判决宣布的同一天,赫德维希·埃莉诺拉太后与乌尔丽卡·埃莉诺拉公主和赫德维希·索菲娅公主都向卡尔十二世请愿,为尼尔斯·瑟雷森·比耶尔克求情。最终,卡尔十二世免除了尼尔斯·瑟雷森·比耶尔克的死刑,但条件是:

---

① 授予瑞典参议员的荣誉,是一件由貂皮镶边的紫色披风和一条沉重的金链。根据《威斯特伐利亚和约》的一条规定,他们的地位与英格兰公爵和西班牙的一等大公的地位相同。——原注

从今以后，尼尔斯·瑟雷森·比耶尔克必须要在庄园里隐居。在听完判决后，尼尔斯·瑟雷森·比耶尔克对她们的请愿和卡尔十二世的阴谋策划都不屑一顾，并决定将自己的余生都用来祈祷和苦修。

1705年深秋，卡尔十二世又开始为战争做准备了。卡尔十二世的军官表示，在这样一个国家，每年的秋季准备战斗是完全不可能的，但遭到了卡尔十二世的嘲笑。"我的士兵们，"卡尔十二世说，"在冬季营地你们度过了愉快的夏天，因此冬天上阵也合情合理。"于是，卡尔十二世率军去对抗曾率领两万俄罗斯人占领了格罗德诺城堡的奥格尔维将军。卡尔十二世一头扎进立陶宛无边无际的森林和沼泽中，整整消失了几个月。这令瑞典的参议员代表十分困惑。参议员对带领一万人的卡尔十二世能够如此有效地隐藏自己表示惊讶。在这场战役中，瑞典士兵忍受着难以置信的艰辛。1706年1月月初，在走了十七天，穿越了一百八十英里后，卡尔十二世出现在了格罗德诺城堡。在接下来的两个月，由于格罗德诺城堡太坚固无法快速攻破，卡尔十二世封锁了格罗德诺城堡。由于严重地缺粮少弹，奥格尔维将军率领的士兵们"像苍蝇一样"大批地死去。与此同时，彼得大帝也十分焦虑，因为被困在格罗德诺城堡的不仅仅是一支卫戍部队，而是一整支军队。如果他们被抓获，瑞典随后定将入侵俄罗斯帝国。彼得大帝为自己的安全战栗不已。由于彼得大帝最近的改革已经违背了莫斯科民众保守的本能，只需要一个合适的机会，莫斯科民众就会把私下的不满转变成公开的反叛。彼得大帝可怜地哀求好兄弟及盟友——奥古斯特二世在西边牵制瑞典军队。卡尔·古斯塔夫·雷恩施霍德的小部队被留下来保卫波兰立陶宛联邦和监视萨克森选帝侯国。彼得大帝天真地认为摧毁卡尔·古斯塔夫·雷恩施霍德领导下的小部队是一项容易的任务，于是采取了以下行动：一方面，奥古斯特二世率领一万五千人越过奥得河；另一方面，约翰·马蒂亚斯·冯·德·舒伦堡则带着另外两万人——其中大多数是俄罗斯人——开始从西边向卡尔·古斯塔夫·雷恩施霍德发动进攻。奥古斯特二世自认为胜利在望，甚至派雅各布·海因里希·冯·弗莱明去柏林劝说普鲁士王国政府不要收留瑞典逃亡者。然而，事实证明，奥古斯特二世自信过头了。与往常一样，卡尔·古斯塔夫·雷恩施霍德的策略迅速、坚定、果断。卡尔·古斯塔夫·雷恩施霍德深知自己的军队无法对抗俄罗斯-萨克森联军。因此，卡尔·古斯塔夫·雷恩施霍德立即发动进攻，在弗劳斯塔德突袭了约翰·马蒂亚斯·冯·德·舒伦堡，并将他彻底击败。萨克森军队实际损失的人数比瑞典军队还多两千多。于是，奥古斯特二世解散了自己的军队，躲在了克拉科夫。对于这一光荣的胜利，卡尔·古斯塔夫·雷恩施霍德完全当之无愧。卡尔·古斯塔夫·雷恩施霍德已经从卡尔十二世那里接下了统帅的指挥棒。与此同时，卡尔十二世正在追捕设法从格罗德诺逃出来的奥格尔维将军。奥格尔维将军正试图回到基辅。由于尼曼河河面的冰块碎裂，阻止了瑞典军队通行，奥格尔维将军领先了几天的行程。因此，卡尔十二世试图通过抄近路穿过波德莱西亚的沼泽地弥补落下的行程。①这是无路可走、无人居住的荒野，从未有士兵踏足过。为了给犹豫、疲惫的士兵开路，卡尔十二世经常在淹到腋窝的水中前行。在经历了令人惊骇的艰辛之后，瑞典人到达了这片荒芜沼泽地的中心——平斯克。在登上耶稣会修道院的高塔俯瞰整个平斯克后，卡尔十二世才意识到自己已经寸步难行了，因为目之所及都是无边无际的污水。下楼时，卡尔十二世说道："没有比这更高的地方了！"在平斯克的一个月时间里，卡尔十二世不仅招募士兵，还通过武力使周围的贵族封地都落入斯坦尼斯瓦夫·莱什琴斯基手中。②卡尔十二世的努力一直让人难以置信。例如，有一次，在只有马克西米利安二世·伊曼纽尔的陪同下，卡尔十二世二十二小时内骑了一百八十英里路。卡尔十二世非常喜欢马克西米利安二世·伊曼纽尔，并经常带他进行一些与众不同的旅行。③突然，一个大湖

---

① 波德莱西亚是波兰的一部分，是普里皮耶茨与其众多支流的分水岭。它位于黑鲁塞尼亚和乌克兰的中间。——原注
② 平斯克及其周围的地区是拉齐维乌家族和威斯诺维奇家族的地界。这两个家族是萨皮哈家族的敌人，也是奥古斯特二世的朋友。——原注
③ 马克西米利安二世·伊曼纽尔王子的回忆录，《穿越波兰立陶宛的旅行和战役》，斯图加特，1730年。这是一本关于卡尔十二世的权威著作，其中记录了卡尔十二世的个人逸事。这一段情节记录在第288页到第289页。——原注

挡住了他们的去路。在四处搜寻了一段时间后，他们终于找到了一根被挖空的树干——这经常被这些地方的粗野渔民用作"小船"。卡尔十二世立刻跳上了"小船"，抓住了船桨。在马克西米利安二世·伊曼纽尔牵着马上了船后，卡尔十二世就往湖心划去。当他们进入湖心，看不见陆地时，马变得很暴躁，几乎把船弄翻了。其间，卡尔十二世和马克西米利安二世·伊曼纽尔一直处于极度危险之中。然而，这只是许多类似的冒险行为之一。

与此同时，彼得大帝一直在基辅，并且极度焦虑。不过最终，他的焦虑得到了缓解。恶劣的天气和各种物资的缺乏使彼得大帝的军队人数从两万人减少到一万。就在此时，奥格尔维将军与他们会合了。不久之后，卡尔十二世在平斯克短暂停留的消息传到了彼得大帝那里。彼得大帝以为自己可以安全地回圣彼得堡，因此他的焦虑才得以缓解。

一方面，卡尔十二世未能赶上并消灭奥格尔维将军的军队。另一方面，他使沃里尼亚和波德莱西亚归顺了斯坦尼斯瓦夫·莱什琴斯基。现在，立陶宛贵族正急于与波兰新国王斯坦尼斯瓦夫·莱什琴斯基和睦相处。在王室的前厅，奥古斯特二世最坚定的支持者拉齐维乌家族及威斯诺维奇家族开始与萨皮哈家族接触。斯坦尼斯瓦夫·莱什琴斯基有生以来第一次发现自己受到了关注。然而，只要奥古斯特二世仍然是对手，斯坦尼斯瓦夫·莱什琴斯基就觉得自己不安全。因此，为了确保奥古斯特二世不具备伤害性，斯坦尼斯瓦夫·莱什琴斯基催促自己的保护者——卡尔十二世为自己的王位保驾护航。然而，这也是卡尔十二世最想要的。整个瑞典军队都接到了西进的命令。甚至连卡尔·皮佩和赫尔梅林都不知道目的地是哪儿。不过，很快，瑞典官员就明白了卡尔十二世的用意——入侵萨克森选帝侯国。1706年8月5日，卡尔十二世与卡尔·古斯塔夫·雷恩施霍德在斯特雷库夫会合。1706年8月26日，卡尔十二世穿过维斯瓦河进入了萨克森选帝侯国。他通过一份宣言向手无寸铁的萨克森选帝侯国居民保证：他会将萨克森选帝侯国居民置于自己的保护之下——后面我们将看到卡尔十二世信守了诺言。然而，这使欧洲其他地区充满了恐慌。

现在，西班牙王位继承战争正面临着一场危机，交战双方势均力敌，任何一点点轻微的力量加入都必定会使其中一方倒下。在卡尔十二世入侵萨克森选帝侯国前不久，第一代马尔伯勒公爵约翰·丘吉尔就在拉米伊消灭了弗朗索瓦·德·纳维尔。不久之后，尤金·弗朗索瓦亲王则以同样的辉煌和血腥取得了都灵战役的胜利。但随后维拉尔、文多梅及贝里克的胜利都表明，法兰西王国的人力、物力还远远没有耗尽，即使在尼古拉·德·卡提纳退休和塔拉德公爵卡米尔·达斯图恩失踪之后，也仍拥有许多战无不胜的将军。卡尔十二世及其军队突然出现在萨克森选帝侯国。这自然而然地惊动了欧洲所有政治家。起初，他们认为这是路易十四的阴谋。但事实上，卡尔十二世对奥古斯特二世的

弗朗索瓦·德·纳维尔

都灵战役

个人仇恨才是这件事情的真实原因。①然而,对于那个时代思想扭曲的政治阴谋家来说,这一原因似乎太过简单。为了亲自向卡尔十二世表达敬意,并推荐自己的策划和想法,外交手腕与军事天赋同样了不起的第一代马尔伯勒公爵约翰·丘吉尔决心亲自前往卡尔十二世居住的阿尔特兰施泰特城堡。②第一代马尔伯勒公爵约翰·丘吉尔深知激怒卡尔十二世的危险。③第一代马尔伯勒公爵约翰·丘吉尔劝告自己的政府及维也纳宫廷要不惜一切代价迎合幽默的卡尔十二世,并坦率地宣布④,他认为任何其他政策都将给盟国带来毁灭。1707年4月26日晚上,第一代马尔伯勒公爵约翰·丘吉尔来到了阿尔特兰施泰特城堡。1707年4月27日10时,年轻的卡尔十二世与第一代马尔伯勒公爵约翰·丘吉尔进行了会谈。当时,有成群的人聚集在阿尔特兰施泰特城堡周围,他们都想听听

---

① 默里编:《约翰·丘吉尔公爵的急件》,伦敦,1845年,第3卷,第281页。——原注
② 弗雷德:《约翰·丘吉尔公爵的外交和军事信函》,阿姆斯特丹,1850年。——原注
③ 默里编:《约翰·丘吉尔公爵的急件》,伦敦,1845年,第3卷,第390页。——原注
④ 《外交信函》,第117页到第118页。"在这种情况下,必须小心,"第一代马尔伯勒公爵约翰·丘吉尔写道,"在给卡尔十二世的信中不要出现威胁。"——原注

卡尔十二世与第一代马尔伯勒公爵约翰·丘吉尔的会谈。因此，几个团的士兵不得不在阿尔特兰施泰特城堡维持秩序。会谈一直持续到晚餐时间，之后又延长了很长的一段时间。①第一代马尔伯勒公爵约翰·丘吉尔首先向卡尔十二世转交了安妮女王的一封信。"我向国王陛下展示的，"第一代马尔伯勒公爵约翰·丘吉尔说，"这封信不是来自大使馆，而是安妮女王亲手写的。这完全发自她的内心。如果不是因为性别问题，安妮女王一定不远千里亲自来与被全宇宙敬仰的您见面。在这个特殊的场合，我比安妮女王更开心。我希望能在国王陛下的带领下参加一些战争。这样一来，我就可以学到更多的战争艺术了。"②显然，卡尔十二世对这种机智的赞美感到高兴。在整个欧洲也只有第一代马尔伯勒公爵约翰·丘吉尔恰当的赞美是被卡尔十二世接受的。第一代马尔伯勒公爵约翰·丘吉尔通过卡尔·皮佩伯爵向卡尔十二世表达了"最大的善意与尊重"，甚至似乎"非常倾向于"同盟国的利益。③然而，第一代马尔伯勒公爵约翰·丘吉尔和卡尔十二世都没有给对方留下好的印象。卡尔十二世认为，与真正的军人相比，第一代马尔伯勒公爵约翰·丘吉尔更像是一个纨绔子弟。而第一代马尔伯勒公爵约翰·丘吉尔不仅对卡尔十二世朴素破旧的衣着进行了贬低，还认为卡尔十二世虚荣自负，爱好奇特。第一代马尔伯勒公爵约翰·丘吉尔很快就说服了自己，认为西欧对卡尔十二世没有什么可担心的。的确，卡尔十二世的保留和缄默，即使是敏锐的第一代马尔伯勒公爵约翰·丘吉尔也难以看穿，但有一点没有逃脱第一代马尔伯勒公爵约翰·丘吉尔敏锐的观察。那就是，当提到彼得大帝的名字时，卡尔十二世的眼神开始闪烁，脸颊开始发烫。第一代马尔伯勒公爵约翰·丘吉尔还注意到桌子上布满了俄罗斯帝国地图，并由此得

---

① 默里编：《约翰·丘吉尔公爵的急件》，第247页。——原注
② 威廉·考克斯：《约翰·丘吉尔公爵的回忆录》，第2卷，第45页到第46页。——原注
③ 默里编：《约翰·丘吉尔公爵的急件》，第347页。一方面，约翰·罗宾逊将第一代马尔伯勒公爵约翰·丘吉尔说的法语翻译给卡尔十二世，尽管正如第一代马尔伯勒公爵约翰·丘吉尔所说，卡尔十二世理解其中的大部分意思；另一方面，卡尔·皮佩将卡尔十二世的瑞典语翻译给约翰·丘吉尔。——原注

第一代马尔伯勒公爵约翰·丘吉尔向卡尔十二世转交安妮女王的信

签署《阿尔特兰施泰特和约》后的宴饮

出结论：大不列颠王国不需要贿赂就可以使瑞典将矛头从萨克森人身上转移到俄罗斯人身上。[①]于是，第一代马尔伯勒公爵约翰·丘吉尔如释重负地离开了。与第一代马尔伯勒公爵约翰·丘吉尔见面五个月后，卡尔十二世强迫奥古斯特二世签署了《阿尔特兰施泰特和约》。通过该和约，奥古斯特二世不仅辞去了波兰的王位——但允许保留国王的空头衔，而且庄严地宣布，从瑞典人第一次入侵萨克森选帝侯国起，奥古斯特二世作为波兰国王采取的任何行动都是无效的。奥古斯特二世还承诺退出所有反瑞典同盟，并把所有逃兵，特别是约翰·赖因霍尔德·帕特库尔，[②]以及在萨克森选帝侯国的所有俄军都交给卡尔

---

① 第一代马尔伯勒公爵约翰·丘吉尔带了一大笔钱来贿赂卡尔十二世的大臣，特别是卡尔·皮佩。据推断，在第一代马尔伯勒公爵约翰·丘吉尔的授权下，大部分钱都流入了瑞典大臣们的口袋。不过，随后的调查却证明是第一代马尔伯勒公爵约翰·丘吉尔自己挪用了大部分的钱。——原注
② 瑞典人带着约翰·赖因霍尔德·帕特库尔从萨克森选帝侯国离开。1707年10月10日，约翰·赖因霍尔德·帕特库尔在卡西米尔的军事法庭受审，并被判轮刑、斩首和分尸。最终，这一判决得到了执行。——原注

十二世。此外，奥古斯特二世还将释放康斯坦蒂·瓦迪斯瓦夫·索别斯基，恢复波兰立陶宛联邦的王权，并在六周内获得神圣罗马帝国和海上强国的担保。尽管对奥古斯特二世来说，《阿尔特兰施泰特和约》是一种耻辱，但瑞典几乎没有得到任何好处。从政治家的角度来看，这是瑞典签署的最糟糕的和约。对于奥古斯特二世在过去六年中给瑞典造成的损失，瑞典完全没有得到任何的报酬或赔偿。在想要彻底满足个人复仇愿望的卡尔十二世眼里，瑞典的利益根本不值一提。无论如何，瑞典与萨克森选帝侯国的和约已经签订。到目前为止，瑞典政治家认为他们有充足的理由对这一和约心存感激。然而，更令人担忧、更复杂的新情况突然出现了。这一次与欧洲大陆重要的统治者——神圣罗马帝国皇帝约瑟夫一世相关。不可否认，卡尔十二世对维也纳宫廷有着诸多的

神圣罗马帝国皇帝约瑟夫一世

抱怨。在奥古斯特二世遇难的时候,在奥古斯特二世穷途末路的时候,奥地利给奥古斯特二世的帮助并不少于神圣罗马帝国。神圣罗马帝国为奥古斯特二世提供了有能力的军官;允许奥古斯特二世的部队自由地通过西里西亚;帮助一千五百名从弗劳斯塔德大屠杀中逃出来的俄罗斯雇佣军,通过波希米亚和匈牙利重新回到自己的国家。神圣罗马帝国还支持丹麦人在石勒苏益格-荷尔斯泰因主教辖区反对荷尔斯泰因-戈托普的克里斯蒂安·奥古斯特[①]。最后,神圣罗马帝国对西里西亚的新教徒实行的七十项暴政,直接违反了《威斯特伐利亚和约》。在该和约中,瑞典是担保人之一。卡尔十二世用独裁者的语气

荷尔斯泰因-戈托普的克里斯蒂安·奥古斯特

---

① 克里斯蒂安·奥古斯特作为古斯塔夫三世的祖父,在历史上举世瞩目。——原注

要求神圣罗马帝国立即妥善处理以上的所有问题。这让神圣罗马帝国皇帝约瑟夫一世十分生气，并准备与卡尔十二世开战。得知这个消息后，法兰西王国和俄罗斯帝国都欢呼雀跃，但第一代马尔伯勒公爵约翰·丘吉尔竭尽全力地防止瑞典与神圣罗马帝国这两大力量之间关系破裂。其实，最难解决的是"宗教问题"。神圣罗马帝国皇帝约瑟夫一世是十分愿意在每件事上都满足瑞典的要求，但约瑟夫一世对卡尔十二世支持西里西亚新教徒的做法表示不满，认为这是对自己统治权的干涉。但在这一点上，卡尔十二世也最固执。卡尔十二世十分敬仰古斯塔夫二世·阿道夫。作为古斯塔夫二世·阿道夫的继承者，卡尔十二世认为自己是神圣罗马帝国新教徒神圣的守护者。正如被教导的那样，卡尔十二世对宗教信仰的热情，是他一生的指导原则。卡尔十二世决定在西里西亚的路德宗教徒获得所有特权之前，绝不离开萨克森选帝侯国。这正是签署完《阿尔特兰施泰特和约》之后，卡尔十二世在萨克森选帝侯国逗留了十二个月的主要原因。卡尔十二世的这一决定给大不列颠王国及其盟国带来了无数的恐慌和烦恼。它们无法确定，头上笼罩着这样一团乌云的它们在一周又一周之后将会面临什么。不仅如此，卡尔十二世出现在萨克森选帝侯国严重阻碍了大不列颠王国与荷兰共和国的行动，从而间接地让法兰西王国松了一口气。正因如此，神圣罗马帝国皇帝约瑟夫一世最终喝下了卡尔十二世坚持让他吞下的苦水。在卡尔十二世规定的时间内，神圣罗马帝国皇帝约瑟夫一世向西里西亚的新教徒们让步了。卡尔十二世为西里西亚的新教徒们争取的所有条件都将得到满足。大不列颠王国和荷兰共和国的大使也宣布，他们各自的政府已经同意为《阿尔特兰施泰特和约》中的条款做担保。因此，在与萨克森选帝侯国及奥地利没有发生直接冲突的情况下，卡尔十二世成功地迫使它们答应了自己提出的要求。现在没有任何事情能够阻止卡尔十二世将战争的矛头转向彼得大帝。1707年8月23日，卡尔十二世命令自己的军队撤离萨克森选帝侯国。现在，卡尔十二世带领着规模最大、最精良的军队。这支军队由二万四千多名骑兵和两万名步兵组成，并且状态良好。每个人都收到了欠付的军饷。不过，为了防止浪费，卡尔十二世成立了军事储蓄银行。士兵们必须把一半的钱存起来,并且只能由他们的军官决定他们是否可以提取存款。所有这些都没有花瑞典的一分钱,是萨克森人付钱让这些入侵者离开的。然而,萨克森人对卡尔十二世的离开真诚地感到遗憾。卡尔十二世所征的费用大部分是从特权阶层人群身上收取的。他们请求卡尔十二世免除税收,但都是徒劳。一方面,卡尔十二世主张富人和贵族支付的税费不应该低于平民,而应该付得更多。另一方面,农民阶层受到了保护,如果瑞典士兵从农民那里偷了一只母鸡或一只鹅,那他的小命可能会丢掉。卡尔十二世的虔诚和朴素也给人们留下了很好的印象。成千上万的人从全国各地赶来拜访他,与他交谈。他们把自己的统治者、衣着华丽的奥古斯特二世和年轻的征服者——卡尔十二世进行了比较。在宴会上,奥古斯特二世的金锦缎上镶嵌着珍珠和宝石,而年轻的征服者卡尔十二世则穿着朴素的蓝布衣服和布满泥泞的鹿皮靴,心满意足地吃着一块牛排和一片面包。显然,这些比较不利于奥古斯特二世。一个征服者能得到被征服人民的美好祝愿实在不是一件常事。

第8章
从纳尔瓦战役到霍洛辛战役
(1700—1708)

精彩看点

彼得大帝统治下俄罗斯人的觉醒——为俄罗斯帝国获得一个海滨的必要性——争夺波罗的海沿岸的领土是不可避免的——彼得大帝在纳尔瓦战役之后的活动——瑞典在波罗的海沿岸诸省的弱点——俄罗斯人的入侵——诺特伯格沦陷——尼恩沦陷——塔尔图沦陷——夺取纳尔瓦——亚当·卢德维格·利文豪普战胜了俄罗斯人——卡尔十二世前进对抗彼得大帝——拒绝和平——阿克塞尔·于伦克罗克的战争计划——卡尔十二世决定朝着莫斯科前进——穿过贝尔齐纳河——德鲁特河——霍洛辛战役——战争的结果——卡尔十二世在莫吉廖夫休息——军队所遭受的苦难——交战——塔塔尔斯克——卡尔十二世的难堪——"我没有计划"——阿克塞尔·于伦克罗克建议撤退——卡尔十二世朝着乌克兰前进

在跟随卡尔十二世完成俄罗斯战争之前，我们必须简要回顾一下自从纳尔瓦战役之后，发生在波罗的海沿岸诸省的事情，以及卡尔十二世是如何背弃这些省的。最终证明，对于卡尔十二世来说，纳尔瓦取得的胜利比他遭遇的数次失败危害更大。因为纳尔瓦取得的胜利让卡尔十二世忽视了瑞典主要政治家们已经开始认识到的事实，即俄罗斯帝国这个懒惰的"巨人"已经从几个世纪的沉睡中突然苏醒过来。俄罗斯帝国的苏醒没有逃出像本特·奥克森谢尔纳、尼尔斯·利耶罗斯这样善于观察的政治家的眼睛。在彼得大帝统治下，俄罗斯人终于认识到了自己的力量，并打算利用自己的力量获得一个海滨，以作为俄罗斯帝国获得天然边界的第一步。这种情况下，这一目的绝不仅仅是外交辞令，因为没有海滨，俄罗斯人便不能恰当地开发其巨大的资源。俄罗斯人最近的一条通往大海的道路位于西北方向，而瑞典的英格里亚、爱沙尼亚和利沃尼亚都挡在这条路上。虽然这些跨国界的财产并没有构成瑞典不可分割的一部分，但瑞典如果没有放弃帝国梦想，就不能放弃这些省份。瑞典即将降到第二大国的地位，并放弃已经拥有了一个多世纪的北方霸权。瑞典能否将俄罗斯人永久地排除在波罗的海之外，这一点值得怀疑。瑞典先进的文明、强大的军备及所有资源都集中在一位具有非凡人格魅力的专制国王——卡尔十二世手中。从表面上看，即使卡尔十二世还有很长的寿命，瑞典最多也只能阻挡一代的俄罗斯人,或者最多阻挡半个世纪。但为了完成这样一项任务,瑞典都必须将全部精力投入到这项艰巨的任务上来。然而,不幸的是,卡尔十二世似乎从未意识到瑞典强大的外表下是多么脆弱,仍对整体情况保持着乐观的态度。在纳尔瓦被占领之后,卡尔十二世蔑视俄罗斯人。在波兰立陶宛联邦的战役中,俄罗斯人在卡尔十二世面前落荒而逃。这更让卡尔十二世无法尊重俄罗斯人。从此以后,在卡尔十二世的眼中,俄罗斯人都是胆小鬼,而且可以任意抽打。卡尔十二世完全不把彼得大帝放在眼里。如果非要让卡尔十二世回忆起彼得大帝,毫无疑问,卡尔十二世只能记起彼得大帝在第一次交战中逃跑。对于这样一个人,卡尔十二世自然会争辩说,彼得大帝没什么好害怕的。当然,卡尔十二世必然会去惩罚狡诈的彼得大帝,只是惩罚的时间可能会往后推迟一下,因为卡尔十二世现在需要处理更加紧急的事情。为了追求那终将有一天会引诱卡尔十二世走向毁灭的政治愿景,卡尔十二世离开了那些防卫得当,在战争时期曾是瑞典的堡垒,在和平时期曾是瑞典粮仓的省份,并不顾一切地投入波兰立陶宛联邦的尴尬处境。不过,卡尔十二世的强悍对手很快地察觉到了他的错误。在纳尔瓦战役之后,彼得大帝立即采取行动,表明他是多么清楚地了解形势。事实上,彼得大帝对卡尔十二世的了解甚至超过了卡尔十二世自己。彼得大帝料到卡尔十二世会在俄罗斯人从恐慌中恢复之前乘胜追击,向普列什科沃和诺夫哥罗德的要塞挺进,因此不仅巩固了这些要塞,还在这些要塞布置了新的武装力量。然而,一直以来,彼得大帝自己的立场是十分关键的。整个俄罗斯帝国都对彼得大帝新引进的改革暗感恼火。博亚尔人①痛恨这样一场似乎毫无目标、毫无希望的战争。如果瑞典的军队出现在俄罗斯帝国的领土上,即使不会造成公开的叛乱,也势必会使普通民众开始倒戈。不过,瑞典军队没有出现。消息灵通的彼得大帝一发现卡尔十二世为了休整自己的军队离开波罗的海,就立即决定发起进攻。

---

① 博亚尔人是保加利亚、俄罗斯、塞尔维亚、瓦拉基亚、摩尔多瓦及后来的罗马尼亚和利沃尼亚贵族中最高等级的成员,其地位在10世纪到17世纪仅次于执政的王子。——译者注

博亚尔人

即使在最有利的情况下,波罗的海沿岸诸省也很难抵挡住整个俄罗斯帝国的势力,更何况现在的情况也绝非有利。一方面,波罗的海沿岸诸省因接二连三的歉收而变得贫穷。另一方面,它们不仅遭受了纳尔瓦战役以前的敌人的蹂躏,还得忍受后来的朋友的"勒索"——支持卡尔十二世那渴望胜利的军队的重担几乎完全落在了它们的肩上。当卡尔十二世最终离开的时候,不仅带走了它们最好的军队,还要求它们通过波美拉尼亚派遣增援部队。卡尔十二世不想浪费一个团,甚至是一艘护卫舰在博特尼安的财产上。此外,无论私人或官方之间的争端和忌妒,都给可怜的波罗的海沿岸诸省增加了很多其他麻烦。对此,英格里亚、爱沙尼亚、利沃尼亚和芬兰的四位总督也无能为力,只能因每一次接二连三、不可避免的灾难而相互责备、相互推诿责任。英格里亚、爱沙尼亚、利沃尼亚和芬兰的四位总督向在波兰立陶宛联邦的卡尔十二世和斯德哥尔摩的参议院提出了请求,但卡尔十二世根本不会听他们的请求,而参议员则不敢听。此外,陆军和海军上将们都因太过独立而不愿一起行动,又因太过软弱而不敢单独行动。他们清楚地预见到了即将到来的毁灭,因为为数不多、忍饥挨饿、衣衫褴褛的士兵虽然依然顶着"军队"的名号,但根本无法抵御比他们多十倍的俄军,也无法守护瑞典从拉多加湖延伸到佩普西湖,从佩普西湖延伸到德瓦那,从德瓦那延伸到里加湾的边界。只有在堡垒的城墙下,俄军才会遭受长时间的抵抗。而边界沿途的要塞自身军需供给不足,人手不够,如果没有英勇的前辈或经验丰富的军人防守,那么只要敌人一召唤,他们就会投降。彼得大帝带领着势不可当的军队缓慢而谨慎地前进着。整个行程规划清晰、有条不紊。彼得大帝一步一步小心翼翼地向前行进着,并尽可能地少冒险,必要时也会毫不犹豫地后退,但从不浪费片刻时间,即使在一个地方浪费了时间,也会在另一个地方补回来。1701年夏天,沃尔玛·安东·冯·施利彭巴赫从利沃尼亚赶走了彼得大帝。然而,1702年春,彼得大帝回到利沃尼亚,并同时蹂躏着英格里亚和利沃尼亚,驱赶着瑞典的小部队。1702年秋天,彼得大帝坚持不懈的努力得到了回报。在一次英勇的战斗之后,彼得大帝攻占了拉多加湖的关键要塞——诺特伯格要塞[①]。1703年,在芬兰湾的上方,彼得大帝攻下了尼恩要塞,取得了又一次胜利。1703年5月27日,彼得大帝在涅瓦河下游的兔子岛上奠定了俄罗斯帝国要塞的基础,并根据自己的名字将其命名为"圣彼得堡"。1703年年底,整个英格里亚都落入彼得大帝的手中。取得成功后,彼得大帝变得更加大胆。1704年,彼得大帝包围了利沃尼亚的核心要塞塔尔图,并占领了佩普

[①] 现在被称为"施吕瑟尔堡"。——原注

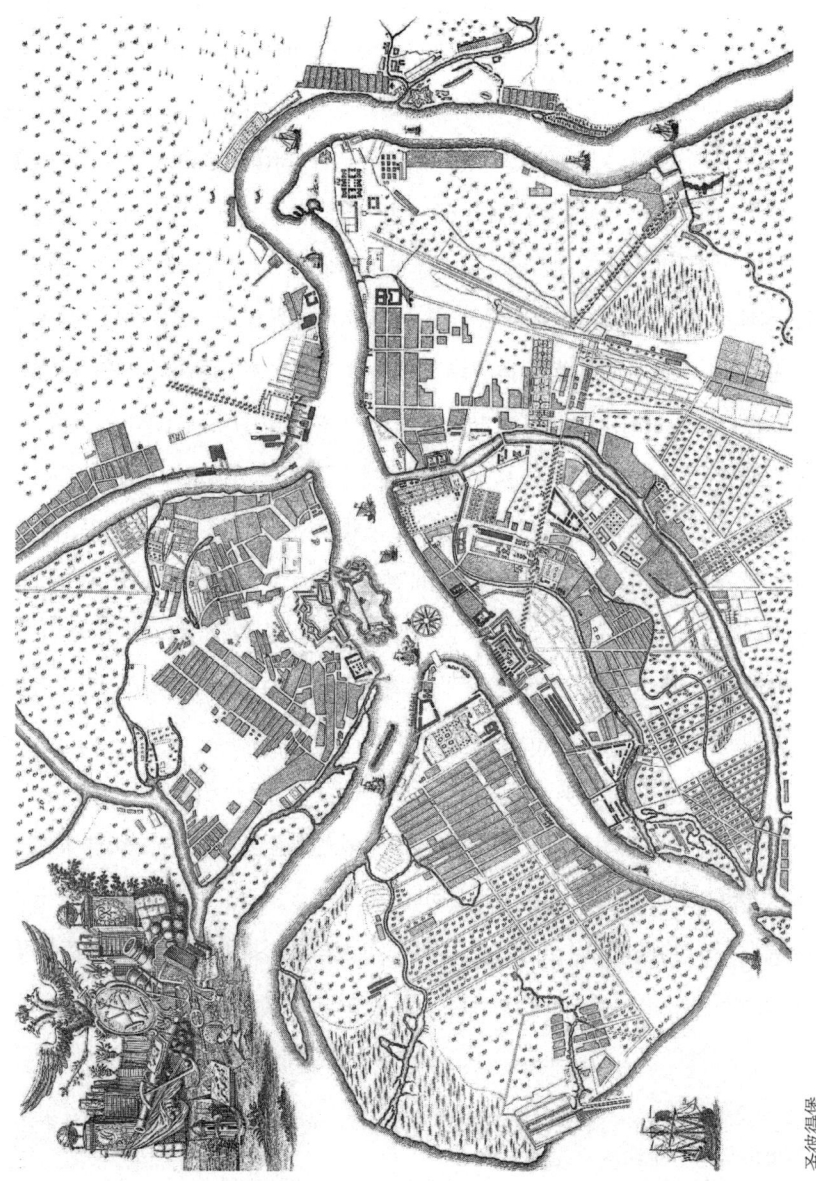

圣彼得堡

西湖和纳尔瓦。佩普西湖和纳尔瓦当时是瑞典东部边境最坚固的堡垒所在地，并在波罗的海沿岸占据重要位置。在六周的坚强抵抗后，塔尔图沦陷了。① 彼得大帝的军队战死了五千人。接下来，彼得大帝把所有军队都集中在纳尔瓦周围——1700年他曾被耻辱地打败过的地方。为了拯救纳尔瓦，瑞典尽了最大的努力。② 芬兰和爱沙尼亚的军队被命令一起合作解决这件事。为了分散圣彼得堡军队的注意力，海军上将雅各布·德·普鲁率领的一小支舰队被派往涅瓦河的河口，但他们错过了最佳时机。海军上将雅各布·德·普鲁发现圣彼得堡及其周围新增的战舰和双桅帆船实在太强大了，他那弱小的舰队根本无法攻击它们。后来，纳尔瓦的指挥官鲁道夫·霍恩留下来竭尽所能地守着纳尔瓦。1704年4月至1704年8月期间，纳尔瓦堡垒被严密地包围了。1704年8月7日，载满荣誉的纳尔瓦堡垒突然沦陷了，而且城墙上留下了一个缺口，足以让十二个人齐头并进。为了避免不必要的流血事件，彼得大帝向鲁道夫·霍恩提出他可以体面地投降，但鲁道夫·霍恩的回复中暗指彼得大帝曾在纳尔瓦战役中可耻地逃跑。于是，愤怒的彼得大帝下令轰炸纳尔瓦，并发动全面攻击。尽管卫戍部队英勇地保卫着纳尔瓦，三千名俄罗斯人在突破口中倒下，但俄罗斯人最终取得了胜利。晚祷时，彼得大帝成了纳尔瓦的主人。③

纳尔瓦的沦陷使瑞典非常痛苦。当消息第一时间传到斯德哥尔摩时，人们几乎都感到恐慌。为了更好地确保安全，许多人甚至把自己的钱和珠宝都送到汉堡。随即，参议院代表向卡尔十二世提出了严肃的抗议。他们一五一十地描述着瑞典目前的情况，并表示现在与奥古斯特二世讲和是拯救瑞典免遭毁灭的唯一途径。如此一来，卡尔十二世及瑞典军队才能脱出身来，回来救助受苦

---

① 在顽强抵抗这一点上，就像在除了纳尔瓦的其他任何情况下一样，卫戍部队被允许带着所有荣誉出征。——原注
② 尼恩桑茨沦陷之后，卡尔十二世嘱咐参议院巩固波罗的海沿岸诸省。——原注
③ 据说，尽管彼得大帝亲手砍了五十名如同强盗般的俄罗斯士兵，但这个城镇还是遭到了俄罗斯人的野蛮掠夺。然而，比起奥利弗·克伦威尔在德罗赫达的屠城行动，彼得大帝已经相对仁慈了。——原注

的瑞典人民。同时，参议院代表暗示，卡尔十二世应与普鲁士王国结盟以加强自己的地位。普鲁士王国一直在等待卡尔十二世的请求，但卡尔十二世的回答礼貌地避开了问题。卡尔十二世说，和平在上帝的手中。卡尔十二世在为和平而努力，但他的子民必须耐心地遵守上帝的意愿，而不是灰心丧气。人们越是述说战争的激烈，就越肯定全面的和平将很快来临。参议院应该为瑞典有这些虔诚的人民而感到欣慰。

1705年，瑞典人太过软弱，除了阻止俄军舰队进入波罗的海，什么都做不了。一方面，俄军舰队是彼得大帝花了很大的力气在拉多加湖和涅瓦河上建造的。① 另一方面，瑞典军队三次远征圣彼得堡都完全失败了。与此同时，为了帮助朋友奥古斯特二世，彼得大帝在波兰立陶宛联邦投入了很多精力。奥古斯特二世虽然当时的前景十分黯淡，但奥古斯特二世的注意力一直在里加上。奥古斯特二世想去攻下里加这座伟大的堡垒，但目前里加正由亚当·卢德维格·利文豪普守护着。与卡尔十二世一样，亚当·卢德维格·利文豪普能最好地运用军用物资创造奇迹。亚当·卢德维格·利文豪普现在已经开始了自己的辉煌事业，那便是尽快结束这场瑞典人民不应该忍受的苦难。1703年4月，亚当·卢德维格·利文豪普取得了第一次功绩。当时，亚当·卢德维格·利文豪普带领只有一千三百人的部队彻底打败了拥有五千二百人的波兰和俄罗斯联军。随即，亚当·卢德维格·利文豪普被提拔为少将和库尔兰的总督。在接下来的五年里，亚当·卢德维格·利文豪普继续作为卡尔十二世在波兰立陶宛联邦的军队和波罗的海沿岸各省之间的联系纽带。亚当·卢德维格·利文豪普的任务是维护两方之间的通信联系，并在任何一方有需要的时候提供帮助。因此，1704年，亚当·卢德维格·利文豪普与萨皮哈家族一起在立陶宛行动，尽管在整个行动中，他们更像是一种阻碍而不是增援部队。除了占领波兰重要的比尔斯堡垒，亚当·卢德维格·利文豪普还带领着六千人在雅各布斯塔德击败

---

① 彼得大帝曾亲手建造了一些船。——原注

彼得大帝率领俄军从缺口处冲进纳尔瓦堡垒

攻占纳尔瓦堡垒后，彼得大帝命令士兵停止劫掠

了米夏洛·塞瓦西·维希尼奥维奇率领的一万两千名由俄罗斯人和波兰人组成的军队。1705年，他最大的成就在与彼得大帝最优秀的将军鲍里斯·彼得罗维奇·舍列梅捷夫的对战中得以体现。1705年年初，彼得大帝带着协助奥古斯特二世和夺下里加这个双重目标入侵立陶宛。因亚当·卢德维格·利文豪普及其七千名士兵挡在路上，鲍里斯·彼得罗维奇·舍列梅捷夫和两万名俄军士兵被派去驱逐亚当·卢德维格·利文豪普及其部队。瑞典人坚守着离米托不远的杰马厄霍夫古堡。1705年6月16日，杰马厄霍夫经历了大北方战争中最血腥的一场交战。瑞典人以损失六千人的代价击溃了俄罗斯人，最终结束了这场战

米夏洛·塞瓦西·维希尼奥维奇

争。由于亚当·卢德维格·利文豪普势单力薄，不能在保住库尔兰的同时保护里加，亚当·卢德维格·利文豪普明智地决定为了必不可少的里加要塞牺牲库尔兰。然后，亚当·卢德维格·利文豪普便回到了里加。这让目前已经占领了库尔兰的彼得大帝无限懊恼。1706年和1707年，波罗的海沿岸诸省未遭受到任何进一步的入侵，因为仅仅有传言说卡尔十二世正在向东行军。然而，这就足以使彼得大帝十万火急地赶回去保卫自己的边境。不过，关于卡尔十二世向东行军的传言被证明是虚惊一场。1707年秋天，卡尔十二世确实离开了萨克森，但由于波美拉尼亚的增援部队没有到达，他在波兰立陶宛联邦耽搁了几个月。因此，直到1707年11月，卡尔十二世才占领了波罗的海沿岸诸省。然后，一切都表明卡尔十二世和彼得大帝这两大竞争对手之间即将有一场恶战。在阿尔特兰施泰特，卡尔十二世曾告诉大不列颠王国的大使：他打算废黜彼得大帝，就像当初废黜奥古斯特二世一样。我们有理由相信，为了补偿失去的波兰王位，卡尔十二世已经下定决心把俄罗斯帝国的皇冠交给詹姆斯·路易·索别斯基。在俄军的保护下，彼得大帝在华沙召集了一个议会，并选举了新的波兰国王。彼得大帝曾试图通过法兰西王国大臣与瑞典进行谈判。彼得大帝提出，除了涅瓦河及其两岸委婉地称为"圣彼得堡"的土地和其封锁线内相关的要塞，他愿意放弃所有战利品。但卡尔十二世很清楚拥有涅瓦河的重要性，并立刻宣布，他宁愿战死最后一名士兵，也不愿"圣彼得堡"落入俄罗斯人之手。于是，卡尔十二世就向彼得大帝开战了。1707年12月25日，卡尔十二世就已经到了维斯瓦河；1708年1月1日，尽管冰层有三英寸厚，尽管几乎失去最好的一支军队，但卡尔十二世成功地渡过了维斯瓦河。很快，彼得大帝怀着沮丧而郁闷的心情从华沙撤退了。为了抵抗卡尔十二世的追击，彼得大帝驻扎在格罗德诺的默默尔河河边。然而，卡尔十二世以难以逾越的速度前进着，猜测着彼得大帝的行踪，并于1708年1月28日，从彼得大帝的手中抢走了格罗德诺。事实上，在维尔纽斯，卡尔十二世就追上了彼得大帝，但瑞典的骑兵已经精疲力竭，无法在同一天攻击俄军。然而，1708年1月29日早上，彼得大帝逃走了。在离维尔纽斯不远的斯莫尔贡，疲惫的士兵们得到了短暂的休息。能干的军官们建议，卡尔十二世现在转向波罗的海沿岸诸省，去收复英格里亚，摧毁圣彼得堡，占领俄罗斯强大的普列什科沃要塞，并把普列什科沃要塞作为进一步行动的基地。纳尔瓦战役结束后，人们立即提出了许多类似的计划。这些计划都很容易实现，因为卡尔十二世带领着一支经验丰富的军队，而且军需长阿克塞尔·于伦克罗克①非常仔细地制订了整个计划，并将其提交给卡尔十二世。卡尔十二世

阿克塞尔·于伦克罗克

---

① 阿克塞尔·于伦克罗克是一位出色的军官，生于1664年，死于1730年。正如我们将看到的，阿克塞尔·于伦克罗克将被俄罗斯人俘虏。——原注

批准了这个计划,但告诉阿克塞尔·于伦克罗克把这个计划放在一边并保密。阿克塞尔·于伦克罗克自然地认为,随着瑞典军队继续向波罗的海沿岸诸省和普列什科沃的方向稳步前进,他的计划很快就将成为现实。但很快,他就醒悟过来,因为离开斯莫尔贡之后,卡尔十二世命令军队转向东南方向,在距离明斯克几英里外的拉多谢维采安营扎寨。接下来的路线直接通向莫斯科。显而易见,卡尔十二世决定去莫斯科。①毫无疑问,卡尔十二世现在有一个伟大而迷人的想法,那就是袭击俄罗斯帝国的心脏,从而一下子结束战争。如果卡尔十二世很好地权衡了所有机会,并谨慎地应对每一个不利的偶然事件,这个想法甚至可能已经实现。尽管瑞典军官提醒卡尔十二世应注意权衡机会,但卡尔十二世并没有这样做。卡尔·古斯塔夫·雷恩施霍德元帅似乎对卡尔十二世的运气一直抱有一种盲目的自信。除了卡尔·古斯塔夫·雷恩施霍德,每一位瑞典军官都强烈反对改变战场前线,并指出将瑞典现在依赖的唯一军队暴露在一片广阔的荒野中十分危险。在荒野中,不仅通信可能很容易被切断,而且也无法确定是否有军需供给。卡尔十二世对俄罗斯人的蔑视与他对自己士兵的信心一样强烈。对于卡尔·皮佩、亚当·卢德维格·利文豪普②和阿克塞尔·于伦克罗克及时提出的建议,卡尔十二世只是一笑了之。1708年6月月初,瑞典军队离开了拉多谢维采,转向了东南部。带领着七万人的彼得大帝一直密切关注着卡尔十二世的动态。一开始,彼得大帝很好奇卡尔十二世将要朝哪个方向走。但当彼得大帝得知卡尔十二世决心要通过斯摩棱斯克到莫斯科时,彼得大帝立刻采取了有力的预防措施。为了完全防守位于瑞典行军路线上的俄罗斯帝国的中部地区,巩固从莫吉廖夫到奥尔沙的第聂伯河全线,彼得大帝派戈尔茨将军带领八千人去争夺贝尔齐纳河的优先通行权。在谋略布局上,卡尔十二

---

① 毫无疑问,卡尔十二世一开始就打算去莫斯科。——原注
② 亚当·路德维希·利文豪普被召唤到拉多谢维采,接受关于他将在接下来的战役中需要承担的任务的命令。之后不久,他回到里加做最后的准备。现在,阿尔维德·霍恩、芒努斯·斯滕博克和卡尔·尼罗特都在瑞典。——原注

世比戈尔茨将军更胜一筹。卡尔十二世成功地穿越了贝尔齐纳河,并且不负众望地跨过沼泽地,朝着第聂伯河前进。卡尔十二世每前进一英里,行军就变得越困难。①与此同时,俄军也在稳步撤退。但在途中,俄军烧毁了所有桥梁,并派出了成群的鞑靼骑兵紧跟在瑞典军队的侧翼。瑞典军队每走一步都不得不忍受鞑靼骑兵的骚扰。尽管如此,卡尔十二世还是不屈不挠地带领着卫兵前进。瑞典军人尽管饥肠辘辘、疲惫不堪,但仍然怀着必胜的决心跟着卡尔十二世,没有发出一声抱怨。瑞典军队毫不费力地穿过德鲁特河。但当来到瓦比希河时,卡尔十二世发现俄军已经在瓦比希河的对岸——靠近霍洛辛小镇的地方排兵布阵完毕了。显然,俄军是下定了决心,要阻止卡尔十二世通过。乍一看,俄军的布阵几乎是坚不可摧。俄军与瓦比希河之间有一片沼泽,而俄军身后则有一片茂密的森林。俄军的战线沿着瓦比希河延伸了六英里,②而且他们的人数也远远超过瑞典军队。新加入的步兵和骑兵不断增强着俄军的力量。鲍里斯·彼得罗维奇·舍列梅捷夫指挥着右翼部队;安妮卡·雷普宁负责左翼部队;戈尔茨将军负责骑兵。

卡尔十二世等了三天,直到大约三分之二的瑞典军队都来了。然后,因为急着战斗,再加上害怕俄罗斯人会撤退,所以卡尔十二世决定立即攻击他们。卡尔十二世敏锐的眼睛发现了俄军长长的战线上的薄弱点。俄军的左右两翼之间有一个无人看守的缺口。缺口的前面是俄罗斯人认为无法逾越的泥沼。于是,卡尔十二世率领所有兵力朝那里前进。1708年7月3日黎明时分,在一声炮响中战斗开始了。接着,卡尔十二世骑在马背上带领自己的步兵,先是潜入河中,然后进入了一千五百码长的沼泽地。尽管在俄军猛烈的纵向射击下,瑞典军队的战力明显被削弱了,但没有什么能阻止瑞典军队的迅速前进。瑞典士兵把武

---

① 卡尔十二世在写给妹妹乌尔丽卡·埃莉诺拉公主的信中也承认:"整个夏天,由于天气和道路恶劣,行进十分困难。除了一小队俄罗斯人在他们过河的时候出现,其他时候俄军都很少露面。"(《埃根简介》,第70页)——原注
② 这样的布局是为了避免在过贝尔齐纳河和德鲁特河的时候瑞典军队的侧翼包围。俄罗斯人从没有想过瑞典军队敢穿过沼泽。——原注

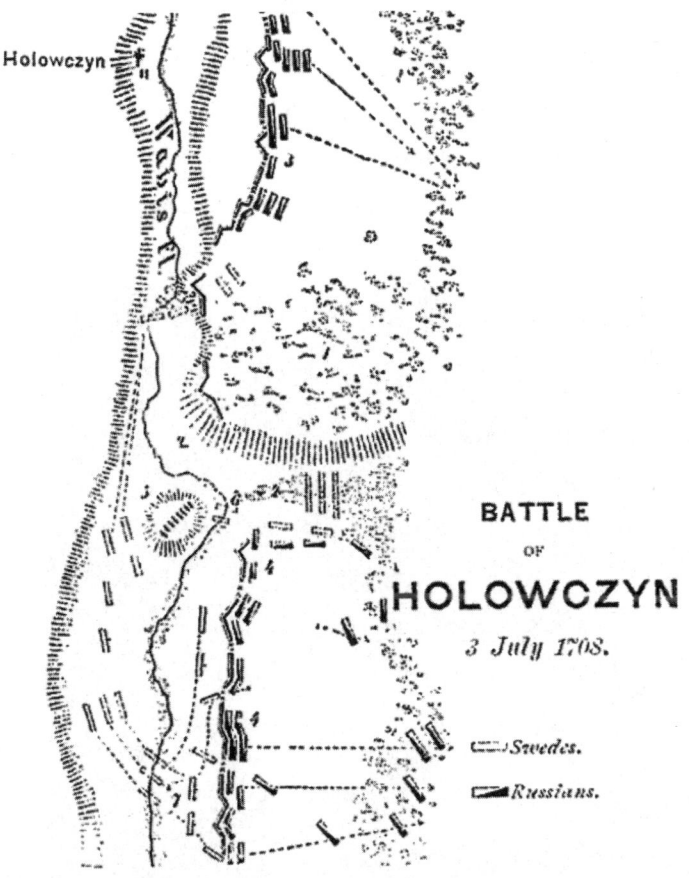

1. Forest. 2. Morass. 3. Russian right wing. 4. Russian left. 5. Hill on which Charles placed battery. 6. The point where Charles crossed the Wabis with the infantry. 7. The point where

霍洛辛战役（1708年7月3日）：1=森林；2=沼泽；3=俄军的右翼部队；4=俄军的左翼；5=卡尔十二世放置炮火的小山；6=卡尔十二世和步兵穿过瓦比希河的位置；7=卡尔·古斯塔夫·雷恩施霍德和骑兵穿过瓦比希河的位置

器高高地举在头顶,因为水已经涌到了他们的肩部。他们像在游行一样平静地前进着。在把马给了一个受伤的军官之后,卡尔十二世就开始给刚走出沼泽的瑞典士兵打气。安妮卡·雷普宁害怕与鲍里斯·彼得罗维奇·舍列梅捷夫失去联系,因此撤到了身后的树林里。1708年7月4日5时30分,近在咫尺的瑞典军队和俄军开始了一场残忍的战斗。随后,安妮卡·雷普宁的骑兵继续向前推进,并试图通过攻击瑞典人的侧翼来协助己方的步兵,但这一企图被卡尔·古斯塔夫·雷恩施霍德察觉到了。于是,卡尔·古斯塔夫·雷恩施霍德迅速冲过了瓦比

安妮卡·雷普宁

希河。卡尔•古斯塔夫•雷恩施霍德的龙骑兵连续九次击退了比他们多两倍、不断攻击他们的俄军。但他们也一度处于极度危险中，直到剩下的瑞典骑兵渡过瓦比希河，马上加入战争，逐渐壮大了他们的队伍。经过一场生死搏斗之后，俄军的骑兵终于被击退了。一位著名的军事评论家[①]对瑞典骑兵这次创造的奇迹做了如下评价：霍洛辛战役中，瑞典骑兵施展了最佳的作战能力，这在军事战术中是一个经久不衰的战例。与此同时，其余的瑞典步兵也越过了瓦比希河。现在，卡尔十二世下令全面前进。随后，又发生了一些非常激烈的战斗，但卡尔十二世更愿意称之为"四场愉快的混战"[②]。最后，整个俄军左翼被迫放弃了炮火和营地，撤退到了后面的树林里。在树林里，俄军虽然重新集合了，但最终还是被打散了。卡尔十二世带领着自己的骑兵追了俄罗斯人六英里多。1708年7月4日8时，一切都结束了。瑞典人的进攻如此迅速和突然，以至俄军右翼都没有时间去帮助他们的左翼，而左翼部队在这场战斗中首当其冲。卡尔十二世追捕敌人回来后发现，战场已经完全被遗弃了，因为鲍里斯•彼得罗维奇•舍列梅捷夫也认为迅速撤兵才是明智之举。瑞典人损失了约一千三百人，而俄罗斯人损失了三千多人。当然，霍洛辛的胜利也并非没有影响。它不仅开辟了通往第聂伯河的道路，在一段时间内缓解了瑞典人更加紧迫的困难，而且对欧洲普遍的公众舆论产生了一定的影响。在斯德哥尔摩，人们开始认为远征俄罗斯帝国可能会成功。在彼得大帝的鼓动下，奥古斯特二世一直努力建立对抗瑞典新联盟的热情也极大地减弱了。这场战斗虽然没有取得决定性的结果，但使瑞典人认识到一个非常重要的事实——现在要对战的俄罗斯人跟之前在纳尔瓦逃跑时已经大不一样了。那时，瑞典人可以轻松地战胜比他们多五倍的俄罗斯人，而现在能战胜两倍的俄罗斯人就已经不错了。但瑞典军队确实是胜利

---

① 乔治•弗雷德里克•卢维格•萨拉乌：《卡尔十二世的帝国》，莱比锡，1881年。——原注

② 关于这场战斗最好的描述可以在1708年8月4日卡尔十二世写给妹妹乌尔丽卡•埃莉诺拉公主的信中找到。在信中，卡尔十二世将事情清晰地罗列出来，加之用词谦逊有礼，使人印象深刻。在信中，卡尔十二世从来没有提到过自己。出自《埃根简介》，第70页。对比《卡尔十二世远征俄罗斯》，第368页到第371页。——原注

了。瑞典人如果能立即乘胜追击,那将获得不可估量的好处。但当时的瑞典军队已经精疲力竭,无力追击了。事实上,卡尔十二世甚至不愿冒险去攻打沿途的霍尔基村。当时,彼得大帝迅速地将霍尔基村变成了一个堡垒,但卡尔十二世放弃攻打这个堡垒,而是转向了第聂伯河上的莫吉廖夫。1708年7月8日,卡尔十二世到达了莫吉廖夫,并在那休息了一个月。彼得大帝利用这次喘息的机会,小心而无情地毁灭了莫吉廖夫周围数英里的地区。1708年8月6日,卡尔十二世继续向前行进,而瑞典军队也开始遭受重创。面包快吃完了,马的饲料也几乎没有了。不过,士兵们仍然有肉,因为他们捕获并带走了一大群牛。军官和士兵们都疲倦不堪。污水引起了痢疾和其他疾病。从大家的脸上可以或多或少地看到他们渴望休息。然而,只有与彼得大帝和平相处,他们才能得到休息。但卡尔十二世来这里是为了战斗,而不是为了做客。卡尔十二世竭尽全力地与两支谨慎的俄军部队交战。它们既让卡尔十二世一直处于自己的视线中,又小心翼翼地避开激烈的战斗。事实上,在恰恩库夫的索日河上发生了一场激烈的冲突,俄罗斯人试图阻止瑞典人越过索日河,但最终徒劳无功。而在马拉蒂茨则发生了一场更激烈的战斗。俄军试图消灭与瑞典主力军相隔很远的一支部队,甚至几乎成功。但彼得大帝不愿冒险,只是在侵略者面前慢慢地撤退,焚烧并摧毁了途经道路上的一切。直到最后,瑞典人眼前只剩一片燃烧着的村庄,脚下只有一片烧焦的荒野。由于空气中充满了烟雾,瑞典人甚至都看不见太阳。尽管如此,不屈不挠的卡尔十二世还是继续追击俄罗斯人。卡尔十二世每天都在追赶着俄罗斯人的脚步,并试图超越难以捉摸的俄罗斯人。现在,卡尔十二世离俄罗斯帝国边境只有三英里,①但从来没有越过边境。卡尔十二世的军队虽然完好无损,但遭受的痛苦是可怕的。除了卡尔十二世本人,所有瑞典人都明白自己的忍耐力已经接近极限了。几个星期来,瑞典士兵们几乎没有休息,但他们不敢落伍,因为每一个落伍的士兵都会立刻被警惕的鞑靼人和巴什基尔骑兵

---

① 这是18世纪初俄罗斯帝国的边界。其实,卡尔十二世当时已经位于现在俄罗斯帝国的核心位置了。——原注

杀死。鞑靼人和巴什基尔骑兵时刻徘徊在前进的瑞典军队周围，日夜骚扰着他们。与此同时，瑞典军队的面包和粮草几乎都快吃完了，并且似乎也没有机会得到补给。瑞典士兵非常清楚两件事：其一，彼得大帝打算先使瑞典士兵饥饿难忍，然后再攻击他们；① 其二，卡尔十二世想进攻莫斯科的计划是完全行不通了。与此同时，卡尔十二世也终于感觉到了危机即将来临。卡尔十二世第一次开始犹豫该怎么办。在为难时，卡尔十二世开始寻求阿克塞尔·于伦克罗克的帮助。一天早晨，当瑞典军队驻扎在索日河的支流塔塔斯克时，阿克塞尔·于伦克罗克惊讶地看到卡尔十二世进入了自己的帐篷。卡尔十二世问道："军队现在应该向什么方向前进呢？"阿克塞尔·于伦克罗克回答说："因为我不知道国王陛下的计划，所以无法给出任何建议。""我没有计划！"卡尔十二世回答说。对于这样的回答，阿克塞尔·于伦克罗克惊讶得都不知道该说什么。但在与其他战友商量后，阿克塞尔·于伦克罗克发现战友们一致认为不能再向莫斯科进发了。于是，阿克塞尔·于伦克罗克提议瑞典军队撤退到第聂伯河上，等待亚当·卢德维格·利文豪普的到来。此时，亚当·卢德维格·利文豪普正带着增援部队和一整车的储备物资、弹药从里加出发。根据估算，亚当·卢德维格·利文豪普现在可能再有几天就能到达。与此同时，阿克塞尔·于伦克罗克也可以承担为军队寻找粮草的任务。在这种情况下，这本是最明智的计划。这样一来，卡尔十二世不仅可以招募军队，还可以在更有利的条件下重新开始战争。不幸的是，卡尔十二世对任何类似撤退的建议都非常反感。因此，卡尔十二世询问是否还有其他选择。然后，阿克塞尔·于伦克罗克非常不情愿地承认：瑞典军队也可以通过西维利亚向南边哥萨克人的土地进军，并且哥萨克人应该是友好的。一方面，瑞典人可能会在哥萨克人的土地上找到粮食，因为迄今为止西维利亚和乌克兰都已经逃脱了战争的蹂躏。但另一方面，阿克塞尔·于伦克罗克指出，在那些偏远地区，瑞典人的通信将会完全中断。阿克塞尔·于

---

① 从俄罗斯人那里截获的信是如此描述的。——原注

伦克罗克强烈要求，瑞典军队无论如何都应该先与亚当·卢德维格·利文豪普及其一万四千名士兵会合，但卡尔十二世并没有同意。卡尔十二世认为现在没有必要等待亚当·卢德维格·利文豪普，就像之前在柯里佐夫①等待尼尔斯·于伦谢纳一样。卡尔十二世命令军队立即分散前进，并派遣安德斯·拉格克罗纳将军提前去寻找粮草。于是，瑞典军队先沿着索日河来时的路返回，然后朝着东南方向的西维利亚和乌克兰前进。据说，从塔塔斯克向南进军是一个不可原谅的战略错误。这个错误不可避免地导致了最后的灾难。②

---

① 见第4章。——原注
② 埃尔·恩斯特·卡尔松：《卡尔十二世：远征俄罗斯》。这本有价值的专著对这场灾难性战役做出了最新的描述。——原注

第9章
从霍洛辛战役到波尔塔瓦战役
(1708—1709)

精彩看点

伊万·斯特凡诺维奇·马泽帕——伊万·斯特凡诺维奇·马泽帕与瑞典人的谈判——亚当·卢德维格·利文豪普带领一支援军从里加出发——亚当·卢德维格·利文豪普的艰难——莱希纳战役——行军穿过西维利亚——伊万·斯特凡诺维奇·马泽帕与瑞典人会合——渡过杰斯纳河——乌克兰——在罗姆内和哈佳奇——1708年到1709年的黑霜——瑞典人遭受可怕的痛苦——卡尔十二世朴实、简单的同情心——奥波兹纳亚和克拉斯诺库茨克战役——卡尔十二世朝波尔塔瓦前进——与扎波罗热哥萨克人会合——卡尔十二世的计划——围攻波尔塔瓦——卡尔十二世受伤——波尔塔瓦战役——瑞典人无用的英雄主义——卡尔十二世的逃离——瑞典军队在佩雷沃罗茨纳投降当朝着西维利亚和乌克兰的方向行进时，卡尔十二世希望找到一个有用的盟友。不仅乌克兰哥萨克酋长伊万·斯特凡诺维奇·马泽帕与卡尔十二世的关系被严重误解，而且伊万·斯特凡诺维奇·马泽帕对1708年到1709年事件的影响被严重夸大。因此，有必要简要解释一下伊万·斯特凡诺维奇·马泽帕是谁，以及他做过些什么。

伊万·斯特凡诺维奇·马泽帕出身乌克兰哥萨克贵族家庭。在艺术和诗歌方面，伊万·斯特凡诺维奇·马泽帕的造诣很高。伊万·斯特凡诺维奇·马泽帕是斯拉夫历史上最独特的人物之一。伊万·斯特凡诺维奇·马泽帕的名字来源于他的出生地白采尔科维附近的马泽帕城堡。年轻时，伊万·斯特凡诺维奇·马泽帕曾在波兰国王扬·卡齐米日的宫廷里当过侍从。因与一位波兰立陶宛联邦富豪的妻子通奸而被抓，全身涂满柏油的伊万·斯特凡诺维奇·马泽帕被赤身裸体地绑在自己的马背上。伊万·斯特凡诺维奇·马泽帕的脸对着马的尾巴，而腿被绑在马的肚子下面。最终，伊万·斯特凡诺维奇·马泽帕被丢在了乌克兰的草原上。哥萨克人把伊万·斯特凡诺维奇·马泽帕从乌鸦的腐肉堆中救了出来，收留了他。1687年，哥萨克人一致推举伊万·斯特凡诺维奇·马泽帕为酋长。担任酋长期间，伊万·斯特凡诺维奇·马泽帕凭借着一身的英勇和非凡的能力成功地带领哥萨克人脱颖而出。伊万·斯特凡诺维奇·马泽帕不仅将鞑靼部落赶出了哥萨克人的土地，还在早期与奥斯曼帝国的战争期间，为彼得大帝提供情报。伊万·斯特凡诺维奇·马泽帕一直希望挣脱俄罗斯帝国和波兰立陶宛联邦的控制。卡尔十二世的成功似乎给了伊万·斯特凡诺维奇·马泽帕希望。1708年，在卡尔十二世进军波兰立陶宛联邦的过程中，伊万·斯特凡诺维奇·马泽帕一直在忠诚和反叛之间摇摆不定。伊万·斯特凡诺维奇·马泽帕开始通过波兰国王斯坦尼斯瓦夫·莱什琴斯基与瑞典人秘密谈判。虽然

伊万·斯特凡诺维奇·马泽帕

彼得大帝赐予的荣誉紧紧地束缚着伊万·斯特凡诺维奇·马泽帕,但伊万·斯特凡诺维奇·马泽帕对彼得大帝进行的意义深远的军事改革感到非常不安。在伊万·斯特凡诺维奇·马泽帕看来,俄罗斯帝国的军事改革正在削弱乌克兰的独立性。只要背后有一个强大的盟友,伊万·斯特凡诺维奇·马泽帕就能摆脱俄罗斯人的枷锁。伊万·斯特凡诺维奇·马泽帕现在希望能找到卡尔十二世这样的盟友。伊万·斯特凡诺维奇·马泽帕声称自己之所以背叛彼得大帝是为了建立一个由乌克兰和几个邻近的波兰立陶宛联邦封地组成的公国。然而,伊万·斯特凡诺维奇·马泽帕还一直巧妙地欺骗彼得大帝,并假装向彼得大帝透露卡尔十二世和斯坦尼斯瓦夫·莱什琴斯基的秘密计划。在霍洛辛战役之后,当卡尔十二世在莫吉廖夫休息的时候,伊万·斯特凡诺维奇·马泽帕迈出了决定性的一步。伊万·斯特凡诺维奇·马泽帕派了一名特使到卡尔十二世那里说,他们愿意提供三万骑兵供卡尔十二世差遣,并问卡尔十二世是否愿意将乌克兰的哥萨克人纳于瑞典的保护之下。卡尔十二世同意了,但从没有想过伊万·斯特凡诺维奇·马泽帕会主动提供援助。[①]卡尔十二世以最冷淡的态度接受了伊万·斯特凡诺维奇·马泽帕提出的建议。卡尔十二世天生不愿意向任何人寻求帮助,曾经拒绝了普鲁士王国向瑞典提供两万名精兵的提议。本来卡尔十二世是不太可能重视一个难以满足的"强盗"——伊万·斯特凡诺维奇·马泽帕给出的承诺。但当被迫放弃进攻莫斯科时,卡尔十二世接受了伊万·斯特凡诺维奇·马泽帕的提议。实际上,在乌克兰拥有盟友的这一事实成了卡尔十二世朝乌克兰前进的一个理由。因为卡尔十二世此时既没有其他更好的事情可以做,也没有别的希望。此外,希望尽快与伊万·斯特凡诺维奇·马泽帕会合也是卡尔十二世不想等待、冒险前进的重要原因。此时,不幸的亚当·卢德维格·利文豪普正艰难地运送着宝贵的粮草,竭尽全力地将粮草一路从里加

---

① 在埃尔·恩斯特·卡尔松的《卡尔十二世对俄罗斯帝国的控制》中,伏尔泰和安德斯·弗雷克斯做出了以下推测:他们认为,在离开萨克森选帝侯国时,卡尔十二世就被伊万·斯特凡诺维奇·马泽帕的提议诱惑,所以才前往乌克兰。但这一事实是毫无根据的。——原注

运送到第聂伯河的岸边——这一距离超过四百英里。事实上，卡尔十二世把一个太过沉重的负担压在了亚当·卢德维格·利文豪普的肩上，使亚当·卢德维格·利文豪普无法承受。1708年5月26日，卡尔十二世写信命令亚当·卢德维格·利文豪普1708年6月月初从里加出发直奔第聂伯河，并在第聂伯河等待进一步的命令。然而，直到1708年6月8日，这封信才到亚当·卢德维格·利文豪普手上。于是，亚当·卢德维格·利文豪普立刻回信说，即使自己怀着全世界最强烈的愿望，也要到1708年6月月底才能把所有粮草和车辆收集到一起。据说，当亚当·卢德维格·利文豪普准备好一切，带着一万一千人和足够主力部队吃十二个星期的粮草出发的时候，每个连队需要押送十辆装运货物的四轮马车。由于受到各种阻碍，亚当·卢德维格·利文豪普的行军速度十分缓慢。再加上道路颠簸和所带粮草沉重，前进速度就更加缓慢了。因此，直到1708年9月中旬，亚当·卢德维格·利文豪普才到达第聂伯河岸的什克洛夫。在什克洛夫，亚当·卢德维格·利文豪普又收到新的命令。新命令让亚当·卢德维格·利文豪普向南前进，沿途穿过第聂伯河和索日河，尽可能地跟上大约一百五十英里以外，已经到达塞维利亚斯塔罗杜布的主力部队。亚当·卢德维格·利文豪普本以为卡尔十二世会在第聂伯河上等着他，不想却被主力部队抛弃了。现在，亚当·卢德维格·利文豪普及其部队与主力部队之间至少隔了五条大河。当得知彼得大帝正带着比自己多三倍的人马快速前进，并打算包抄拦截自己时，亚当·卢德维格·利文豪普更加沮丧了。亚当·卢德维格·利文豪普虽然觉得自己的处境如在地狱，但仍然英勇、不折不扣地执行着卡尔十二世的命令。在这场危机中，亚当·卢德维格·利文豪普采取的策略也不负他的声望。一周内，由于俄军先锋队穷追不舍，亚当·卢德维格·利文豪普及其部队不得不越过第聂伯河，朝着索日河前进。当亚当·卢德维格·利文豪普到达莱希纳时，被彼得大帝带领着三万人挡住了去路。除了战胜敌人或英勇就义，亚当·卢德维格·利文豪普及其部队别无选择。战斗从1708年9月29日早晨开始，一直持续到了黄昏。瑞典人勇敢地击退了俄罗斯人的四次进攻。1708年9月29日晚上，俄罗斯人获得了大量的增援部队①。亚当·卢德维格·利文豪普希望能在被超越之前从普罗普瓦斯克渡过索日河，但俄罗斯人对他紧追不舍。与此同时，由于迷失方向，亚当·卢德维格·利文豪普的一部分部队走丢了。不过，事实证明从普罗普瓦斯克渡过索日河是行不通的。因此，亚当·卢德维格·利文豪普认为最明智的选择是放弃营地。为防止物资落入敌人手中，亚当·卢德维格·利文豪普把大炮沉入了泥沼，烧毁了全部的粮草和弹药，然后带着仅剩的六千人撤退了。在经历了难以置信的艰辛之后，亚当·卢德维格·利文豪普及其部队成功地到达了西维利亚。

彼得大帝也许会为莱希纳的胜利欢欣鼓舞，并认为即使牺牲六千人拿下莱希纳也已经很划算了。更不用说，由于必要的物资和弹药的损失，瑞典军队遭受了非常严重的损失。这是瑞典军队第一次在激战中被俄罗斯人击败。习以为常的事情突然逆转产生的影响也是不可估量的。所以彼得大帝称莱希纳战役为"波尔塔瓦战役之母"②也就不无道理了。

在收到这场灾难的消息时，卡尔十二世表现出了一贯的冷静。虽然亚当·卢德维格·利文豪普的大部分部队走散了，但卡尔十二世仍选择把这看作"一次幸运的行动"③。与此同时，卡尔十二世也在继续穿越西维利亚。西维利亚指的是杰斯纳河和索日河之间的平原，其面积几乎相当于现代的切尔尼戈夫政府。由于西维利亚主要由森林和沼泽组成，因此在西维利亚运送物资非常缓慢和困难。虽然西维利亚的乡村并不像第聂伯河区那样荒芜，似乎可以在某些地方搜集到一点点粮草，但瑞典人发现他们到的所有村庄都是荒芜的。西维利亚的城镇通常很少，并且相距很远。城镇里的居民都全副武装地躲在墙背后，注视着这些瑞典人。随着行军的继续，食物变得越来越稀缺。那

---

① 有人说多达一万五千人。——原注
② 莱希纳战役为波尔塔瓦战役的胜利奠定了基础，同时从莱希纳战役开始，瑞典军队就在之后的战役中节节败退。——译者注
③ 《埃根简介》，第252页。——原注

瑞典军队与俄军在莱希纳相遇

瑞典军队与俄军在莱希纳交战

些曾经有洁癖的军官现在只要能有足够的黑面包和草药茶就已经很高兴了。1708年10月月初,亚当·卢德维格·利文豪普终于与卡尔十二世会合了。与过去相比,他们率领的军队规模都大大减少了。卡尔十二世命令刚到的亚当·卢德维格·利文豪普加入自己的军队。与此同时,包括亚当·卢德维格·利文豪普在内的许多军官都不再拥有任何指挥权。在这次会合后不久,卡尔十二世到达了位于霍基的小西维利亚镇。1708年11月6日,伊万·斯特凡诺维奇·马泽帕加入了卡尔十二世的队伍。尽管前面有银杖,后面有马尾旗,但伊万·斯特凡诺维奇·马泽帕只带了一千五百名骑兵,而不是他之前承诺的三万人。事实上,伊万·斯特凡诺维奇·马泽帕已经几乎失去了所有东西,甚至连他自己也成了逃犯。长久以来,伊万·斯特凡诺维奇·马泽帕一直蒙蔽着彼得大帝。然而,当伊万·斯特凡诺维奇·马泽帕的两面派行为被公之于众后,为了让伊万·斯特凡诺维奇·马泽帕无法成为任何人有用的盟友,彼得大帝立即采取了措施。亚历山大·丹尼洛维奇·缅希科夫率领着一支庞大的俄军突然出现在乌克兰,将伊万·斯特凡诺维奇·马泽帕的首都巴图林夷为平地。在此之前,彼得大帝没收了伊万·斯特凡诺维奇·马泽帕积累的宝藏——估计有两百万基尔德。彼得大帝不仅在斯塔罗杜布和诺夫哥罗德·谢韦尔斯基[①]的要塞中安置了驻军,让基辅的大主教将伊万·斯特凡诺维奇·马泽帕公开逐出教会,还让亚历山大·丹尼洛维奇·缅希科夫的前中尉伊万·斯科罗帕茨基代替伊万·斯特凡诺维奇·马泽帕成为哥萨克人的酋长。因此,为了保住性命,伊万·斯特凡诺维奇·马泽帕不得不投靠瑞典。尽管伊万·斯特凡诺维奇·马泽帕不再是一个强有力的盟友,但他的聪明才智、勇气和对俄罗斯人的了解使他成为一个有价值的顾问和向导。[②]卡尔十二世似乎非常喜欢这个机智活泼、瘦小的男人。伊万·斯特凡诺维奇·马泽帕虽然已经六十岁了,但仍然充满了激情与活力。伊万·斯特凡诺维奇·马泽帕的拉丁语说得和卡尔十二世一样流利。在和伊

---

① 瑞典人来得太晚,没有占领斯塔罗杜布和诺夫哥罗德·谢韦尔斯基。——原注
② 伊万·斯特凡诺维奇·马泽帕还借给卡尔十二世一大笔现金。——原注

亚历山大·丹尼洛维奇·缅希科夫

万·斯特凡诺维奇·马泽帕会面十天后,即1708年11月15日,卡尔十二世到达了将西维利亚与乌克兰分开的宽阔、水流湍急的杰斯纳河。而与此同时,俄罗斯人聚集在杰斯纳河的对岸。由于瑞典军队所在的河岸十分陡峭,士兵们不得不被吊起来再放到为他们准备的木筏上,但还是安全地过了河。在一场激烈的小冲突之后,俄罗斯人被击溃了。现在,卡尔十二世终于到了乌克兰。乌克兰是当时欧洲和鞑靼之间的"边境之地"①，虽然名义上属于俄罗斯帝国和波兰立陶宛联邦，但实际上是哥萨克人的财产。乌克兰延伸到了基辅市南部，第聂伯河下游的两侧。乌克兰是一片富饶而多产的土地，长满了谷物和茂盛的草，到处都是牛羊。虽然瑞典人来的季节不对，但这也比他们先前的处境好多了。瑞典人仿佛到了天堂一样。在经过弥漫着硝烟的巴图林之后，卡尔十二世把自己的总部定在了罗姆内——一个位于苏拉河东南部的小地方。在整个行

哥萨克人

---

① 乌克兰范围之外是鞑靼人的土地，一直向东北延伸到克里米亚。——原注

军过程中，卡尔十二世受到俄军轻骑兵不断的骚扰。此时，俄军的主力正在北方。俄军的前哨一直延伸到列别金和韦普里克。在罗姆内，卡尔十二世对哥萨克人发布了一份声明——由赫尔梅林用很棒的拉丁语写成，警告哥萨克人禁止与彼得大帝通敌，并提出会保护他们。然而，这份声明产生的效果远远低于彼得大帝先前的公告。彼得大帝的公告提出：如果他们抓获瑞典俘虏并带到军营，不管俘虏是死是活，都能按照标准①获得奖赏。彼得大帝的公告吸引了这些贪婪的哥萨克人。一直以来，瑞典人很少或几乎没有休息。在数千名哥萨克人的增援下，俄军从四面八方逼近。这也使瑞典军队越来越难以收集军需。最终，对瑞典军队来说，罗姆内变得过于狭小。1708年12月，瑞典军队把营区转移到更靠近东南方向的哈佳奇。当衣衫褴褛、忍饥挨饿的军队朝着哈佳奇前进的时候，一场可怕的霜冻席卷了整个欧洲。人们甚至在瑞典和挪威的森林里发现了被冻死的麋鹿和雄鹿。这种霜冻已经有一个世纪不为人所知了。波罗的海及贝尔特海峡和桑德海峡都结了大量的冰。欧洲中部成千上万的果树被冻死。威尼斯的运河、塔古斯河的河口，甚至水流湍急的罗讷河都被冰覆盖了。然而，在乌克兰广阔的草原上，霜冻更加严重。花蕾在树上就被冻死掉了下来，葡萄酒和烈性酒都被冻成了无数的冰块。当不幸的瑞典人正在罗姆内到哈佳奇的路上痛苦地奔波时，可怕的霜冻开始凌虐瑞典人。瑞典人想尽快赶到哈佳奇，并认为那里会有温暖的庇护所。到哈佳奇后，瑞典人发现仅剩的一扇门也很快被马车、大炮和居民们堵住了。当晚，只有一小部分军队进城了，而其余的军队不得不在露天的雪堆中度过三四个晚上。瑞典军队因天气原因造成的伤亡比一场激战中的死亡人数还要多，三四千人被冻死，而剩下的人几乎都被严重冻伤。即使那些躺在羊皮床上的人也不敢睡觉，害怕睡着后被冻死或冻伤。因此，发现哨兵被冻死在马背上也不是什么奇事了。每天都有雪橇装

---

① 奖赏标准为抓获一个将军将得到两千卢布，一个上校得一千卢布；普通士兵：一个活的俘虏可得到五卢布，一个死的俘虏可得到三卢布。此外，在许多地方，俄罗斯人还留下了传单，向瑞典士兵保证，如果他们叛逃的话，可以得到充足的美食和大笔的费用。——原注

满尸体运到小镇上。小镇上的每一间房子都变成了名副其实的"医院"。病人们都挤在长椅周围，几乎没有可以走动的地方。然而，这些不幸的人所受的苦难又因无知或鲁莽而加重。一些人荒谬地认为用雪搓冻僵的四肢是唯一的补救办法；另一些人采取的解决方法是试图用劣质的白兰地和粗制的鞑靼酒掩盖痛苦；还有一些人则太过软弱和无助，已无心为自己做任何事。"然而，"同样忍受着痛苦的符腾堡公爵冷冷地说道，"尽管现在周围的一切都对我们不利，但国王卡尔十二世的计划必须完成，每天的行军路程必须走完。"[1] 几个月后，在给妹妹乌尔丽卡·埃莉诺拉公主的信中，卡尔十二世轻描淡写地描述了瑞典士兵的苦难，[2] 并且认为，在这种情况下，瑞典士兵能够时不时地与俄罗斯人发生一些激烈的小冲突是最好的消遣。虽然漫长的战争经历自然而然地使卡尔十二世变得冷酷无情，但没有理由斥责他没有感情。卡尔十二世知道战争本身就是既残忍又光荣的。卡尔十二世本身就是一个彻头彻尾的军人，所以自然而然地从军人的角度看待战争。卡尔十二世争辩说，士兵们既然选择了战争，就有责任在自己选择的事业中欣然接受所有艰难险阻。在这方面，卡尔十二世也总是以身作则。1708年到1709年可怕的冬天，卡尔十二世平静地承受了非常多的疲劳和艰苦，但没有逼迫士兵做任何自己没有亲身经历过的事情。事实上，在大多数时间里，士兵们并没有把卡尔十二世看作一个国王，而是看作与自己并肩作战的战友。再者，正如一个谨慎的将军应该做的，卡尔十二世尽可能地减少了士兵们的困难，平静地面对那些无法改变或毋庸置疑的事实。有一次，当卡尔十二世与一个士兵闲聊时，士兵拿出了一块几乎像石头一样硬

---

[1] 《在符腾堡的旅行和活动中的民族主义者马克斯·瑞兹纳努赫·赫佐格斯》，第428页到第430页。据我所知，匈牙利的新教徒丹尼尔·克曼完全不被瑞典历史学家所知。丹尼尔·克曼一到立陶宛，就接受了卡尔十二世的保护，并陪同卡尔十二世到了乌克兰和奥斯曼帝国。——原注

[2] "这里的军队已经很好了，虽然在俄罗斯人临近的时候像往常一样有点疲劳。此外，这个冬天很冷，霜冻似乎很不寻常，因为有时，我们自己的士兵和俄罗斯人都被冻掉一部分手、脚和鼻子或者直接冻死。然而虽然如此，但这个冬天也是一个快乐的冬天，因为虽然一些人很不幸，刺骨的寒冷伤害了他们，但我们也总能设法找到一点点消遣。"这里的消遣暗指与俄罗斯人发生的小冲突。《埃根简介》，第71页。——原注

的黑面包,喊道:"国王陛下,这就是我们吃的东西!"卡尔十二世立刻拿起面包,掰了一块,嚼了一下,咽了下去,然后说:"是不太好吃,小伙子,但还是可以吃的呀。"还有一次,卡尔十二世骑马经过了一辆马车,而车上躺着一位年轻的少尉。他是卡尔·皮佩的一个亲戚,在哈佳奇因冻伤失去了双脚。卡尔十二世停下来问他感觉怎么样。那个年轻人回答说自己再也不能行走了,因为自己的脚跟和脚趾有很多地方都被冻伤了。卡尔十二世回答说:"塞起来,塞起来。"然后把自己的腿露到脚踝,并补充说,"我见过一些人的腿到脚踝这里都没了,但当把腿塞进长筒靴里后,他们依旧能够成功走路。"然而,在骑马离开的时候,卡尔十二世低声地对自己的副官说:"可怜的家伙,我真为他感到惋惜,他还那么年轻。"有时,这种逸事被当作卡尔十二世①冷酷无情的例子。在这些例子中,我们看到的卡尔十二世或许确实有一些令人讨厌,但他确实心怀善意,并且凡事都能随遇而安。实际上,只要卡尔十二世能和士兵们混在一起,并亲自领导他们,士兵们就可以毫无怨言地忍受着痛苦。在这段时间,卡尔十二世的焦虑不安从几次成功中得到了排解。1709年1月月初,在城墙下战死了一千人之后,韦普里克的小堡垒向瑞典人投降了。1709年2月月底,卡尔十二世突然发动进攻,在奥波兹纳亚和克拉斯诺库茨克两次非常激烈的交战中击败了俄罗斯人,并在克拉斯诺库茨克战役中俘虏了一万名俄罗斯人。在一段时间内,春天的洪水结束了所有战争。彼得大帝前往顿河上的沃罗涅茨视察自己的黑海舰队,而卡尔十二世则在顿河的两条支流普罗河和沃尔斯克拉河之间的布迪斯策扎营。

瑞典人此时的处境十分危急,令人担忧。瑞典军队的人数已经从四万一千人减少到两万,其中只有大约一万八千人是健全的。高级军官的损失也非常不利。②军需补给十分短缺以至瑞典军队能做的就是想办法活下来。现在,盐只能用硝石代替,甚至连给将死的士兵举行圣礼的酒都不够。此外,所有与中欧

---

① 当时卡尔十二世只有二十六岁。——原注
② 举一个例子,卡尔十二世从萨克森出发时任命的六名师级以上的副官就都死了。——原注

的通信都被俄罗斯人切断了。恩斯特·德特洛夫·冯·克拉索①带领的最近的瑞典部队也在九百英里以外。瑞典军官试图再次劝卡尔十二世返回波兰立陶宛联邦,以便与斯坦尼斯瓦夫·莱什琴斯基和恩斯特·德特洛夫·冯·克拉索一起协作。但卡尔十二世不愿意听从这样的建议,因为"行军返回第聂伯河看上去就像是逃跑一样,那只会让敌人变得更加勇敢"。相反,卡尔十二世决定继续向北进军,包围波尔塔瓦要塞,并在那里等待从波兰立陶宛联邦和瑞典赶来的增援部队,以及从奥斯曼帝国和塔塔尔汗那里请求的增援部队。没有人知道卡尔十二世的秘密计划是什么。有人认为卡尔十二世并没有计划,也有人认为卡尔十二世打算给士兵们充足的休息后,对莫斯科发起第二次攻击。在前往波尔塔瓦的途中,卡尔十二世与扎波罗热哥萨克人达成了结盟。扎波罗热哥萨克人住在第聂伯河的急流后面、乌克兰哥萨克人的南面。伊万·斯特凡诺维奇·马泽帕劝说扎波罗热哥萨克人摆脱俄罗斯人的束缚。扎波罗热哥萨克人现在占据了波尔塔瓦以南的大部分领土,而卡尔十二世占据了波尔塔瓦以北的位置。瑞典人因不够强大而无法攻击波尔塔瓦要塞。事实上,瑞典人的不进攻与其说是军队数量锐减——因为在波兰立陶宛联邦取得的成绩要了瑞典军队一半人的性命,不如说是瑞典军队已经几乎没有炮兵了。瑞典军队的火药不仅短缺,而且因反复受潮而变质,几乎毫无用处。据说,炮弹发射时的声音还没有戴着手套拍的声音响亮,而发射出的子弹只能落在离发射枪口还不到三十步的沙子里。同时,由于子弹匮乏,瑞典人只能收集并利用俄罗斯人的子弹。彼得大帝的军队在波尔塔瓦的沃尔斯克拉河河边的人数是卡尔十二世的四倍,而且可以随时运送军需用品和增援部队进城。1709年5月,围攻开始了。卡尔十二世竭尽全力地鼓励部下。卡尔十二世把自己的营房搬到离要塞更近的地方。因此,卡尔十二世房子的墙壁上到处都是弹孔。在工兵军官一个接一个地被击毙

---

① 离开萨克森时,卡尔十二世让恩斯特·德特洛夫·冯·克拉索和剩下的所有瑞典军队都留在了波兰立陶宛联邦。恩斯特·德特洛夫·冯·克拉索虽然接到命令,如果有可能,在乌克兰与国王卡尔十二世会合,但又不得不放弃这个想法,因为这完全不可行。——原注

俄军与瑞典军队在波尔塔瓦交战

后,卡尔十二世开始亲自给工兵和布雷兵下达指令。然而,瑞典人的境况日益恶化。夏季酷热难耐,大部分伤者都死于坏疽。瑞典人占领的狭窄地区很快就没了食物,所以士兵只能吃马肉和黑面包。然而现在,瑞典军队又遭遇了新的不幸。要不是这个不幸,最终的灾难可能永远也不会发生。迄今为止,卡尔十二世尽管总是不顾后果地暴露在危险之中——许多人都认为他是在自寻死路,但总能毫发无伤地逃出来。1709年6月17日,卡尔十二世受伤了,并因此失去了战斗能力。1709年6月17日清晨,在卡尔十二世和亚当·卢德维格·利文豪普沿着要塞范围内的沃尔斯克拉河河岸骑行时,一颗子弹打中了卡尔十二世的脚后跟,穿过他的整只脚,最后停在了靠近大脚趾的地方。尽管伤口很痛,但卡尔十二世并没有畏惧。血从卡尔十二世的靴子里快速地流了出来,但卡尔十二世好像什么事也没有发生似的继续骑着马。起初,卡尔十二世的侍从们以为是马被击中了,但卡尔十二世惨白的脸色揭露了事情的真相。当卡尔十二世回到营房后,他的脚肿得很厉害,因此不得不把靴子剪破。在检查卡尔十二世的脚时,外科医生发现其中几根小骨头都被子弹击碎了。外科医生犹豫着要不要切开这个深深的伤口移除弹片。"来吧,来吧,"卡尔十二世不耐烦地喊道,"切开吧,切开吧！这伤不到我的！"紧接着，卡尔十二世紧紧抓住自己的腿，注视着手术的进行，丝毫没有露出疼痛的迹象。不仅如此，在伤口处肿起来后，外科医生退缩了，他没有切除那个发炎的、极其敏感的部位，而是建议敷用胆矾。但卡尔十二世要了一把剪刀，自己冷静地把发炎的部位剪掉了。起初，人们担心坏疽会发作，会致使卡尔十二世失去整条腿，特别是他固执地拒绝长时间服药。但幸运的是，卡尔十二世终于被说服吞下了一剂药，因此腿才得以保住。然而，因为受伤，在接下来的战斗中，卡尔十二世失去了战斗能力。

  然而此时，瑞典军队非常需要卡尔十二世的领导。在此之前，彼得大帝尽管可以用自己的八万人对抗卡尔十二世的一万八千人，但还是小心地避免引发全面交战。然而，当听说卡尔十二世失去战斗能力之后，彼得大帝立即改变了自己的策略。1709年6月19日至1709年6月23日，彼得大帝调集大部分兵力渡过了沃尔斯克拉河。尽管到了现在，彼得大帝对自己及其军队还是非常不自信。彼得大帝采取了一些预防措施，坚决地巩固了自己的营地。1709年6月24日，彼得大帝搬进了一个靠近波尔塔瓦、更坚固的营地。1709年6月26日至1709年6月27日，彼得大帝在瑞典营地和自己的营地之间建了一排小型野战炮台。显然，彼得大帝认为，仅仅依靠人数优势是不足以抵御在霍洛辛和克拉斯诺库茨克击败了自己的那些衣衫褴褛的瑞典老兵。与此同时，接替了瑞典军队最高指挥权的卡尔·古斯塔夫·雷恩施霍德召开了一次军事会议，并决定在俄罗斯人的排炮线和坚固的营地内攻击俄罗斯人。卡尔·古斯塔夫·雷恩施霍德提出应该避免对波尔塔瓦做无用的围攻，以便每一个可用的士兵都可以发挥最大的用处。但卡尔十二世没有听，派了两千名士兵视察俄罗斯人的堡垒。除此之外，有两千四百多名士兵被派去看管辎重，还有一千二百多人被派往沃尔斯克拉河南岸，以防止那些还没有越河的俄罗斯人从侧翼袭击。可以看出，这并不包括六千名扎波罗热哥萨克人。因此，卡尔·古斯塔夫·雷恩施霍德能调遣的只有一万三千人。卡尔·古斯塔夫·雷恩施霍德提议用这一万三千人攻击俄军强大营地中的八万人。1709年6月26日，卡尔·古斯塔夫·雷恩施霍德召开了军事会议。

1709年6月27日，星期天，在晚祷后，所有将军都被召集到卡尔十二世的床边，并明确地接受了1709年6月28日进攻计划的任务安排。接着，在用新绷带包扎好受伤的脚，并给另一只脚穿好装有马刺的靴子后，卡尔十二世握着剑，穿过士兵队伍，并最终置身于护卫队的行列。卡尔十二世的周围是卡尔·古斯塔夫·雷恩施霍德、卡尔·皮佩、亚当·卢德维格·利文豪普和其他将军。他们都裹着披风，坐在卡尔十二世的担架旁。午夜过后，卡尔·古斯塔夫·雷恩施霍德下令立即行动，并向俄罗斯人的阵线靠近。1709年6月28日黎明时分，瑞典人与俄罗斯人的堡垒正对着。瑞典左翼的骑兵由卡尔·古斯塔夫·克鲁兹指挥，卡尔十二世和卡尔·古斯塔夫·雷恩施霍德也在左翼；由步兵组成的中间部队由亚当·卢

卡尔·古斯塔夫·克鲁兹

德维格·利文豪普率领；右翼的骑兵由沃尔玛·安东·冯·施利彭巴赫率领。为了扫清道路，阿克塞尔·斯帕雷和卡尔·古斯塔夫·罗斯被派去占领俄罗斯人的小型野战炮台。由于几乎没有大炮，火药也只有可怜的一点点，瑞典人多半只能依靠自己的剑。起初一切都很顺利。阿克塞尔·斯帕雷勇敢地冲上去，杀死了守卫人员，并占领了左边的野战炮台。在卡尔·古斯塔夫·罗斯的适当帮助下，阿克塞尔·斯帕雷又占领了右边的炮台。目前，俄军炮台的所有火炮都转向了俄军的营地。在炮火的掩护下，整个瑞典军队本可能有条不紊地联合攻击。不幸的是，跟随卡尔十二世的卡尔·皮佩建议"趁热打铁"，让卡尔·古斯塔

阿克塞尔·斯帕雷

夫·克鲁兹趁着阿克塞尔·斯帕雷夺得优势继续攻击。因此，瑞典左翼的所有骑兵都向前推进，并击散了站在已经被占领炮台后面的俄军骑兵。而负责占领右边炮台的瑞典左翼部队完全失去了支持。

彼得大帝察觉到了瑞典军队的兵力不足，立即派亚历山大·丹尼洛维奇·缅希科夫和一万名俄罗斯人去攻击卡尔·古斯塔夫·罗斯。卡尔·古斯塔夫·罗斯尽管从炮台上三次击退了俄军，但还是被完全包围了。最终，在英勇抵抗后，卡尔·古斯塔夫·罗斯被迫投降。然而，这场战斗中出现的问题依旧令人生疑。亚当·卢德维格·利文豪普及其步兵虽然完全没有火炮，但占领了沿途的两个炮台，并准备猛攻敌人固守营的南面——那是俄军防守最弱的地方。然而，当准备攻打的时候，亚当·卢德维格·利文豪普却接到了停止攻打的命令。直到今天，大家都不知道是谁下达了这一命令，但情况似乎表明卡尔十二世对此负有责任。在胜利触手可及时，亚当·卢德维格·利文豪普突然停了下来。为此，卡尔·古斯塔夫·雷恩施霍德感到惊讶和愤怒，并冲上来指责亚当·卢德维格·利文豪普不是"国王的忠实仆人"。亚当·卢德维格·利文豪普回答说，自己只是服从命令。这时，卡尔十二世躺在担架上被抬了过来，卡尔·古斯塔夫·雷恩施霍德转向卡尔十二世，大声问道："是国王陛下命令亚当·卢德维格·利文豪普在敌人面前停止进攻的吗？"卡尔十二世脸红了，回答说："不是！"但那时的情形让在场的大多数人相信的确是卡尔十二世下了命令。因此，无论如何，卡尔·古斯塔夫·雷恩施霍德接受了这一事实，但毫不掩饰自己的愤怒。"是的，国王陛下，"卡尔·古斯塔夫·雷恩施霍德喊道，"您一直这样，我想做的事永远都不被允许。国王陛下，看在上帝的份上，把这事交给我来处理吧。"卡尔十二世默不作声地接受了责备。在俄军的营地前，整个瑞典军队重新进行了编排。虽然现在是猛攻的时候，但有利时机已经过去了。在卡尔·古斯塔夫·克鲁兹和阿克塞尔·斯帕雷取得第一次胜利之后，彼得大帝正打算逃跑。但当知道瑞典军队少得荒谬的人数时，彼得大帝又重新恢复了勇气。彼得大帝把所有可用的人和枪都带到前线进行最后的战斗。俄军有

波尔塔瓦战役

波尔塔瓦战场上的卡尔十二世

四万步兵,一百门大炮支援,而瑞典军队只有四千人。瑞典士兵不仅饥肠辘辘,疲乏不堪,而且没有大炮,甚至连火药都变质了。不仅如此,瑞典军队连支援的骑兵都没有,因为卡尔·古斯塔夫·雷恩施霍德现在把骑兵置于步兵之后。在这场战争刚开始的时候,卡尔十二世手持宝剑被抬到了前线,并尽最大努力鼓励自己的部下,完全不顾周围落下的子弹。在两次交战的间隙,卡尔十二世把脚重新包扎好之后,喝了一杯水,休息了一会儿又被抬到前线。现在发出进攻的信号,无疑是让四千名英勇的瑞典人冲向死亡。俄军的火力十分可怕以至在到达固守营之前,一半的瑞典士兵已经倒地身亡。而剩下的小部队一勇敢地冲上前去,就消失在无数俄罗斯人中间,付出了自己宝贵的生命。在很短的时间内,瑞典军队尽管失去了所有军官,但一直以一贯的顽强意志在战斗。为了激励自己的"蓝衣军",卡尔十二世让士兵把自己抬进了战火中。不过,卡尔十二世的担架很快被炮弹炸碎了。卡尔十二世重重地摔在了地上,而抬他的二十四个士兵有二十一个都死在了他身边。"我的孩子们,"卡尔·古斯塔夫·雷恩施霍德意识到现在一切都完了,喊道,"救国王!"然后,卡尔·古斯塔夫·雷恩施霍德也陷入了激烈的战斗中,不久就沦为了阶下囚。与此同时,卡尔十二世也处于迫在眉睫的危险之中。事实上,是一位叫沃尔夫费尔特的少校用自己的性命救了卡尔十二世。沃尔夫费尔特少校把卡尔十二世抬到自己的马上后,就被哥萨克人砍成了碎片。骑上马后,卡尔十二世那受伤的脚不停地流着血。随后,卡尔十二世偶然碰见了亚当·卢德维格·利文豪普。"我们现在该怎么办?"卡尔十二世问道。"我们做不了什么,只能在营地里聚集我们剩下的士兵。"亚当·卢德维格·利文豪普回答。他们照做了。当天晚上,瑞典军队剩下的士兵离开了战场。由于骑兵的损失相对较小,骑兵负责掩护撤退。

据说在波尔塔瓦战役中,俄军损失了一千三百人,而瑞典军队战死三千人,被俘虏两千人,其中包括一名陆军上将、四名少将和五名上校。尽管卡尔·皮佩整天都跟着卡尔十二世,但在最后一次混战中,他们走散了。卡尔·皮佩走到波尔塔瓦的大门前,并在那里自愿投降了。彼得大帝非常希望能俘获卡尔十二世。"我的'兄弟'卡尔十二世在哪里?"彼得大帝反复地问道。卡尔·古斯塔夫·雷恩施霍德受到了俄军军官的尊敬和礼貌对待。彼得大帝问道:你们怎么敢带领这么一点人入侵强大的俄罗斯帝国?卡尔·古斯塔夫·雷恩施霍德回答说,那是卡尔十二世的命令。作为一个忠实的臣民,服从国王是他的第一项职责。"你是个诚实的人,"彼得大帝回答说,"为了奖励你的忠诚,我决定把剑还给你。"

与此同时,瑞典军队离开了波尔塔瓦,并于两天后到达了佩伊沃洛茨纳。佩伊沃洛茨纳是第聂伯河上一个不起眼的地方,位于第聂伯河及其支流三面

卡尔十二世在第聂伯河河畔

包围的狭窄土地上。在诸将迫切、真诚的请求①下,被疼痛和疲劳折磨得精疲力竭的卡尔十二世终于在佩伊沃洛茨纳被说服。卡尔十二世与大约一千五百名骑兵穿过第聂伯河逃往奥斯曼帝国境内避难,其中包括阿克塞尔·于伦克罗克、伊万·斯特凡诺维奇·马泽帕和大臣米勒恩。只留下亚当·卢德维格·利文豪普指挥着完全被吓坏、士气低落的剩余军队——在十二个月前,其还是欧洲最好的军队。1709年6月30日,亚当·卢德维格·利文豪普率领近一万四千人的瑞典军队向俄罗斯将军亚历山大·丹尼洛维奇·缅希科夫投降了。当时,亚历山大·丹尼洛维奇·缅希科夫已抵达佩伊沃洛茨纳,并快速地关闭了瑞典军队所有可能撤退的出口。在那种情况下,这位不幸的将军能做的或者说是唯一能做的就只有投降了。不过,卡尔十二世从来没有原谅亚当·卢德维格·利文豪普。因此,彼得大帝取得了最终的胜利。战争结束后,彼得大帝大声喊道:"现在,圣彼得堡的根基稳固啦!"

---

① 亚当·卢德维格·利文豪普和阿克塞尔·于伦克罗克跪在卡尔十二世面前,热泪盈眶地恳求卡尔十二世,趁卡尔十二世还有时间,赶紧把银盘和在萨克森截获的大部分财宝带上逃走。——原注

第10章

卡尔十二世流亡到奥斯曼帝国

(1709—1715)

精彩看点

逃到奥恰基夫——在宾杰里——卡尔十二世的平静和乐观——姐姐赫德维希·索菲娅的死——对姐姐赫德维希·索菲娅的死亡深感悲伤——瑞典人在宾杰里受到了热情的接待——卡尔十二世的生活方式——土耳其人对卡尔十二世的看法——卡尔十二世的慷慨——俄罗斯帝国和奥斯曼帝国——卡尔十二世与奥斯曼宫廷的谈判——大维奇尔巴尔塔吉·穆罕默德帕夏——俄土战争——在摩尔达维亚的彼得大帝——彼得大帝被大维齐尔巴尔塔吉·穆罕默德帕夏包围并切断与本国的联系——彼得大帝的危险处境——普鲁特的和平——卡尔十二世的愤慨——大维奇尔巴尔塔吉·穆罕默德帕夏的倒台——第二次对俄罗斯帝国公开宣战——对《普鲁特和约》阴谋的反击——阿加·优素福帕夏的倒台——第三次对俄罗斯帝国公开宣战——格鲁兹姆斯基突袭波兰立陶宛联邦——卡尔十二世被要求离开奥斯曼帝国——卡尔十二拒绝离开——宾杰里的混战——混战对欧洲观点的影响——卡尔十二世在提穆塔什——埃迪尔内的和平——卡尔十二世在德莫迪卡——卡尔十二世离开奥斯曼帝国

在将剩下的部队留在佩伊沃洛茨纳之后，卡尔十二世穿过奥斯曼帝国边境，快速通过大草原，朝着奥恰基夫要塞奔去。尽管这支小军队遭受着酷热，但更令他们难以忍受的是长时间的饥饿。扎波罗热哥萨克人以晚上从瑞典战友那里偷来的马肉为食，而瑞典人则以黑面包和野樱桃为食。卡尔十二世及其军官也只能喝一点粥，偶尔吃一只用马粪和枯草烤出来的半生不熟的松鸡。奥恰基夫的帕夏一边把卡尔十二世及其军官扣留在西布格河的对岸，一边就过河的船价跟他们讨价还价。奥恰基夫的帕夏坚持运送一个人过河要十六达克特①，而这个价格无异于敲诈。卡尔十二世越来越不耐烦，命令部下强行抢了船，但由此造成的延误使卡尔十二世损失了八百人，因为这让俄罗斯人超越了瑞典的后卫部队，并切断了瑞典后卫部队同那些饥饿、精疲力竭的主力军的联系。剩下的五百人则尽全力从德涅斯特河上抵达了宾杰里。宾杰里是奥斯曼帝国重要的要塞。很可能是在宾杰里，卡尔十二世第一次知道了自己最喜欢的姐姐——荷尔斯泰因-戈托普公爵夫人赫德维希·索菲娅的死。当时，这个噩耗几乎使卡尔十二世完全崩溃。到目前为止，卡尔十二世表现出对苦难毫不在意，对不幸毫不关心。从波尔塔瓦撤退到宾杰里的整个漫长而疲倦的岁月里，

---

① 从前流通于欧洲各国的钱币。——译者注

卡尔十二世一直都平静如水。在提到使卡尔十二世未来几个月里都跛着脚的、极度痛苦的伤口时,卡尔十二世开玩笑地称之为"一个脚上的恩惠"。卡尔十二世的自信甚至使波尔塔瓦和佩伊沃洛茨纳这样的大灾难也变得云淡风轻。这让卡尔十二世的朋友和敌人似乎都看到了事情的结局。"一切都过去了,"到达宾杰里时,卡尔十二世在给家里的信中写道,"直到最后,由于一些特殊的情况,军队不幸蒙受了损失。我希望在很短的时间内能恢复过来。"[1]在十二个月后的一封信中,卡尔十二世补充道:"我希望,在上帝的帮助和庇佑下,瑞典士兵依旧能够勇敢地挺到最后,那样,瑞典人目前面临的困难就能够很快地彻底消失。"估计再也找不到比这更乐观的想法了。但当得知最喜欢的姐姐赫德维希·索菲娅去世的消息时,卡尔十二世的心都碎了。[2]卡尔十二世再也忍不下去了,哭得像个孩子。"啊! 我的姐姐,我的姐姐。"卡尔十二世大声地喊着。甚至好几天后,卡尔十二世骑马时也会离士兵很远,并将披风裹在头上,以掩盖自己的悲伤情绪和眼泪。每当提到这件事时,卡尔十二世还是悲伤不已。这是卡尔十二世一生中最大的悲痛。在卡尔十二世给妹妹乌尔丽卡·埃莉诺拉公主的信中,大家很难相信沉默寡言的卡尔十二世竟会有如此深厚的感情。1709年6月12日,卡尔十二世在宾杰里给妹妹乌尔丽卡·埃莉诺拉公主写了这样一封信:"我必须承认,我对这件事的所有希望[3]都已化为乌有。只要提起这件事,我就悲伤得难以提笔。这种悲伤将永远围绕着我,除非我现在就能和姐姐在九泉之下相见。我现在剩下的唯一愿望就是,我们的主可以支持、安慰和保护我心爱的妹妹。我现在所有希望都寄托在你的身上了。"在姐姐赫德维希·索菲娅去世十八个多月后,卡尔十二世又写道:"我唯一的希望是亲爱的妹妹乌尔丽卡·埃莉诺拉公主一切安好。愿我们的主保佑亲爱的妹妹,让我有一天能再次

---

[1] 《埃根简介》,第72页。——原注
[2] 卡尔十二世受伤后不久,姐姐赫德维希·索菲娅去世的消息就传到了波尔塔瓦的营地,但大家没有让卡尔十二世知道这条消息,以免使他的伤情加重。——原注
[3] 起初,卡尔十二世拒绝相信姐姐赫德维希·索菲娅去世的消息是真的。——原注

见到亲爱的妹妹。这是在我经历了自认为活不过来的痛苦之后的唯一安慰了。如果我能成为我们三人中最早死去的那一个,那我一定会非常开心地忍受所有事情。无论如何,我希望我不会成为最后死去的那一个,但希望并相信我们的主会允许我成为下一个离开的人。这是我作为哥哥应有的责任,所以我相信亲爱的妹妹不会因我的这些愿望而感到不快。"① 最终,卡尔十二世的愿望得到了满足。乌尔丽卡·埃莉诺拉公主不仅是三人中活到最后的,还继承了卡尔十二世的王位。

在宾杰里,瑞典人终于从漫长而痛苦的旅途中脱身,享受多年来从未有过的舒适和奢华。所经之处,卡尔十二世都受到了尊重和钦佩。奥斯曼帝国领土上最强大的敌人,也是最致命的敌人——俄罗斯帝国的存在并没有使奥斯曼帝国宫廷感到不快。奥斯曼帝国宫廷秘密地命令宾杰里的维齐尔阿加·优素福帕夏和鞑靼可汗德夫莱特·杰拉以招待宫廷客人的礼仪招待卡尔十二世。那段时间,阿加·优素福帕夏和德夫莱特·杰拉都待在宾杰里,而他们的想法与艾哈迈德三世的命令不谋而合。因为他们不仅都恨彼得大帝,而且对卡尔十二世都深表钦佩。在宾杰里,卡尔十二世享受的盛情款待堪称奢华。当抵达宾杰里时,华盖已经为瑞典人准备好了。卡尔十二世及其士兵被隆重地护送到宾杰里。在宾杰里要塞的门前,阿加·优素福帕夏跪着向卡尔十二世呈递了堡垒的钥匙。夏天,瑞典人住在德涅斯特附近的帐篷里。但到了冬天,土耳其人为瑞典军队建造了临时营房和居住的房屋,而卡尔十二世则为自己建造了一座宏伟的石头房子。石头房子的墙壁厚达几英尺,在必要之时可以用作堡垒。在宾杰里,卡尔十二世有朝廷、大臣、奥斯曼帝国仪仗队及所有宫廷该有的东西。一切都井然有序、一丝不苟地进行着。甚至每天早晚都要做礼拜,周日要做三次。每到礼拜时刻,就会有嘹亮的喇叭声从阳台上响起。在宾杰里,卡尔十二世训练和检验自己的小军队、处理当前的事务、下棋、读或听法兰西王国悲剧——

---

① 《埃根简介》,第76页。——原注

特别是皮埃尔·科尼耶写的悲剧——和中世纪骑士的风流韵事。在宾杰里附近,卡尔十二世也会长时间骑马,有时甚至一天累死好几匹马。由于晚上经常失眠,卡尔十二世会去探望瑞典军官和秘书,并坐在他们床边聊上几个小时。卡尔十二世尽管会毫不吝惜地给他们钱,但绝不参加他们的宴会。当宴会的欢乐气氛越来越浓、越来越热闹时,只要透过窗户看着他们,卡尔十二世就心满意足了。其他时候,在军官和秘书的房间里,卡尔十二世也会搜遍他们的抽屉,把所有花边领子、绣花背心和其他不符合关于军人着装简单规定的花哨服装扔到火里。对于什么红高跟鞋、拖鞋,特别是华丽的皮靴,卡尔十二世总是无情地扔弃。在这里值得注意的是,在宾杰里跟着卡尔十二世的那些人大部分都属于下阶层头衔或具有奴性,虽然他们诚实可靠、勤劳且愿意付出,无疑也是忠诚的,但他们奉承、鲁莽、不守原则。为了保护自己的前程,哪怕命令是错误的、有害的,他们也会悄悄地执行,从来不会冒险提出有益的建议。在波兰立陶宛联邦南部侦察时,阿克塞尔·于伦克罗克被俄罗斯人俘虏。1710年3月18日,伊万·斯特凡诺维奇·马泽帕死了。伊万·斯特凡诺维奇·马泽帕死后被葬在加拉茨①的圣乔治修道院。现在,无论是地位还是性格都出众的人只剩下波兰立陶宛联邦的斯坦尼斯劳斯·波尼亚托夫斯基了。斯坦尼斯劳斯·波尼亚托夫斯基的勇气、谈吐、杰出的天赋、丰富的经验和人情世故主要都是在伊斯坦布尔担任外交官时学到的。我们将会看到,在伊斯坦布尔,斯坦尼斯劳斯·波尼亚托夫斯基为卡尔十二世提供了一些情报服务。在卡尔十二世剩下的出色下属中,有人可能会提到赫尔梅林②的继任者,首席大臣办公室的秘书兼主任——冯·米勒恩。冯·米勒恩尽管是一个学识渊博、勤勉的人,但他既没有从政的意愿,也没有政治影响力可言。在幸存的重要的人物中,一位是阿克塞尔·斯帕雷,一个有勇无谋的莽夫,总是嬉戏作乐,偶尔也会喝点小酒;另一

---

① 几个月后,伊万·斯特凡诺维奇·马泽帕的坟墓被鞑靼人盗了。伊万·斯特凡诺维奇·马泽帕的尸骨散落在多瑙河两岸。——原注
② 赫尔梅林在波尔塔瓦被捕。——原注

斯坦尼斯劳斯·波尼亚托夫斯基

位是格罗特胡森上校，一个极度乐观随和的人。格罗特胡森上校负责掌管日常事务，却任意挥霍卡尔十二世的钱财。但公平地说，这些钱并不是被格罗特胡森上校私吞了。此外，格罗特胡森上校是一个非常勇敢的人，而且他的忠诚和奉献都是毋庸置疑的。1710年夏天，卡尔十二世与荷尔斯泰因的恩斯特·弗雷德克·德·法彭斯男爵在宾杰里会面。在卡尔十二世留在奥斯曼帝国期间，恩斯特·弗雷德克·德·法彭斯男爵一直与卡尔十二世在一起，并在卡尔十二世与欧洲大陆上的朋友及盟国的外交和接触中发挥了巨大的作用。对于周围的土耳其人来说，卡尔十二世是大家最感兴趣的对象。关于卡尔十二世功勋的传言遍及整个奥斯曼帝国，因此每天都有成千上万好奇的穆斯林聚集到宾杰里来瞻仰这位北方的圣骑士。卡尔十二世慷慨地将自己的达克特撒向众人。人们对卡尔十二世沉着、勇敢地忍受着自己的挫折印象深刻，并对卡尔十二世的真诚和慷慨感到高兴。卡尔十二世尽管是国王，但轻视一切浮华。当发现酒和美女对卡尔十二世没有丝毫的魅力和诱惑力，甚至没有一个正统的穆斯林能如他般克制与虔诚时，土耳其人对卡尔十二世的钦佩变成了崇拜和顶礼膜拜。他们开始把卡尔十二世看作一个"神"，一个不具备任何人类缺点的"神"。"如果真主阿拉能给我们这样一个统治者，"他们中的许多人说，"我们应该可以征服整个世界。"

在奥斯曼帝国居住期间，卡尔十二世的开支十分巨大。卡尔十二世认为，让逆境中的日常花销比以往任何繁荣时期更加大是一种光荣。与卡尔十一世不同，卡尔十二世是一个非常糟糕的金钱管理者，并且从来不了解金钱的价值。在给卡尔十二世营地供应粮草时，犹太人、亚美尼亚人和瓦拉几亚人大赚了一笔。有人向卡尔十二世提出指控说，那些商人给瑞典军队提供的商品的价格至少高出了市场价的百分之五十。当奥斯曼帝国的朋友们建议检查账目时，卡尔十二世只是轻蔑地笑了一下，好像在说这种小规模的买卖活动不值得高贵的国王去过问。卡尔十二世的许多仆人也都帮衬着欺诈他。但值得补充的是，其他帮卡尔十二世举债的人却从来没有还过这些债务。卡尔十二世当时很快就将在波尔塔瓦沦为废墟之前节省下来的大量钱财花完了，然后又心满意足地依靠奥斯曼帝国苏丹的慷慨给予生活也就不足为奇了。艾哈迈德三世不仅对这位不请自来的客人表示了热烈的欢迎，还频繁地给他提供昂贵的马车、马匹和武器作为礼物。而且奥斯曼帝国宫廷每天为卡尔十二世提供一百二十英镑到一百五十英镑的生活费。在卡尔十二世逗留奥斯曼帝国期间，瑞典和波兰立陶宛联邦的难民蜂拥着到达沿多瑙河的省份，并也收到了奥斯曼帝国宫廷慷慨给予的大量财物。事实上，这些财物如此多，以至瑞典方面

艾哈迈德三世

的来访人数急剧上升。最后,他们不仅变成了一种负担,而且还对奥斯曼帝国构成了威胁。

很明显,自从卡尔十二世两年前的信被公之于众以来,卡尔十二世并没有像人们常想象的那样——在奥斯曼帝国长时间逗留。[①]卡尔十二世很可能打算等伤口愈合,能够再次骑马后就马上离开。刚到宾杰里不久,卡尔十二世的伤势再一次变得非常危险。卡尔十二世反复保证,安慰家乡的妹妹乌尔丽卡·埃莉诺拉公主和焦虑的朋友们说自己很快就会靠近边境。1709年9月,卡尔十二世终于

---

① 《埃根简介》,第74页到第76页。——原注

又能骑马了。但1709年年底,卡尔十二世又得出结论,他认为自己留在现在的地方可以更好地为瑞典服务,因此并没有按原定计划立即返回瑞典。1710年,那片曾经遮住卡尔十二世星光的乌云散去了,而幸运之神又开始青睐卡尔十二世了。一系列有利的条件似乎使彼得大帝完全听任卡尔十二世的摆布。

俄土战争的爆发使卡尔十二世拥有了获得补救的机会。对于这场战争的爆发,卡尔十二世不仅是诱因,而且是真正的助推者。自从1700年7月3日伊斯坦布尔三十年停战协议签订以来,奥斯曼帝国就把亚速海割让给了俄罗斯帝国。当时,两国相互怀疑,彼此警惕。虽然它们之间有一场不可避免的战争,但任何一方都不愿先动手。俄罗斯人在亚速海对伊斯坦布尔的威胁正如圣彼得堡的存在对斯德哥尔摩的威胁一样。奥斯曼帝国军队和资本家都渴望进行一场复仇之战。在大北方战争爆发时,彼得大帝颤抖着,唯恐卡尔十二世和艾哈迈德三世联合起来对抗自己。事实上,没有什么比完全忽视奥斯曼帝国这样一个强大的盟友更能证明卡尔十二世的粗心大意。直到波尔塔瓦崩溃之后,在逃往奥恰基夫的途中,卡尔十二世才通过自己在伊斯坦布尔的大使托马斯·芬克上校寻求同奥斯曼帝国联盟,共同对抗彼得大帝。奥斯曼帝国的主要官员倾向于听取瑞典大使提出的联盟建议,但大维齐尔科罗卢·阿里帕夏已经被俄罗斯帝国的大使彼得·安德烈耶维奇·托尔斯泰伯爵收买了。[①]彼得·安德烈耶维奇·托尔斯泰伯爵筹划得如此好,以至1709年11月,俄罗斯帝国与奥斯曼帝国宫廷签订了一项协议。通过这一协议,出现在奥斯曼帝国,严重困扰着彼得大帝的卡尔十二世即将被奥斯曼帝国军队押送到奥斯曼帝国边境,并在那里由俄军押送回瑞典边境。在这项协议的背后,摩尔达维亚的米哈伊·拉科维察似乎酝酿着一个阴谋,但奥斯曼帝国并不知晓——打算把卡尔十二世交给俄罗斯人,但卡尔十二世及时听到了这一消息,并巧妙地利用它煽动奥斯曼帝国重新对抗俄罗斯帝国。托马斯·芬克得到了两位新来特使的鼎力相助。他

---

① 据说大维齐尔科罗卢·阿里帕夏每月从俄罗斯人那里得到四万达克特。——原注

彼得·安德烈耶维奇·托尔斯泰伯爵

摩尔达维亚的米哈伊·拉科维察

们分别是马丁·冯·纽格鲍尔和斯坦尼斯劳斯·波尼亚托夫斯基。卡尔十二世亲自给艾哈迈德三世写了一封信,指责大维齐尔科罗卢·阿里帕夏的叛国和贪污。这封信通过法兰西驻伊斯坦布尔的大使的代表翻译成了土耳其语,并在艾哈迈德三世去索菲亚清真寺的路上交给了艾哈迈德三世。1710年6月,大维齐尔科罗卢·阿里帕夏倒台了。随后,科普利·努曼帕夏接替了科罗卢·阿里帕夏的位置。科普利·努曼帕夏通常被认为是为卡尔十二世的利益服务的。但事实证明,科普利·努曼帕夏是一个性情寡淡的人。几个月的时间里,科普利·努曼帕夏就被斯坦尼斯劳斯·波尼亚托夫斯基使用巧妙阴谋推翻了[①]。斯坦尼斯劳斯·波尼亚托夫斯基得到了以鞑靼可汗德夫莱特二世·盖瑞[②]为首的主战方和第三任大维齐尔巴尔塔吉·穆罕默德帕夏的支持。大维奇尔巴尔塔吉·穆罕默德帕夏被任命的明显目的就是对俄罗斯人开战。奥斯曼帝国发出最后通牒,要求俄罗斯人交出亚速,俄军撤离波兰立陶宛联邦,并归还从瑞典掠夺的所有省份。1710年11月20日,彼得大帝回信挑衅,并正式宣战。彼得·安德烈耶维奇·托尔斯泰伯爵被扔进了耶迪库勒要塞。几个月后,战争正式开始。1711年开始,鞑靼部落蹂躏了乌克兰和俄罗斯帝国南部,攻到了哈尔科夫,但未能攻占沃罗涅茨要塞。大维奇尔巴尔塔吉·穆罕默德帕夏则带领着十万土耳其人和鞑靼人前往边境,自信地宣布说无论卡尔十二世喜欢朝哪个方向前进,都会为他开辟一条回家的路。但彼得大帝也同样自信。由于坚信那些变化无常的盟友及其含糊不清的承诺,彼得大帝将最好和最多的部队都留在了国内。这些盟友包括瓦拉几亚的统治者康斯坦丁·布兰科瓦努和摩尔达维亚的统治者迪米特里·坎特米尔。长期以来,他们一直在艾哈迈德三世统治下相互较劲,并急于通

---

① 斯坦尼斯劳斯·波尼亚托夫斯基展示了自己从莫斯科一位高级官员那里得到的文件,表明彼得大帝企图占有克里米亚。——原注
② 很长一段时间里,德夫莱特二世·盖瑞都是卡尔十二世特别的朋友。卡尔十二世向妹妹乌尔丽卡·埃莉诺拉公主这样描述德夫莱特二世·盖瑞:"他是一个小老头,胡子都已经花白了,但活泼健谈,见多识广。"一般来说,很少有土耳其人或鞑靼人知道自己土地以外的任何东西。(《埃根简介》,第74页)——原注

索菲亚清真寺

过王位世袭来巩固他们不稳定的地位。康斯坦丁·布兰科瓦努提出，俄军待在多瑙河沿岸省份期间，他们给俄罗斯人供应粮草，并将三万人交由彼得大帝调遣。1711年4月13日，在雅罗斯瓦夫，迪米特里·坎特米尔与彼得大帝缔结了明确的同盟。[①]因此，1711年6月月初，为支持摩尔达维亚人，波特金领导的一支俄军出现在了摩尔达维亚的首都雅西。与此同时，鲍里斯·彼得罗维奇·舍列梅捷夫带领着大约六万人的主力部队到达了普鲁特河上的库科拉。1711年6月

康斯坦丁·布兰科瓦努

---

① 我在这里依据的是埃纳切·科格尔尼恰努的《罗马尼亚历代志》。——原注

迪米特里·坎特米尔

月底,彼得大帝在库科拉加入了这支部队。在雅西的一场盛大宴会上,彼得大帝受到了摩尔达维亚的统治者迪米特里·坎特米尔帝王般的豪华款待。在摩尔达维亚庆祝波尔塔瓦胜利的周年宴会上,俄罗斯人第一次品尝苦艾酒和科特纳尔葡萄酒①。不过事实证明,这些庆祝活动和欢乐有点为时过早。当俄罗斯人和摩尔达维亚人在一起狂欢时,大维齐尔巴尔塔吉·穆罕默德帕夏率领至少二十万人的军队迅速向普鲁士王国进军。大维齐尔巴尔塔吉·穆罕默德帕夏

---

① 在另一个宴会上,为了回敬宾客的恭维,彼得大帝请客人喝酒,并向他们介绍了法兰西王国的葡萄酒。——原注

的口袋里还装着卡尔十二世亲手起草的一份战役计划。起初，由于急于解决这件事，土耳其人想通过瓦拉几亚的统治者康斯坦丁·布兰科瓦努进行调解，但彼得大帝拒绝听从他的劝告，以一种近乎傲慢的态度派遣了一支部队去占领了康斯坦丁·布兰科瓦努拥有的其中一处要塞——布勒伊拉堡垒。由于被彼得大帝傲慢的言语激怒了，康斯坦丁·布兰科瓦努和彼得大帝已经完全疏远了。康斯坦丁·布兰科瓦努不仅扣留了之前承诺供给的粮草，还带上所有军队去找大维齐尔巴尔塔吉·穆罕默德帕夏。康斯坦丁·布兰科瓦努的背叛后果很快就在俄军阵营中显现出来了。俄军阵营中开始缺少粮草，而俄军士兵开始忍受饥饿。这种饥饿很快就发展成饥荒。从间谍那里得知整个事情进展状况的土耳其人开始对俄罗斯人步步紧逼。1711年7月9日，在胡希和斯坦德基之间的普鲁特河上，彼得大帝与国内的联系已被完全切断。晚上，在目所能及的地方，俄罗斯人可以看到土耳其人和鞑靼人的营火在普鲁特河两岸低矮的山丘上燃烧。彼得大帝本想像在纳尔瓦做的或在波尔塔瓦打算做的那样——丢下自己的军队逃跑，还私下就此事咨询摩尔达维亚将军约翰·内库列克。但约翰·内库列克无论如何也不愿意承担责任，让自己背上一个如此明显的逃犯污名。彼得大帝坦率地承认，他与卡尔十二世犯了同样的错误——冒险深入敌国。彼得大帝本打算横穿多瑙河，越过巴尔干半岛向伊斯坦布尔进军，但现在看来，如果彼得大帝要到达伊斯坦布尔，那八成得被得意扬扬的大维齐尔巴尔塔吉·穆罕默德帕夏俘虏。二十年的辛劳换来的果实，似乎要被一个错误统统毁了。如果大维奇尔巴尔塔吉·穆罕默德帕夏冒着风险带上比俄军士兵数量多五倍的人袭击彼得大帝，那么俄罗斯人的厄运就板上钉钉了。在俄军指挥官鲍里斯·彼得罗维奇·舍列梅捷夫看来，俄军目前的处境是如此绝望。因此，彼得大帝提议派一个特使去贿赂大维奇尔巴尔塔吉·穆罕默德帕夏。与大维奇尔巴尔塔吉·穆罕默德帕夏讲和时，约翰·内库列克直率地说，只有疯子才会想到这个提议，并且估计只有更疯的人才会听从这样的提议。然而，正如一些人所说，在俄罗斯帝国皇后叶卡捷琳娜一世·阿列克谢耶芙娜的煽动下，彼得大帝派了一位叫

叶卡捷琳娜一世·阿列克谢耶芙娜

彼得·萨法罗娃的外交官去见了大维齐尔巴尔塔吉·穆罕默德帕夏。彼得·萨法罗娃不仅提出和解,还提议交出亚速,摧毁塔甘罗格并将利沃尼亚和爱沙尼亚归还给瑞典,允许卡尔十二世平安地回到瑞典,停止干涉波兰立陶宛联邦事务。波尔塔瓦的征服者——彼得大帝一定是处于非常糟糕的境地,才会提出如此丧权辱国的条件。这应该让大维齐尔巴尔塔吉·穆罕默德帕夏看到了这样一个事实:奥斯曼帝国的死敌——彼得大帝目前完全处于他的控制之中。然而,大维奇尔巴尔塔吉·穆罕默德帕夏并不是英雄,他对自己的军队充满了不

签订《普鲁特和约》

信任。当看到彼得大帝把一车的钱送到己方营地时,大维奇尔巴尔塔吉·穆罕默德帕夏的贪欲占了上风。于是,大维奇尔巴尔塔吉·穆罕默德帕夏张开手,让"猎物"——彼得大帝——逃走了。在1711年7月11日签订的《普鲁特和约》中,大维奇尔巴尔塔吉·穆罕默德帕夏接受了彼得大帝提出的条件。因此饥饿的俄罗斯人得到了食物,并获准返回了自己的国家。

在俄军解体前几个小时,卡尔十二世突然来到普鲁特河岸边。曾在大维齐尔巴尔塔吉·穆罕默德帕夏军队中的斯坦尼斯劳斯·波尼亚托夫斯基将彼得大帝的绝望处境告诉了卡尔十二世。于是,为了亲自确认彼得大帝确实受到了致命的一击,卡尔十二世日夜兼程地赶往普鲁特河岸边。结果,卡尔十二世看到的情形并不像之前听到的那样。恰恰相反的是,大维奇尔巴尔塔吉·穆罕默德帕夏和彼得大帝已经签署了《普鲁特和约》。卡尔十二世一句话也没说,径直走向大维齐尔巴尔塔吉·穆罕默德帕夏的帐篷。随后,卡尔十二世紧靠着大维奇尔巴尔塔吉·穆罕默德帕夏神圣的绿色旗帜坐下。卡尔十二世的随从们紧随其后,坐在了卡尔十二世对面。开始谈话时,卡尔十二世坚持让在场的每个人都退下了。然后,卡尔十二世说:"你这支精锐的军队是上帝的恩赐!"大维齐尔巴尔塔吉·穆罕默德帕夏温和地听着。"只可惜你没有更好地利用它。"卡尔十二世继续道。说着,卡尔十二世开始责备大维奇尔巴尔塔吉·穆罕默德帕夏不仅没服从艾哈迈德三世的命令,还忽视了卡尔十二世的利益。大维齐尔巴尔塔吉·穆罕默德帕夏开始从道德和宗教上为自己辩护。卡尔十二世站起来,打断了大维奇尔巴尔塔吉·穆罕默德帕夏的话,然后大喊:"现在还有时间弥补你的过错。你将此事全权交由我。我将亲自执行艾哈迈德三世安排的每一件事,并且不会让你浪费一兵一卒,因为我很清楚在哪里可以找到追随我的士兵。""不,"大维齐尔巴尔塔吉·穆罕默德帕夏说,"现在太迟了,我必须遵守已经签署的和约。"然后,大维齐尔巴尔塔吉·穆罕默德帕夏以要咨询鞑靼可汗德夫莱特二世·盖瑞为由起身走了。1711年7月12日一早,卡尔十二世又回到宾杰里。从那一刻起,卡尔十二世和大维齐尔巴尔塔吉·穆罕默德帕夏就成了死敌,并且都竭尽全力地想要摆脱对方。《普鲁特和约》签署后不久,为了让卡尔十二世立即离开宾杰里,大维齐尔巴尔塔吉·穆罕默德帕夏给卡尔十二世派了三百匹马、九百辆马车和六千人的护送队。对于卡尔十二世拒绝动弹的做法,大维齐尔巴尔塔吉·穆罕默德帕夏不仅撤回了先前派出的帝国仪仗队,停止了卡尔十二世每日的津贴,断了瑞典军队的粮草,还截获了卡尔十二世的信。当然,卡尔十二世也精神抖擞地采取了有效的报复。卡尔十二世通过特使塞尔辛和托马斯·芬克为艾哈迈德三世提供了大维齐尔巴尔塔吉·穆罕默德帕夏叛国和贪污的证据,并且说彼得大帝推迟履行和约的条款,仍未放弃亚速,也未从波兰立陶宛联邦撤军。此外,在法兰西大使的帮助下,卡尔十二世还使迪瓦的主战派再次占据上风。1711年11月10日,大维奇尔巴尔塔吉·穆罕默德帕夏被废黜,并被流放到利姆诺斯岛。奥斯曼帝国的阿加·优素福帕夏被任命为大维齐尔。不久后,奥斯曼帝国再次向俄罗斯帝国宣战。卡尔十二世现在又派斯坦尼斯劳斯·波尼亚托夫斯基到伊斯坦布尔,与卡尔十二世的使者和法兰西大使皮埃尔·普乔特·德·阿勒尔斯侯爵一起行动。与此同时，大不列颠王国和荷兰共和国的大臣在伊斯坦布尔抗议《普鲁特和约》遭到破坏，担心一场新的战争可能会对他们在西方的利益产生不利的影响。他们积极努力地说服奥斯曼宫廷：卡尔十二世现在是一个无用、有害的盟友，应该尽快把他送走。不仅如此，他们甚至还与大维齐尔阿加·优素福帕夏玩起了游戏。实际上，直到1712年4月16日，《普鲁特和约》才得到承认。艾哈迈德三世亲自给卡尔十二世写了一封信，建议卡尔十二世离开，并提出如果卡尔十二世愿意离开，奥斯曼帝国将提供一支陆军部队或一支海上舰队供卡尔十二世调遣。斯坦尼斯劳斯·波尼亚托夫斯基建议卡尔十二世听从艾哈迈德三世的建议，并指出抵抗的危险性，但卡尔十二世仍然不为所动。卡尔十二世真诚地感谢了艾哈迈德三世的好意，但同时提醒道，艾哈迈德三世以前承诺过要帮助自己收复失去的省份，并要求一支人数更多的护送队和六十万里克斯达勒[①]的旅费。同时，卡尔十二世指派自己的特使托马斯·芬克采取一切可能的手段推翻新的大维齐尔阿加·优素福帕夏。"在艾哈迈德三世的宫殿里，卡尔十二世以一种秘密的方式暗示说，只要大维齐尔阿加·优素福帕夏掌管着奥斯曼宫廷，忠于艾哈迈德三世的人就一直处于危险之中。"[②]当然，托马斯·芬克也得到了法兰西大使皮埃尔·普乔特·德·阿勒尔斯侯爵的大力协助。皮埃尔·普乔特·德·阿勒尔斯侯爵不断提醒奥斯曼宫廷：彼得大帝仍未交出亚速，并且依旧占领着波兰立陶宛联邦。1712年11月1日，大维齐尔阿加·优素福帕夏也被推翻了。尼亚西·西尔曼帕夏接替阿加·优素福帕夏成了大维齐尔，奥斯曼帝国第三次向俄罗斯帝国宣战。同时，通过小规模的战争，卡尔十二世获得了更多机会。1712年5月，芒努斯·斯滕博克率领最后一支几乎将国内所有士兵加起来的瑞典军队抵达

[①] 相当于三万五千英镑。——译者注
[②] 见《埃根简介》，第274页，同第272页，第273页和第275到第278页，其中包含1711年至1713年，由卡尔十二世在伊斯坦布尔给大使起草或口述的急件。——原注

卡尔十二世在宾杰里

了波美拉尼亚。①卡尔十二世派格鲁兹姆斯基带领一起逃难的所有士兵到波兰立陶宛联邦,并在那里与芒努斯·斯滕博克携手合作。起初,格鲁兹姆斯基取得了令人惊讶的成功。但很快,格鲁兹姆斯基渗透到波兰立陶宛联邦的中心地带。格鲁兹姆斯基带领的一小队士兵很快就壮大成了一万五千人的军队,但无论是芒努斯·斯滕博克还是斯坦尼斯劳斯·波尼亚托夫斯基都不能为格鲁兹姆斯基提供任何帮助。最终,格鲁兹姆斯基被斯滕纳威领导下的波兰立陶宛联邦、萨克森和俄罗斯联军包围,并在波兹南被彻底击溃。格鲁兹姆斯基及其追随者逃到了多瑙河沿岸省份,并很快成了公共秩序的威胁者。由于他们胡乱征费,虐待当地居民,当地居民通过总督向奥斯曼帝国宫廷抱怨。最后,伊斯坦布尔下达了一项严厉的法令:命令将这些逃亡者驱逐出境,或全部屠杀掉。卡尔十二世并不对自己追随者的过分行为负责,尽管卡尔十二世也在尽其所能地阻止他们。但只要卡尔十二世还留在宾杰里,波兰立陶宛联邦和瑞典的逃亡者就继续涌向摩尔达维亚。宾杰里地方当局犹豫着是否要对这些逃亡者采取严厉措施,但又担心激怒已经推翻了五位大维齐尔的瑞典国王——卡尔十二世。但现在,艾哈迈德三世也开始对这位麻烦的客人越来越厌倦,特别是当波兰国王斯坦尼斯瓦夫·莱什琴斯基也突然逃亡来到雅西时②,事情变得更加复杂。最后,为了摆脱卡尔十二世,艾哈迈德三世被迫采取了有力的措施。尽管到了最后,艾哈迈德三世还是努力避免走向极端。1712年12月,在鞑靼可汗德夫莱特二世·盖瑞和大维齐尔尼亚西·西尔曼帕夏的带领下,一万名土耳其人和鞑靼人聚集在宾杰里,护送卡尔十二世通过波兰立陶宛联邦回家。在此之前,艾哈迈德三世已经从奥古斯特二世那里为卡尔十二世拿到了一张免费通行证。在卡尔十二世离开的那一刻,奥斯曼帝国宫廷会给他一万英镑,但在离开之前是不会给卡尔十二世的,以防卡尔十二世用这笔钱

---

① 详见下一章。——原注
② 斯坦尼斯瓦夫·莱什琴斯基是来求卡尔十二世允许自己退位的,但卡尔十二世断不会理会这样的事。——原注

来行贿。然而，格罗特胡森用一个庄严但卡尔十二世不知道的承诺从大维齐尔尼亚西·西尔曼帕夏那里成功地骗到了这一笔钱。格罗特胡森郑重地承诺说他的主人——卡尔十二世马上就会离开。但卡尔十二世把这些钱花在了还债上。然后，卡尔十二世又宣布，在收到八千英镑之前，是不会挪动半步的。这一新的要求使鞑靼可汗德夫莱特二世·盖瑞和大维齐尔尼亚西·西尔曼帕夏都感到极度恐惧，因为他们违背了艾哈迈德三世的命令——在卡尔十二世离开前就给了他一万英镑。正如他们提醒卡尔十二世的那样，如果卡尔十二世不离开，他们的脑袋可能就不保了。但卡尔十二世对他们的争论和恳求仍然充耳不闻。当鞑靼可汗德夫莱特二世·盖瑞宣布自己将迫使卡尔十二世加快离开的速度时，卡尔十二世回答说，他绝不会让自己及追随者像一群牲畜一样被赶走，并不惜兵刃相见。在这之后，除了向伊斯坦布尔提交一份完整的报告陈述整件事情，鞑靼可汗德夫莱特二世·盖瑞和大维齐尔尼亚西·西尔曼帕夏什么也做不了。艾哈迈德三世被激怒了。在迪瓦的一次会议上——这是最不寻常的一次，艾哈迈德三世郑重地宣布了卡尔十二世行事鲁莽、忘恩负义的行为。卡尔十二世辜负了别人对他的盛情。因为卡尔十二世不愿以一个朋友的身份离开，所以现在有必要以敌人的身份把他赶走。艾哈迈德三世给鞑靼可汗德夫莱特二世·盖瑞和大维齐尔尼亚西·西尔曼帕夏发布了命令，如果卡尔十二世仍拒绝离开，就以武力逮捕他，并且不管死活都将他送到埃迪尔内。1713年1月月初，卡普吉帕夏将艾哈迈德三世的命令带到了宾杰里。得知这一事实后的卡尔十二世回复说，就算来十个卡普吉帕夏，他也不会离开，并立即着手巩固自己的小营地和准备军需物资。友好的土耳其士兵允许商店在他们的眼皮底下卖食物给卡尔十二世。据荷尔斯泰因·法布里斯和格罗特胡森说，表面上，卡尔十二世留下的原因是出于对鞑靼可汗德夫莱特二世·盖瑞和大维齐尔尼亚西·西尔曼帕夏打算把自己交给敌人的恐惧。[①]但实际上，卡尔十二世留下的

[①] 1712年12月，卡尔十二世在宾杰里起草并亲笔签名的备忘录《埃根简介》的第276页和卡尔十二世与莫里斯·维尔林克的通信，都为卡尔十二世的行为做出了合理的解释。——原注

真实原因是想秘密地去执行一场非凡的攻击。因此，在1713年1月剩余的时间里，卡尔十二世忙着完成准备工作。对于所有规劝和抗议，卡尔十二世要么假装没听到，要么粗鲁地驳回。当牧师抗议说没必要流血牺牲时，卡尔十二世命令他们去别处传教，因为他已经打算战斗了。当瑞典士兵恳求卡尔十二世不要拔剑对待自己的朋友和恩人，因为此举会玷污瑞典的名誉时，卡尔十二世粗暴地回答："闭嘴，服从命令！"那些担心卡尔十二世性命的土耳其士兵们恳求卡尔十二世束手就擒，并保证会十分小心，甚至都不会弄乱卡尔十二世的一根头发。在感谢了土耳其士兵们的好意后，卡尔十二世向他们保证，自己能照顾好自己。土耳其士兵原定于1713年1月31日袭击瑞典的临时营地，但当进攻的信号发出时，土耳其士兵们放下了武器。他们宣称艾哈迈德三世的信是伪造的，并发誓说没有什么能让他们与"铁脑袋"作战——"铁脑袋"是他们对卡尔十二世的叫法。随后，在混乱中，整个奥斯曼帝国军队解散了。但现在，大维齐尔尼亚西·西尔曼帕夏非常惊慌，他采取了最迅速的措施恢复纪律。三十个叛变的土耳其士兵被抓了起来，并在同一天晚上被淹死在了德涅斯特河里，而其余的人则被召集到大维齐尔尼亚西·西尔曼帕夏的帐篷里。大维齐尔尼亚西·西尔曼帕夏使士兵们相信了艾哈迈德三世的命令是真实的，并允许他们最后尝试着让卡尔十二世恢复理智。1713年2月1日，卡尔十二世最喜欢的翻译率领着五十名手无寸铁的士兵手持白杖，前往瑞典营地去劝说"铁脑袋"。为了让卡尔十二世放心地将自己交在他们手中，他们承诺如果卡尔十二世同意，那么无论卡尔十二世选择去哪里，他们都带他去。但卡尔十二世对任何进一步的谈判都不耐烦，因为卡尔十二世已经决定要和他们战斗了。卡尔十二世拒绝见他们，甚至还侮辱地说，如果他们不马上离开，自己就会烧掉他们的胡须。然后，土耳其士兵放弃劝说卡尔十二世，"哦，铁脑袋，真主阿拉已经把你逼疯了！"当回去找大维齐尔尼亚西·西尔曼帕夏的时候，土耳其士兵们哭了，他们这时才确信武力是唯一的补救办法。

　　1713年2月1日，一场非同寻常的战争开始了。这场斗争一般被称为宾杰里的"混战"。①这场战争只能与中世纪骑士的功绩媲美,因为在严肃的历史中,肯定没有什么比得上它。那是在一个星期天,卡尔十二世已经做好了在家里做礼拜的一切准备。这时,布道突然被大炮的轰隆声和"真主啊!真主啊!"的大叫声打断了。瑞典人向窗户外看去,看见土耳其人和鞑靼人正全速冲向营地。为了快速地击退敌人,卡尔十二世骑上马背,率领着军官奋起抵抗。但令卡尔十二世愤怒和吃惊的是,所有瑞典和波兰立陶宛联邦的士兵都认为抵抗是无望的。因此,在第一次冲锋时,他们便全体放下了武器。卡尔十二世转过身来,大声喊道:"凡胸中还有忠诚之火的人都跟我来!"卡尔十二世从土耳其人的队伍中穿过,亲手杀了两个土耳其人,重新夺回了住所门口的重要位置。正当卡尔十二世从马背上下来时,一个强有力的土耳其士兵拦腰抱住了他,并要把他带走;另一个土耳其士兵则直接向卡尔十二世开了一枪。这一枪不仅烧焦了卡尔十二世的眉毛,还打掉了他的左耳尖。瑞典军官费了很大的力气才把卡尔十二世救了出来,并用力把卡尔十二世拖进了室内。他们发现屋子里的每一个房间都布满了正在到处搜寻战利品的土耳其士兵。土耳其士兵打破了装国王金盘子的保险柜,但现在卡尔十二世已经顾不上了,他现在的首要目标是把土耳其士兵赶出去。卡尔十二世把自己的小队伍——一共就六名军官和三十四名士兵——召集到前厅,并命令他们像勇士一样战斗,然后他们打开了最近的大厅的门,手里拿着剑就冲了进去。大厅里挤满了土耳其人和鞑靼人,但没过几分钟,卡尔十二世及其部下就砍倒了大部分人,而其余的人则从窗户跳出去逃走了。之后,卡尔十二世又来到了最大的大厅——这里有两百多名土耳其士兵。一场可怕的战斗接踵而至。过了一会儿,房间里浓烟密布,双方几乎都无法分清敌我。一开始,卡尔十二世及其追随者被三个体形庞大的土耳其士兵分开。卡尔十二世立刻绕过了其中的两个。第三个土耳其士兵用弯刀对准卡尔十二世的头就是猛的一击,但被卡尔十二世的左手挡了回去。这一挡削去了卡尔十二

---

① 这一词语来自两个土耳其单词,意思是一场困难游戏中的混战。——原注

世拇指和食指的一部分。但随后,卡尔十二世用右手将土耳其士兵摔倒在地。紧接着,又一个土耳其人紧紧地抓住了卡尔十二世,把他按在墙上,并大声喊其他人来帮忙。但卡尔十二世看到厨师阿克塞尔·斯帕雷拿着一把手枪站在身边,就用手示意他开枪打死这个土耳其人。厨师立刻就这么做了。最终,卡尔十二世及其将士重新会合,并成功地把所有土耳其人和鞑靼人赶出了大厅。接着,卡尔十二世的卧室也被清理干净。卡尔十二世像往常一样走在前面。当看见两个土耳其人,一前一后地站着,手里拿着装有子弹的手枪时,卡尔十二世怒气冲冲地向他们冲去,并用长剑一剑刺穿了两个人。此外,还有一个土耳其人被卡尔十二世从床下拖了出来。随即,那个土耳其人扔掉了自己的弯刀,抱着卡尔十二世的膝盖,请求卡尔十二世的宽恕。卡尔十二世立刻饶了那个土耳其人,并逼迫他保证将看到的一切告诉鞑靼可汗德夫莱特二世·盖瑞和大维齐尔尼亚西·西尔曼帕夏。之后,卡尔十二世帮他从窗户里逃了出来。1713年2月1日14时,房子的入侵者已经被彻底清理干净。房间的地板上堆满了尸体,而卡尔十二世那支英勇的小队伍只损失了八个人。卡尔十二世把剩下人分配去守住门和窗,并告诉他们只要坚持到1713年2月2日4时,就可以解放了。而且,全世界都会为他们的英勇而感到惊讶。随后,整个奥斯曼帝国军队都下定决心要猛攻下这座房子,但经过三个小时的顽强战斗后,他们又被击退了,而且伤亡惨重。为了逼出躲在房子里的那些人,鞑靼可汗德夫莱特二世·盖瑞和大维齐尔尼亚西·西尔曼帕夏决定利用最后一计——把房子烧了。他们把涂了沥青的箭和柴把点燃,射到卡尔十二世木屋的屋顶上。一会儿工夫,整个房子都着火了。卡尔十二世也爬上屋顶帮忙灭火,而子弹在他耳边刷刷作响。但火势渐渐变大,而且温度越来越高,卡尔十二世及其追随者不得不用毯子裹住头躲在一楼的一个房间里。在这里,精疲力竭的卡尔十二世因火的烘烤而口渴难忍。于是,大家劝卡尔十二世喝下了一杯酒——他多少年都没有品尝过了。不久后,燃烧的屋顶掉落到了顶层的房间里,整个房子的上部就像一个燃烧着的火炉。然而,令人惊奇的是,瑞典人仍然留在房间里面。"真主啊!真主啊!"土耳其士兵喊道,

"这位瑞典国王会让自己及部下被火烧死吗？或者他们能像火蜥蜴一样在火焰中生存吗？"接着，瑞典人头顶上的屋顶也开始燃烧起来，其中的一部分甚至掉到他们避难的房间里，但卡尔十二世并未挪动半步。当一个士兵建议离开这个他们再也守不住的地方，让士兵被烧死是残忍和不公的时候，卡尔十二世只是回答说，死在他们所在的地方比投降更好。无论如何，开始都没有什么危险，直到他们的衣服开始烧着了。幸运的是，卡尔·古斯塔夫·罗斯建议说，勇敢的人就算死也应该手里拿着剑，与敌人面对面地战死。卡尔·古斯塔夫·罗斯提醒国王卡尔十二世，五十步开外的瑞典大使馆现在仍然毫发无损，如果他们能恰当地使用手中的武器，或许可以强行开辟一条道路进入瑞典大使馆。"说得好！"卡尔十二世喊道。"小伙子们，"卡尔十二世接着对士兵们说，"让我们出去和他们战斗。让我们战斗吧，直到被活捉或被杀死。"接着，卡尔十二世率先冲了出去，但被马刺绊倒，重重地摔在了地上。马上就有一大堆土耳其士兵扑在了卡尔十二世身上，把他的剑从手里夺了下来，并活捉了他。于是，所有瑞典士兵立刻投降了。八个小时以来，卡尔十二世仅仅带着四十人对抗拥有十二门大炮、一万两千人的土耳其和鞑靼军队。两百名土耳其人倒下了，其中十人是被卡尔十二世亲手所杀，而瑞典人只损失了十五人。但不应忘记，土耳其士兵曾对卡尔十二世给予了前所未有的宽容和忍耐。他们本可在一天中轻易地杀死卡尔十二世好几次。如果卡尔十二世落入鞑靼人的手中，卡尔十二世无疑会被当场屠杀。被俘的卡尔十二世立刻被送到了大维齐尔尼亚西·西尔曼帕夏的帐篷中。一到帐篷，大维齐尔尼亚西·西尔曼帕夏就给押送卡尔十二世的土耳其士兵一些达克特，让他们买酒喝。

一方面，大维齐尔尼亚西·西尔曼帕夏对捕获卡尔十二世表示满意，也为逮捕采取的暴力手段向卡尔十二世表示抱歉。另一方面，卡尔十二世请求大维齐尔尼亚西·西尔曼帕夏谅解瑞典人没有在这场"混战"中表现得足够好。"因为，"卡尔十二世补充说，"如果他们当时都能像我和我的小分队那样英勇，这场战斗的结局将完全不同。""这结局已经够严重了，"大维齐尔尼亚西·西尔

宾木里的"混战"

卡尔十二世将土耳其人赶出大厅

曼帕夏回答说,"因为它让奥斯曼帝国付出了两百条性命的代价。"卡尔十二世也非常可怜,他衣衫褴褛,身上血迹斑斑,脸上沾满了污垢、血迹和尘土,已经几乎无法辨认出他是谁。但卡尔十二世还是一如既往的平静,他冷静地说着话,好像什么事也没有发生过一样。卡尔十二世带着傲慢和蔑视目不转睛地盯着大维齐尔尼亚西·西尔曼帕夏。在整个欧洲,这次"混战"引起了轰动。但总的来说,这次混战使人们对卡尔十二世的偏见更大了。无论是瑞典国内还是国外,确实有许多人认为这是一种极端的英雄主义。随后,他们把年轻的卡尔十二世看作"半神"。人们不加区别地把卡尔十二世比作阿尔西比亚德斯、亚历山大大帝、阿喀琉斯和大力神赫拉克勒斯。新铸的一枚奖章将卡尔十二世刻画为一头狮子,撕碎了一群土耳其人和鞑靼人。另一枚奖章上面刻着:"即使周围有成万的人攻击我,我也不怕。"①然而,在比较温和或相对冷淡的人看来,卡尔十二世犯了一个严重的错误——如此回报苏丹艾哈迈德三世的殷勤好客。这自然让卡尔十二世的敌人感到快乐。一听到这个消息,彼得大帝就大声说:"我现在知道上帝已经完全抛弃卡尔十二世啦!因为卡尔十二世居然攻击和激怒自己唯一的朋友和盟友。"奥古斯特二世甚至赏赐带给他这个消息的人两百达克特。许多土耳其人也开始认为"铁脑袋"疯了。在很大程度上,卡尔十二世的行为被神圣罗马帝国路德教会成员和苏格兰加尔文主义者认同。从此以后,他们都把卡尔十二世看作如同犹大·马卡比乌斯那样为光明和自由而战斗的英雄。法兰西王国是唯一一个反对将暴力之手置于君主头上的国家。相反,大不列颠王国、荷兰共和国和普鲁士王国开始看不惯卡尔十二世,因为卡尔十二世对自己的利益知之甚少,还不顾一切地放弃了属于自己的机会。在此之前,它们还一直想和卡尔十二世成为盟友,但从今以后,它们只想找一个好的借口与卡尔十二世的敌人结盟。

"混战"事件过了一周之后,假装生病的卡尔十二世并没有如预期的那样

---

① 《诗篇》,第3章,第6页。——原注

犹大·马卡比乌斯

被送往埃迪尔内与苏丹艾哈迈德三世见面,而是被送到了提穆塔什——普鲁特附近一座庄严而配备齐全的古堡。卡尔十二世身边有几十个友好的波兰人和瑞典人陪伴。事实上,就在一瞬间,俄罗斯帝国也再次接到战书,因为彼得大帝仍顽固地拒绝离开亚速,而芒努斯·斯滕博克在加德布施[①]取得惊人胜利的消息已经传到了伊斯坦布尔。这一消息唤起了瑞典民众的希望,使人们相信

---

① 见第11章。——原注

他们仍能迎头击败它的众多敌人。因此，在伊斯坦布尔，卡尔十二世获得了很多的支持。鞑靼可汗德夫莱特二世·盖瑞和大维齐尔尼亚西·西尔曼帕夏因下手绑了卡尔十二世而被捕，并遭到贬谪，而对卡尔十二世怀有敌意的大维齐尔尼亚西·西尔曼帕夏被以前做过强盗，精力充沛的霍贾·易卜拉欣帕夏所取代。霍贾·易卜拉欣帕夏立刻动身前往边境。卡尔十二世重新看到了希望，但希望同样迅速地破灭了。芒努斯·斯滕博克在滕宁的投降冷却了奥斯曼帝国对与瑞典联盟的热情。面对奥斯曼帝国的威胁，彼得大帝非常惊慌，最终做出彻底让步，接受了大不列颠王国和荷兰共和国的调停。1713年6月24日，《埃迪尔内和约》最终结束了俄罗斯帝国与奥斯曼帝国之间的分歧。

现在，卡尔十二世尽管被彻底抛弃了，但仍然拒绝离开奥斯曼帝国。在提穆塔什短暂停留后，仍在假装生病的卡尔十二世被送到了季季莫蒂霍——埃迪尔内以南几英里的一个奥斯曼帝国的小镇。在季季莫蒂霍，卡尔十二世躺了将近十一个月。"因为一个特殊的原因"——尽管那是什么原因至今也没有人知道[1]——正如卡尔十二世告诉妹妹乌尔丽卡·埃莉诺拉公主[2]的那样。卡尔十二世通过下棋、读爱情小说、口述急件等打发时间。直到1714年元旦，卡尔十二世才重新穿好衣服，恢复以往的活动和习惯。在接下来的1714年的3个月里，来自斯德哥尔摩的特使——能干、和蔼可亲、经验丰富的亨利·冯·列文带着参议院的命令——不惜一切代价把卡尔十二世带回去——来到季季莫蒂霍。因为到这个时候，瑞典国内对没有国王的状况已经完全绝望了。瑞典的资源完全耗尽了。除了施特拉尔松德和维斯马，瑞典剩余的大陆都被一扫而光。人们认为卡尔十二世不是疯了就是死了，于是叫嚷着要立一个新的国王。一些人支持乌尔丽卡·埃莉诺拉公主，另一些人则支持年轻的荷尔斯泰因-戈

---

[1] 有些人把原因归结为对绝对隐私的渴望，另一些人把它归结为卡尔十二世是想隐藏自己的贫穷，还有一些人则认为卡尔十二世是害怕土耳其人会再次以其他方式抓他，并把他带走——这似乎是最有可能。——原注
[2] 《埃根简介》，第83页。——原注

托普公爵腓特烈·查理。这样一来,一场内战似乎要将瑞典毁灭。这场内战现在只有首席大臣阿尔维德·霍恩①介入才能阻止。亨利·冯·列文熟练、声情并茂地将这些情况都告诉了卡尔十二世。经过几个星期,甚至长达几个月的顽固反驳后,卡尔十二世终于让步了。1714年9月20日,卡尔十二世离开了季季莫蒂霍,并以一贯的速度穿过了瓦拉几亚、特兰西瓦尼亚、匈牙利和奥地利。为了避开萨克森的领地,卡尔十二世绕了很远的路,经过维也纳、雷根斯堡、纽伦堡、哈瑙和卡塞尔。在两名副官陪同下,②卡尔十二世以"彼得·弗里斯克"的名字踏上了行程。1714年11月11日午夜,经历了无数难以置信的危险之后,卡尔十二世终于抵达施特拉尔松德。卡尔十二世上一次踏在瑞典的土地上已经是十五年前的事了。

  卡尔十二世在奥斯曼帝国的逗留是明智的还是愚蠢的?这是卡尔十二世的批评者和辩护者之间长期激烈争论的问题。批评者坚持认为,在波尔塔瓦崩溃后,卡尔十二世的首要任务是尽快回瑞典,拯救瑞典剩下的国土,而不是把自己置于一个遥远的地方,任由国土被别人蹂躏。辩护者的回答是,卡尔十二世从未像当时那样伟大和爱国。在没有武装力量的情况下,卡尔十二世竭尽全力地武装奥斯曼帝国军队对抗瑞典的致命敌人。辩护者指出,俄罗斯帝国与奥斯曼帝国的战争是卡尔十二世外交胜利的一个信号,并坚持认为,大维齐尔巴尔塔吉·穆罕默德帕夏的受贿是一个不可预见的意外事故。彼得大帝本应待在已经属于自己的波尔塔瓦,而卡尔十二世本可以在奥斯曼帝国对几乎已经被俘的彼得大帝提出自己的要求。当然,辩护者的论点更有力一些。卡尔十二世即使1709年赶回瑞典也不得不继续采取守势,直到组建一支足够强大的军队对付众多的敌人。同时,瑞典还必须放弃波罗的海沿岸或神圣罗马帝国的财产。而让奥斯曼帝国的军队帮卡尔十二世打仗只有好处没有坏处。因此,卡尔十二

---

① 详情见第12章。——原注
② 跟随卡尔十二世的人大约有五百人。他们因为根本跟不上卡尔十二世,所以从另一条路线回国。——原注

世的政策是只要土耳其人还值得信赖就依靠土耳其人。不幸的是，在未来坚持自己的政策的很长时间里，卡尔十二世固有的倔强和固执使原本的情况变了，有利的机会也消失了，并毁掉了一切。在宾杰里的"混战"之后，卡尔十二世肯定很清楚与奥斯曼帝国的联盟计划已经不复存在了。姑且不说自身的利益、荣誉和责任迫使卡尔十二世回到了瑞典。然而，卡尔十二世又选择在奥斯曼帝国继续多待了两年。其实，假如卡尔十二世1713年回到瑞典或波美拉尼亚，情况也会大不相同。因为当时大不列颠王国和荷兰共和国还友好地任由卡尔十二世支配，普鲁士王国也时刻准备着成为卡尔十二世的盟友。但1714年年底回到瑞典后，卡尔十二世不得不将这三个大国都视为对手。

现在，在近距离地审视卡尔十二世非凡的一生之前，有必要回到1709年去看看，在卡尔十二世长期不在的期间，瑞典发生了什么，其结果如何。这是一个可悲但鼓舞人心的故事，因为它讲述了一种为了国家而自我屈服的献身精神，展现了瑞典人民超强的忍耐力与英雄主义。就整个国家而言，它也是史无前例的。

第11章

从波尔塔瓦战役到加德布施战役

(1709—1711)

精彩看点

波尔塔瓦并不是一场无法挽回的灾难——1709年瑞典异常的处境——丹麦人入侵斯科讷——芒努斯·斯滕博克在赫尔辛堡战役中击败了丹麦人——瑞典失去所有波罗的海沿岸省份——《海牙中立条约》——瑞典拒绝签约——俄罗斯帝国与奥斯曼帝国之间的争端——卡尔十二世和参议院——阿尔维德·霍恩——不断增加的分歧——卡尔十二世的责备——瑞典的不幸——财政转移——芒努斯·斯滕博克带领一支新军队被派往神圣罗马帝国——占领罗斯托克——斯坦尼斯瓦夫·莱什琴斯基动身前往宾杰里——芒努斯·斯滕博克的绝望处境——加德布施战役

波尔塔瓦的灾难并不像人们常说的那样，是一场致命的灾难。它对瑞典甚至都没有造成无法弥补的伤害。波尔塔瓦的灾难确实很糟糕，但对瑞典造成的伤害远比不上1675年费尔贝林战役失败带来的伤害。这种明显反常的原因是卡尔十二世惊人的胜利使瑞典重新获得了以前的声望，而瑞典的所作所为使它的声望在卡尔十一世统治少数民族的时期便丧失殆尽了。声望在政治中的地位如同信誉在金融中的地位一样。一方面，这是一种主要通过遮掩瑕疵来恢复运作的手段，从而最大限度地减少灾难。另一方面，与信用一样，声望是如此敏感和难以捉摸，只有不断地运用最佳的智谋，采取最谨慎的行动才能维持。如果一个政治家想要拥有声望，他掌控声望的手段也必须灵活有力。拒不承认事实的固执和面对机遇时的犹豫不决对声望的影响都是致命的。当瑞典最需要一位强有力的、镇定的执行官使用权力和意志迅速而果断地处理现实中众多不断涌现的巨大困难时，瑞典却处于一种反常的境地：瑞典由一个完全远离国家的国王统治。如果要收到国王的命令必须得经过几个月的时间，不过到那时，原先做出的规定已经十有八九都变了。这就是瑞典特有的不幸。当然，瑞典需要的这位执行官必须有强大、稳定的权力和意志力，而且能够处理各种各样、层出不穷的困难。斯德哥尔摩的参议院没有任何独立的权力，但出于自身的责任，在某些环境压力下，它必须经常迫使自己采取及时的防护措施。参议院总是无法很好地理解在宾杰里的国王——卡尔十二世的命令。这些命令可能会在任何时候到来,并命令参议院取消所做的一切。而这时,参议院已经经过深思熟虑和审时度势做完了这件事。正如我们将看到的,卡尔十二世确实有自己明确的政策,并且这一政策曾一度取得了辉煌的成果。不过,卡尔十二世的政策与参议院的政策完全相反。尽管参议院承认卡尔十二世的计划具有内在的优越性,但由于卡尔十二世在七百英里以外的另一端,他不可能像那些在场的政治家那样善于判断事态。然而,卡尔十二世在坚持自己计划时的固执则更加致命——长时间就能看到这些政策是不切实际的。对于瑞典来说,这些政策可能比一群俄罗斯人还更加致命。

卡尔十二世不在瑞典期间造成灾难的直接后果是再次暴露出了瑞典众多敌人不加掩饰的敌意。[1]瑞典突然发现自己卷入了一场战争。在这场战争中,瑞典面临的敌人与18世纪初一样多。而此时,瑞典最初的资源已经减少了至少一半。奥古斯特二世立马撕毁了《阿尔特兰施泰特和约》。与此同时,丹麦也拒绝再受《特拉文达和约》的束缚。因此,瑞典参议院要求大不列颠王国和荷兰共和国履行其对这些条约的担保,但大不列颠王国和荷兰共和国并没有按要求派遣舰队前往波罗的海,而只是规劝奥古斯特二世和丹麦。其结果是,1709年11月月初,一万六千名丹麦人渡过桑德海峡,在瑞典的斯科讷省建立起了自己的基地,并在占据马尔默和隆德后,于1710年1月继续进攻克里斯蒂安斯塔德。对瑞典来说,幸运的是,当时斯科讷总督是所有上校中最著名、最英勇的芒努斯·斯滕博克。起初,由于只有三个骑兵团,无法抵抗侵略者,芒努斯·斯滕博克后退到了卡尔斯克鲁纳,并尽其所能地保卫着位于大兵工厂码头上的海军。到1710年2月月底,芒努斯·斯滕博克尽最大的努力组建了一支几乎和丹麦人一样庞大的军队——尽管大多数士兵是穿着山羊皮衣和木鞋的新兵,并立

---

[1] 关于本章的权威观点,我主要参照埃尔·恩斯特·卡尔松的《关于和平谈判人员》,1709年到1718年;尼尔斯·埃伯哈德·斯维德留斯的《阿尔维德·霍恩伯爵回忆录》;莉莉斯特拉的《芒努斯·斯滕博克的赫尔辛堡战役》和卡尔十二世的《埃根简介》。——原注

克里斯蒂安斯塔德

刻向敌人发起了进攻,将他们从自己面前击退到了赫尔辛堡。1710年2月28日,经过两个小时的浴血奋战,"野山羊及山羊兵"①在赫尔辛堡彻底击溃了入侵者,杀死了三千多名入侵者,俘获了三千名入侵者,缴获三十门大炮和一些军用物资。而其余的丹麦军队躲在赫尔辛堡的城墙内。几天后,他们才从瑞典全部撤离。这一伟大的胜利完全出乎意料,并在整个欧洲引起了很大的轰动。回到斯德哥尔摩后,芒努斯·斯滕博克收到了包括第一代马尔伯勒公爵约翰·丘吉尔在内的各种名人的祝贺信。在内政部的特别推荐下,卡尔十二世将芒努斯·斯滕博克任命为参议员。但奇怪的是,卡尔十二世一直未授予芒努斯·斯滕博克元帅的称号。而在参议院看来,那是芒努斯·斯滕博克理所应得的。直到1713年,芒努斯·斯滕博克再次赢得一场更具代表性的胜利之后,卡尔十二

---

① 芒努斯·斯滕博克被称为"野山羊"。这是衣着华丽、装备精良的丹麦士兵给芒努斯·斯滕博克及其随意招募而来的新兵取的绰号。——原注

瑞典军队在赫尔辛堡与丹麦军队交战

瑞典骑兵发起冲锋

世才将这位了不起的将军提到陆军元帅的位置。①赫尔辛堡的胜利使瑞典人恢复了先前不断丧失的勇气,也使丹麦人安静了一段时间,但这只是短暂的安慰。随后,其他地方的灾难都接踵而至。1713年夏天,在经过长达数月的英勇抵抗,俄军损失四万人之后,莱克索普的尼尔斯·琼森·斯特龙伯格伯爵在里加投降了。很快,邓纳蒙德、佩尔瑙和雷瓦尔也遭遇了同样的命运。1710年年

赫尔辛堡战役胜利后的瑞典军队

---

① 1704年以前,芒努斯·斯滕博克一直是卡尔十二世最喜欢的人,但从那以后,由于一些神秘的原因,芒努斯·斯滕博克不再是卡尔十二世最喜欢的人。但下面的逸事表明,尽管卡尔十二世不再喜欢芒努斯·斯滕博克了,但仍然尊敬他。在得知卡尔十二世不喜欢喝酒,也不喜欢酒鬼后,为了讨好卡尔十二世,阿谀奉承的安德斯·拉格克罗纳告诉卡尔十二世,芒努斯·斯滕博克在一个宴会上喝醉了酒,语无伦次,吵闹不止。但卡尔十二世让安德斯·拉格克罗纳闭嘴,并严厉地责备了他。随后,卡尔十二世还补充道:"你只是想在背后诽谤芒努斯·斯滕博克而已,但我告诉你,芒努斯·斯滕博克喝醉酒时下达的命令都比你清醒时候的好。"——原注

底，整个瑞典的波罗的海沿岸省份都沦为了彼得大帝的领地。与此同时，彼得大帝还入侵了芬兰，并占领了凯克斯霍尔姆和维堡。在此之前，维堡从未落入过敌人之手。瑞典现在仅存的一支常备军是恩斯特·德特洛夫·冯·克拉索率领的军队。那是卡尔十二世留在波兰立陶宛联邦与自己合作的军队，但现在也不得不撤离波兰立陶宛联邦，回到瑞典的波美拉尼亚。与此同时，它还带来了斯坦尼斯瓦夫·莱什琴斯基。从此，斯坦尼斯瓦夫·莱什琴斯基成了卡尔十二世的抚恤金领取者。

幸运的是，在赫尔辛堡战役后，瑞典的敌人认为瑞典比实际的情况强大得多。恩斯特·德特洛夫·冯·克拉索的军队突然出现在波美拉尼亚，让神圣罗马帝国皇帝查理六世和海上强国感到非常担忧。为了把大北方战争地方化，以免对神圣罗马帝国和大不列颠王国及荷兰共和国两个海上强国在西班牙王位继承战争中可以得到的好处产生不利影响，查理六世和海上强国做出了巨大的努力。1709年9月11日，在血腥的马尔普拉凯战役之后，神圣罗马帝国和海上强国最终占尽了上风。因为人们担心，如果瑞典从波美拉尼亚入侵荷尔斯泰因，那么俄罗斯帝国和波兰立陶宛联邦将会进攻萨克森。而瑞典与神圣罗马帝国将共同拥有对萨克森的管辖权。在这种情况下，盟国将被迫派遣军队去援助受威胁的神圣罗马帝国诸省。这样一来，盟国在佛兰德斯的军队就会被削弱。1710年3月20日，为了防止以上事件的发生，大不列颠王国和荷兰共和国签订了《海牙中立条约》。通过该条约，大不列颠王国和荷兰共和国就能确保瑞典在神圣罗马帝国拥有的财产保持中立，但条件是恩斯特·德特洛夫·冯·克拉索的军队既不能入侵日德兰半岛，也不能通过神圣罗马帝国的领土返回波兰立陶宛联邦。大不列颠王国和荷兰共和国邀请瑞典、丹麦和萨克森立即加入。总的来说，瑞典参议院倾向于成为《海牙中立条约》的一方。然而，这不仅将严重阻碍瑞典未来的战略，还不公平地保护了曾经是侵略者的丹麦。而瑞典的敌人能开心地接受它，这本身就有些可疑了。或也可以说，《特拉文达和约》和《阿尔特兰施泰特和约》那难以捉摸的担保人已不再可信。《海

马尔普拉凯战役,法军骑兵与神圣罗马帝国骑兵交战

神圣罗马帝国军队在马尔普拉凯战场与法军争夺大炮

牙中立条约》不仅能给瑞典喘息的时间，还能使瑞典在神圣罗马帝国无力保护的那些财产不受损失。但让瑞典参议院真正动心支持这一条约的主要原因是接替波美拉尼亚军队指挥权的尼尔斯·于伦谢纳元帅的私人担保。此时，瑞典的兵力甚至连入侵日德兰半岛都不足。因此，在这种情况下，《海牙中立条约》为瑞典提供了非常实际和明显的好处。更重要的是，它们提议的这些条款都是瑞典不需要付出任何代价的。但卡尔十二世不会从这个角度看待问题。在卡尔十二世看来，《海牙中立条约》不过是束缚瑞典的一种企图罢了。卡尔十二世将其形容为"毫无用处和毫无意义"，并拒绝成为《海牙中立条约》的一方。卡尔十二世没有默许这一契约，一有机会就会摆明自己的态度。除此之外，卡尔十二世还寻求盟国及海上强国无条件地给予积极的援助。在卡尔十二世看来，这个世界上最自然的事情便是遵守多年来的承诺，尽管它们也卷入了一场代价高昂的战争，而且现在的情形已经完全变了。1710年11月30日，卡尔十二世在宾杰里发表的一份宣言中正式否定了《海牙中立条约》，宣称自己相信上帝及从事事业的正义性，并决定解放自己的双手，不受任何约束，以便在任何时候或任何地方，迫于紧急战争的需要，用上帝赐予自己的一切手段和权力去战斗。卡尔十二世对抗彼得大帝的另一个替代方案便是建立一个瑞典-奥斯曼帝国联盟。而在奥斯曼帝国宫廷第一次向俄罗斯帝国正式宣战的时候，这一方案便已经开始实施了。毫无疑问，在那之后，瑞典的前景立即得到大幅度的改善。其最初的成果之一是，丹麦想通过荷尔斯泰因的乔治·海因里希·冯·戈尔茨男爵在《特拉文达和约》的基础上讲和。卡尔十二世愿意听取丹麦讲和的提议，但对于奥古斯特二世提出的关于和平的提议，卡尔十二世立刻就拒绝了。为了请求卡尔十二世遵守《海牙中立条约》，并允许海上强国与波罗的海的港口进行贸易，这些海上强国不辞辛劳地派了一名特使前往宾杰里。尽管这些港口现在是俄罗斯帝国的领土，但这些海上强国发现，在听取这些提议时，卡尔十二世表现出来的都是高傲和无情，就像没有失去过一寸领土一样。正是从那时起，卡尔十二世和海上强国之间的关系日益冷淡，而瑞典和昔

乔治·海因里希·冯·戈尔茨男爵

日盟友法兰西王国的关系有了相应的改善。当然，法兰西王国给予的任何积极援助都在日后显现出来。

与此同时，全欧洲都在焦急地等待着俄罗斯帝国与奥斯曼帝国战争的开始。众所周知，卡尔十二世为大维齐尔巴尔塔吉·穆罕默德帕夏提供了一个精心策划的战争计划，而这一计划的正确实施一定可以彻底毁灭俄军。现在，大家都期待着这一计划的实施。毫无疑问，《普鲁特和约》几乎和波尔塔瓦战役一样令人吃惊。它给瑞典的命运带来了灾难性的影响。1712年，一看到可以用几乎没有任何风险的方式东征西讨，丹麦人就入侵和占领了整个不来梅大公国。当恩斯特·德特洛夫·冯·克拉索的军队被俄罗斯人、波兰人和萨克森人击散时，《海牙中立条约》中的缔约国没有一个来拯救它。然而，虽然现在的前景看上去一片黯淡,但土耳其人还有可能会再次改变主意——尽管机会非常渺茫。也正是为了让土耳其人改变主意,卡尔十二世发挥了他那不可征服的意志的全部力量。1711年12月,使卡尔十二世的朋友和敌人都感到惊讶的是,卡尔十二世再一次实现了自己的目标。奥斯曼帝国宫廷第二次向俄罗斯帝国宣战。这也是卡尔十二世战争计划的一部分,目的是转移俄罗斯帝国对瑞典的注意力。土耳其人非常重视卡尔十二世给予的积极援助。从1711年开始,卡尔十二世开始命令参议院派遣一支军队从神圣罗马帝国进入波兰立陶宛联邦,在那里与他从奥斯曼帝国带来的军队相互合作。但卡尔十二世遇到了一个意想不到、令人恼火的障碍,即参议院没有服从他的这些命令。这不得不让我们更加仔细地审视,无法想象自己的计划最终可能会失败的卡尔十二世,与眼前拥有最令人信服的证据的瑞典参议院之间的特殊关系。在瑞典参议院眼中,瑞典已经处于毁灭的边缘,而卡尔十二世对此应负有责任。

辩护者总是让全世界知道,1709年至1714年的瑞典参议院拥有一群自私自利、雄心勃勃的政治家。他们想通过蓄意阻挠卡尔十二世的计划来削弱其权力,但因害怕造成彻底的叛乱而不敢有太大的动作。这种指责不仅是错误的,也是荒谬的。其实,卡尔十二世的参议院由热心的保皇党人士组成,并由阿尔维德·霍恩一个人领导。不管阿尔维德·霍恩希望和担忧什么,至少在卡尔十二世有生之年,他都是卡尔十二世最忠实的仆人。阿尔维德·霍恩一直都是英勇的卡尔十二世周围的英雄中引人注目的一个。与作为瑞典首席大臣展现的勇气和活力相比,阿尔维德·霍恩取得的军事功绩简直无足轻重。阿尔维德·霍恩还经常去帮助那些需要关心或焦虑的人。在阿尔维德·霍恩的勇气和活力下,一个自卑的人不可避免地会屈服于他。阿尔维德·霍恩是一个有着非凡能力的人,但作为一个意志力远强于他的人——暗指卡尔十二世——的众多工具之一,他的命运是痛苦的。他的主人——卡尔十二世目前的不快也会加在阿尔维德·霍恩的其他烦恼之上。卡尔十二世似乎从来没有想到,他那精疲力竭的下属可能会被沉重的负担压垮。想到要拯救一切的骄傲想法让卡尔十二世的心中再也没有其他空间去想其他更明智的想法，以拯救那些本来可能被拯救的东西。但在现场用各种方法正确判断安全形势的参议院有了不同的想法。在赫尔辛堡取得胜利之后，参议院仍觉得安全形势非常严重。于是，参议院写信给卡尔十二世说，就人类可以预见和感知的情况来看，瑞典只能再"活"几个月了。1710年，参议院迈出了大胆的一步：在未经国王卡尔十二世同意的情况下，召开了一次国民大会，并在大会中陈述了他们各自的职责。这次国民大会在1710年4月到1710年6月召开，是最不正式的一次会议。国民大会的成员都是事先精心挑选的。在整个会议期间，国民大会始终处于良好的控制之下，任何轻微的独立征兆都会被视作犯罪，并被严厉地加以压制。阿尔维德·霍恩谨慎地劝诫国民大会的成员，并表明卡尔十二世不仅是"他们财产的主人，也是他们人心所向的主人"。阿尔维德·霍恩召集这次国民大会的唯一目的是说服全国人民，参议院所做的事都是迫不得已。如果可能，参议院希望从人民那里得到一点额外的钱，支付当前的开支。这次国民大会是不正式的、充满局限的，但无害的。事实上，参议院把召集国民大会想象成是对王权的侵犯。因此，阿尔维德·霍恩及其同僚认为有必要向卡尔十二世证明自己的行为是出于迫切的需要。卡尔十二世的回答却很仁慈。卡尔十二世赞同参议院有这样好的意图，尽管同时指出召开国民大会完全没有必要。在感谢上帝保佑了赫尔辛堡的胜利后，卡尔十二世赞扬了大臣在为自己服务的过程中展示出来的热情和刻苦。事实上，1711年秋天之前，卡尔十二世和参议院之间的关系都很好。但自此之后，双方的分歧成倍增加。参议院不得不听的不再是表扬而是责备。而他们争论的第一个问题是前文提到的《海牙中立条约》。《海牙中立条约》还引发了另一场争论：参议院达成了一项协议，答应将恩斯特·德特洛夫·冯·克拉索的军队借给海上强国在荷兰共和国作战，以换取一笔钱和一支舰队。这对瑞典来说具有不可估量的好处。对斯德哥尔摩瑞典政府来说，这笔交易似乎更加有利可图，因为协议中提到的这支军队在波美拉尼亚成天无所事事，懒惰度日，而这支军队的生活费对于贫困的财政部是一个沉重的负担。然而，卡尔十二世愤怒地拒绝了这一安排，并宣称自己决不同意将臣民的血肉之躯卖给外国统治者，不管其中有什么政治好处。人们只能对卡尔十二世的这种高尚的情操深表同情。卡尔十二世对这件事的极度不满使他迈出了有损自己利益的一步。卡尔十二世不仅谴责了参议院的行为，还从宾杰里向所有海外大使发出了一份通知，严格要求他们不要接受除他之外的任何命令，同时宣布参议院无权直接与外国势力对接。当然，这一草率、不明智的措施进一步削弱了参议院的权力，使其从此无法进行任何外交事务。莫里斯·维尔林克曾是卡尔十一世最有经验的外交官之一，现在，莫里斯·维尔林克被卡尔十二世任命为不来梅的总督。卡尔十二世则通过莫里斯·维尔林克和跟自己一起在奥斯曼帝国的荷尔斯泰因·法布里斯男爵亲自处理所有此类事务。

但让卡尔十二世最恼火的是参议院总是在不断地祈求和平。斯德哥尔摩政府不时地向待在宾杰里的卡尔十二世发出的那些信的确很可悲。早在1710年秋，斯德哥尔摩政府就抱怨说瑞典现已"分崩离析"了。此时的瑞典虚弱不堪，资源枯竭，十分无助，仅在斯德哥尔摩就有成千上万人染上了瘟疫，再加上饥荒和破产，无法忍受痛苦的可怜人都希望与敌人达成和解。然后，参议院提醒卡尔十二世收到信数个月后也不曾给回复，并恳请卡尔十二世以所有"可能的和可以想象的方式"与敌人达成和平。参议院同时敦促道，除非交出什么东西去，否则不可能达成和平。从卡尔十二世的回信中，可以看出卡尔十二世已经十分克制自己的愤怒，其中还有并不常见的强硬在其中。卡尔十二世恳请参议员们不要再用那些老生常谈的痛苦和不幸的故事来烦自己。从今以后，参议员们汇报事情时只需要简单地说"事情是像以前那样，还是情况更糟"，那就足够了。卡尔十二世接着说，瑞典的不幸境况只能通过光荣的、有利的和平来解决。然而，这种和平不是靠懦弱的哭泣来获得的，而是要靠艰苦和不畏缩的气势明智地获得。不管情况有多么紧急，卡尔十二世都决不同意任何像割让省份这样可耻的事情发生。1711年3月，卡尔十二世还在进一步地折磨着参议院。卡尔十二世希望参议院可以派遣另一支军队到神圣罗马帝国与自己合作。参议院答复说，目前的困境无法满足卡尔十二世的要求。1711年秋天，卡尔十二世专横、坚决地要求参议院立即服从自己的命令，同时指责参议院的懒散和故意拖延。卡尔十二世补充说，在这件事上，参议院给他的对奥斯曼帝国政策带来了不利的影响，并指出除非参议院派一支军队与他会面，否则他就不回瑞典。参议院陷入了绝望。它急于服从卡尔十二世的命令，却没有办法。汉斯·瓦赫特迈斯特海军上将已经通知了参议院，在收到一万五千英镑之前，船是无法出海的，但钱从哪里来，谁也说不来。在参议院发表讲话时，阿尔维德·霍恩只是表达了所有同僚的意见："我们要做的是判断什么最符合国王陛下的利益，什么对国王陛下不利。如果国王陛下命令我派一个团去一个已经落入敌人手中的要塞，我是不可能服从的。国王陛下的命令，必须考虑到形势的变化。"阿尔维德·霍恩做的一切都是为了筹集资金。阿尔维德·霍恩放弃了四分之一的薪水，把银行里的所有现金都上交给了国家，还提议卖了自己的房子和游艇以筹集资金。毫不夸张地说，为了筹钱，阿尔维德·霍恩几乎是在逐户乞讨。其他人也表现出了同样的意愿。为了筹钱，他们愿意做出一切可以想象的牺牲。卡尔十二世的祖母赫德维希·埃莉诺拉也不再使用无价的银器，而改用一般的铁锅。乌尔丽卡·埃莉诺拉公主放弃了自己的所有珠宝。[①]参议院的成员自愿捐助了一万四千银圆[②]。斯德哥尔摩和哥德堡的商人同样表现出了他们的慷慨与爱国。根据一项获得大众同意的特令，所有工资在两英镑到一百二十五英镑之间的公务员工资都得减半，而工资超过一百二十五英镑的，则减少四分之三。通过这些不顾一切的措施，阿尔维德·霍恩在最开始筹集到了三千八百二十五英镑。因此，1712年8月月底，卡尔十二世的命令终于可以得到执行了。汉斯·瓦赫特迈斯特海军上将率领着舰队离开卡尔斯克鲁纳前往波美拉尼亚。船上有大约九千人，由英勇的芒努斯·斯滕博克指挥。

---

① 然而，卡尔十二世并不接受这些牺牲，并下令将大部分珠宝和银器归还给祖母赫德维希·埃莉诺拉和妹妹乌尔丽卡·埃莉诺拉公主。——原注
② 相当于一千五百英镑。——原注

1712年9月中旬，瑞典人抵达吕根岛。航程并非一帆风顺，因为丹麦的海军上将尤里克·弗雷德里克·格尔德龙一路跟踪着他们，并巧妙地将汉斯·瓦赫特迈斯特海军上将与他的运输船分开。随后，尤里克·弗雷德里克·格尔德龙耗费了大量的军需物资和储备致使瑞典大部分的运输船沉没了。卡尔十二世最初的计划应该是芒努斯·斯滕博克从北方入侵波兰立陶宛联邦，而格鲁兹姆斯基则从南方进攻波兰立陶宛联邦，从而用土耳其人的支持来转移其他人的注意力。土耳其人被瑞典军队已经在神圣罗马帝国登陆并宣布对俄罗斯帝国发动第三次战争的消息感动了。不幸的是，当芒努斯·斯滕博克踏上波美拉尼亚时，任何联合攻击计划都已变得完全不切实际。正如已经解释过的，[①] 格鲁兹姆斯基的军队已经被击败并驱散了。斯坦尼斯瓦夫·莱什琴斯基在波美拉尼亚避难，并且被授予瑞典军队名义上的指挥权。与此同时，彼得大帝和奥古斯特二世领导下的强大的俄罗斯-萨克森军队正密切地关注着施特拉尔松德。因此，芒努斯·斯滕博克发现自己完全孤立无援了。芒努斯·斯滕博克的部队尽管加上增援部队后拥有一万七千人，但依然不够强大。在没有支持的情况下，芒努斯·斯滕博克不敢入侵波兰立陶宛联邦，特别是在普鲁士王国国王腓特烈一世正式通知芒努斯·斯滕博克将把任何此类入侵视为"宣战的理由"后。而且，更重要的是，瑞典军队已经开始严重缺乏粮草供给。因此，芒努斯·斯滕博克决定入侵梅克伦堡。梅克伦堡拥有富饶的土地，并且迄今为止还未被"开垦"。在一段时间内，这片土地不仅能够支持芒努斯·斯滕博克的军队，也为他提供了一个核心优势——使他在需要的时候可以轻易地攻击丹麦或波兰立陶宛联邦。因此，芒努斯·斯滕博克立即向梅克伦堡进发，并占领了罗斯托克，但每前进一步他的困难都在增加。因此，在萨克森大臣雅各布·海因里希·冯·弗莱明提出停战协议后，芒努斯·斯滕博克就被斯坦尼斯瓦夫·莱什琴斯基轻而易举地说服了，并接受了停战协议。至于这位不幸的国

---

① 见第10章。——原注

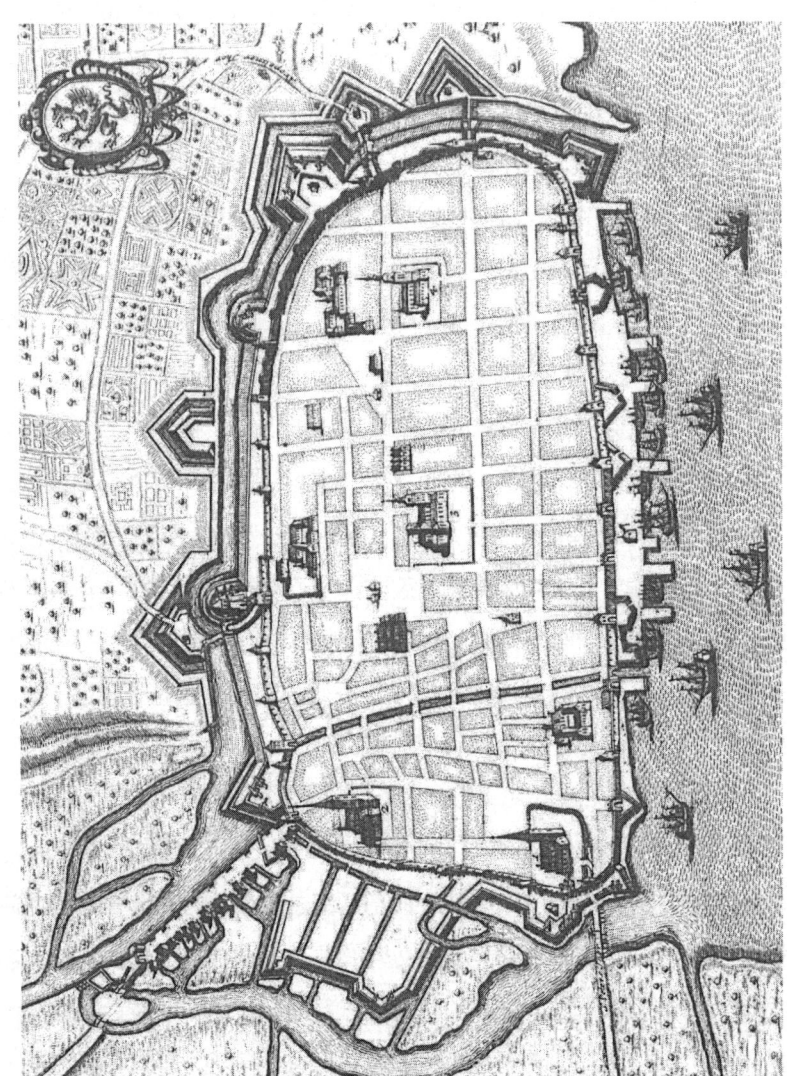

罗斯托克

王——斯坦尼斯瓦夫·莱什琴斯基，这时，他已经厌倦了战争，并急于放弃波兰王位，因为这个王位给他带来的只有痛苦和灾难。同时，斯坦尼斯瓦夫·莱什琴斯基的骄傲使他不愿意成为领取瑞典救济金的人，并打算站起来反抗。在芒努斯·斯滕博克帐篷里举行的一次战争会议上，斯坦尼斯瓦夫·莱什琴斯基宣布自己打算亲自到宾杰里去把波兰王位交还给卡尔十二世。"我必须去见卡尔十二世，"斯坦尼斯瓦夫·莱什琴斯基对芒努斯·斯滕博克说，"为了结束这场血腥的战争，我决定为波兰和瑞典牺牲自己。"因此，斯坦尼斯瓦夫·莱什琴斯基就去了宾杰里。在"混战"事件不久后，斯坦尼斯瓦夫·莱什琴斯基就到了宾杰里，但他的这一趟行程并没有任何效果。卡尔十二世拒绝接受斯坦尼斯瓦夫·莱什琴斯基的退位，因此，垂头丧气的斯坦尼斯瓦夫·莱什琴斯基不得不重新回到瑞典，并仍然羞耻地接受着瑞典的救济。为了维持斯坦尼斯瓦夫·莱什琴斯基的国王生活，整个瑞典经济萧条，百姓忍饥挨饿。卡尔十二世对芒努斯·斯滕博克也更加气愤。一听到芒努斯·斯滕博克提出停战协议，卡尔十二世就给芒努斯·斯滕博克写了一封严厉的指责信，问芒努斯·斯滕博克怎么敢做出这种闻所未闻、站不住脚的软弱行为，并命令芒努斯·斯滕博克立即采取行动，以弥补自己的过失。芒努斯·斯滕博克绝望地道了歉，然后服从了。当然，现在是芒努斯·斯滕博克做点什么的时候了。与此同时，对于停战，丹麦国王腓特烈四世几乎和卡尔十二世一样不满意。"我们必须，"在给盟友的信中，丹麦国王腓特烈四世写道，"我们必须团结我们的所有军队来粉碎芒努斯·斯滕博克及其一万八千人的部队。这是瑞典剩下的唯一可以依靠的军队了。"现在，芒努斯·斯滕博克的处境变得非常危险。一支由丹麦国王腓特烈四世亲自指挥的丹麦军队正从西部向芒努斯·斯滕博克逼近，而俄罗斯人和萨克森人正从东部向芒努斯·斯滕博克推进。截获的信告诉芒努斯·斯滕博克，他们的目的是要把芒努斯·斯滕博克逼到维斯马或罗斯托克，然后在那里用三倍的兵力将他消灭。芒努斯·斯滕博克立刻下定了决心，决定在丹麦人和俄罗斯人与萨克森人会合之前，先攻击丹麦人，然后再对付俄罗斯人与萨克森人。芒努斯·斯滕博克把身后桥都毁坏了。为了加快速度,芒努斯·斯滕博克把步兵安置在骑兵后面,并迅速向西前进。起初,俄罗斯人和萨克森人以为芒努斯·斯滕博克是要去维斯马的要塞避难。然而,当芒努斯·斯滕博克经过维斯马时,他们猜到了芒努斯·斯滕博克的计划,并赶快去追他。不过,对他们来说,芒努斯·斯滕博克太快了。凭借着快速的进军,芒努斯·斯滕博克突然来到加德布施的丹麦营地。虽然丹麦国王腓特烈四世只有一个小时排兵布阵,但芒努斯·斯滕博克发现丹麦人的布局强不可攻。据说丹麦军队的人数至少比芒努斯·斯滕博克的人数多出了一万人,但由于萨克森人和俄罗斯人紧跟其后,芒努斯·斯滕博克没有其他选择,只能立刻开战。芒努斯·斯滕博克毫不迟疑地开始进攻。这场战斗虽然只持续了两个小时,但非常激烈。瑞典的火炮本就比丹麦的好,在伟大的工兵卡尔·克龙斯泰特①了不起的操控下,可以造成可怕的破坏。据说,在第一次开火的时候,整个丹麦前线便沦为"一片废墟"。但丹麦人人数众多,在腓特烈四世国王的眼皮底下,他们便更加英勇地作战。因此,在很长的一段时间里,这场战斗都难分胜负。许多瑞典部队都失去了他们的军官。芒努斯·斯滕博克尽管被巨石砸中,无法骑马,但仍然在各个地方鼓励着士兵,并且亲自率领着先锋队伍。这场战斗可能会重蹈波尔塔瓦战役的覆辙。最后,瑞典人获得了胜利。丹麦人被彻底击败,撤退到了荷尔斯泰因。在这场战争中,丹麦人伤亡了三千人,还有四千人沦为囚犯。胜利的瑞典人缴获了十三门大炮,以及敌人的所有军需物资。这是芒努斯·斯滕博克取得的最大战绩。卡尔十二世便不再犹豫,将元帅的权杖赐予了芒努斯·斯滕博克。芒努斯·斯滕博克有着谦逊的性格,他把自己的成功一部分归于卡尔·克龙斯泰特的炮轰技能,另一部分归于将士的英勇。芒努斯·斯滕博克写道:"除了瑞典,

---

① 卡尔·克龙斯泰特是卡尔十二世培养的一位伟大的炮兵军官。在英勇的卡尔十二世统治下,卡尔·克龙斯泰特学会了战争的艺术。卡尔·克龙斯泰特先后跟随卡尔十二世、芒努斯·斯滕博克一起经历了很多主要的战役,特别是赫尔辛堡战役、加德布施战役和斯特拉松德的围攻,其间表现突出。据说,卡尔·克龙斯泰特是第一个发明用四轮马车运载火炮的人,而在此之前火炮都是用手推车运载的。——原注

在全世界都找不到这样的士兵和臣民了。我从来没有见过他们具有这样的两面性，既能在需要冲锋时不受控制，又能完全受控于军队的纪律。"敌对方也同样给出了类似的赞词。未来丰特努伊战役的胜利者——萨克森人莫里斯描述了瑞典步兵在加德布施令人震惊的英勇。

第12章
从加德布施战役到施特拉尔松德的沦陷
(1712—1715)

精彩看点

瑞典放弃一些东西的必要性——卡尔十二世的固执——拒绝大不列颠王国的调停——普鲁士王国的联盟提议——芒努斯·斯滕博克在加德布施之后的行动——火烧阿尔托纳——瑞典人在滕宁投降——芒努斯·斯滕博克最后遭受的痛苦和死亡——瑞典绝望的处境——失去芬兰——什切青被占领——卡尔十二世拒绝路易十四的调解——瑞典参议院的绝望——瑞典议会——财政状况——各阶层代表的不满——革命性的计划——乌尔丽卡·埃莉诺拉公主含糊不清的行为——首席大臣阿尔维德·霍恩的大力干预——卡尔十二世的回归——瑞典的热情——新的复杂情况——普鲁士王国和汉诺威王国对卡尔十二世宣战——施特拉尔松德的围攻——斯德索战役——国王徒劳的英雄主义——施特拉尔松德的沦陷

加德布施战役至少在一段时间内极大地提升了瑞典的地位。1712年整年里，瑞典尽管处于绝望中，但仍能有好几次机会在相对有利的条件下与众多的敌人达成协议。但到现在，想必瑞典最聪明、最爱国的政治家都已经明白：必须要牺牲一些东西了。在经过一个世纪几乎从未间断过的胜利和征战之后，瑞典发现自己面临着要想拯救剩下的领土必须放弃一部分领土的痛苦。无论是要通过割让领土获得绝对必要的和平还是要一场可能会造成更大损失的毁灭性的战争，瑞典都不得不做出选择。显然，瑞典不可能与欧洲联盟对抗更长的时间了。即使是卡尔十二世外交官中机敏、勇敢的莫里斯·维尔林克，也开始强烈要求卡尔十二世让步了。莫里斯·维尔林克写道："我不够殷勤，无法让自己心安地认为我们可以通过自己的力量重新振作起来，迫使我们的敌人甚至全世界尊重我们在过去的胜利中向他们规定的协议和契约。"不过，卡尔十二世依然无动于衷。卡尔十二世政策的特点是，不管是处于繁荣还是不幸，卡尔十二世都保持着同样的态度。即使在现在，卡尔十二世也决心誓死抵抗，不愿做出丝毫的让步。"这就是我们，"卡尔十二世写道，"虔诚地遵守着我们立下的神圣誓言，决不放弃或交出我们的祖先交给我们的领土和贵族身份。"[①]在困惑

[①] 1713年5月18日给莫里斯·维尔林克的信。——原注

和绝望中,沉着的卡尔十二世仍然敢于心怀希望。这种面对命运不肯屈服的夸张、崇高的自信令后世的诗人和历史学家们感到惊讶,但同时代的人一定是内心滴着血看着卡尔十二世一次又一次地放弃了机会,并将自己的国家推入了无法挽回的毁灭之中。

  1712年,瑞典曾三次收到有利的调停或结盟提议,其中第一次是来自大不列颠王国和荷兰共和国。1712年年初,乌得勒支和平会议结束了西班牙王位继承战争。当时的大不列颠王国和荷兰共和国为了自己的利益,希望大北方战争尽快结束,并提议在瑞典及其敌人之间进行调解。大不列颠王国给卡尔十二世提出了非常好的条件。安妮女王明确宣布她将继续履行曾经的诺言,在必要时给予卡尔十二世军队支持。但卡尔十二世对大不列颠王国及其盟国的承诺失去了信心。当然,这也并非毫无理由。它们曾在伊斯坦布尔密谋反对卡尔十二世,并违反了卡尔十二世的禁令——与波罗的海沿岸的港口进行贸易。它们也没有履行《特拉文达和约》和《阿尔特兰施泰特和约》中身为担保国的义务。当恩斯特·德特洛夫·冯·克拉索的军队被击散时,它们没有给予任何帮助。因此,

乌得勒支和平会议

卡尔十二世不仅拒绝了大不列颠王国和荷兰共和国的和平提议，还转而与法兰西王国谈判并建立攻守同盟。

但现在，卡尔十二世又从其他两个阵营收到了两份新的联盟邀请。俄罗斯帝国取得的惊人进步和史无前例的成功使俄罗斯帝国的邻国波兰立陶宛联邦和普鲁士王国深感担忧。波兰立陶宛联邦和普鲁士王国自然而然地想向瑞典求助，因为瑞典是俄罗斯帝国曾经的死对头，并且与俄罗斯帝国势均力敌。

1712年，奥古斯特二世甚至提议将波兰立陶宛联邦分割给自己和斯坦尼斯瓦夫·莱什琴斯基。这是调解问题最简单的方法，但卡尔十二世断然拒绝了这项提议，因为他认为这是不道德、不切实际的。此外，奥古斯特二世正处于职业生涯中最不自信的时候。普鲁士国王腓特烈一世提出的同盟关系更加重要，前景也更加光明。1712年，普鲁士国王腓特烈一世派特使约翰·弗里德里

普鲁士国王腓特烈一世

希·埃桑德·冯·哥德前往宾杰里,并发出了与瑞典结盟的明确邀请。此外,普鲁士王国将给予卡尔十二世六千名普鲁士士兵任由差遣,并帮助卡尔十二世收复失去的波罗的海沿岸省份,但条件是卡尔十二世必须带领这支部队立刻回国。普鲁士王国要求的回报只是埃尔宾和瓦尔米亚的主教辖区,以及让斯坦尼斯瓦夫·莱什琴斯基将波兰王位让给奥古斯特二世。即使瑞典在最后关头接受这样的提议,也能保住瑞典的威望。不过,这样的提议超出了瑞典的期望。事实上,这是瑞典保留大部分财产的最后机会了。普鲁士-萨克森-瑞典联合军队可能是卡尔十二世收复利沃尼亚和爱沙尼亚的有效保证,并且能有效地抑制俄军。签订联盟协议不但有助于确保瑞典在神圣罗马帝国的省份免受攻击,

约翰·弗里德里希·埃桑德·冯·哥德

而且能使瑞典从大北方战争中腾出手来，成为重量级的大国。作为交换，卡尔十二世需要做的只是放弃斯坦尼斯瓦夫·莱什琴斯基——这个已经身无分文的逃犯。同时，那也是斯坦尼斯瓦夫·莱什琴斯基自己的意愿。斯坦尼斯瓦夫·莱什琴斯基甚至渴望摘下那顶被迫戴上的、可怕的王冠，但卡尔十二世是不会同意的。瑞典所有大臣和外交官都严肃地向卡尔十二世保证，在放弃斯坦尼斯瓦夫·莱什琴斯基之前，外交事务是不会有任何改善的，但说这些都是白费力气。斯坦尼斯瓦夫·莱什琴斯基亲自赶往奥斯曼帝国，希望说服卡尔十二世接受自己的退位，但徒劳无益。普鲁士王国的特使约翰·弗里德里希·埃桑德·冯·哥德在宾杰里逗留了两个月，希望能说服卡尔十二世同意他们的条约，但依旧是无功而返。卡尔十二世拒绝接受普鲁士王国的条件，因为卡尔十二世渴望的是绝对无偿的、无条件的援助。如果没有这些束缚，卡尔十二世可以做自己想做的任何事情，并平静地忍受事件原本的样子。芒努斯·斯滕博克在加德布施的胜利似乎证明了卡尔十二世这种自杀性的顽固。卡尔十二世认为这是瑞典军队与生俱来的、战无不胜的新证据。然而，在卡尔十二世拒绝普鲁士王国的有利条件后的几个月内，芒努斯·斯滕博克带领的最后一支瑞典军队也被消灭了。

在辉煌但毫无用处的胜利之后，不幸的芒努斯·斯滕博克几乎和以前一样绝望。芒努斯·斯滕博克及其带领的一万二千人被大约三万六千名丹麦人、俄罗斯人和萨克森人包围着。他们尽管不敢攻击芒努斯·斯滕博克，但决定一直盯着他，不让他离开他们的视线。芒努斯·斯滕博克知道，卡尔十二世期望他能回到波美拉尼亚去消灭入侵的俄罗斯人、萨克森人、波兰人和普鲁士人，但他清楚自己势单力薄，根本无法回到波美拉尼亚。芒努斯·斯滕博克知道，如果把自己关在维斯马的堡垒里，那只会被慢慢地饿死。最后，与莫里斯·维尔林克急切地磋商之后，芒努斯·斯滕博克采纳了莫里斯·维尔林克的紧急建议：入侵荷尔斯泰因，摧毁丹麦的阿尔托纳。这样做一部分原因是为了对丹麦人烧毁瑞典的施塔德镇实施报复，另一部分原因是破坏阿尔托纳储备充足的弹药库，从而严重削弱丹麦军队的战斗力。因此，在把所有伤病人员送往维斯马后，芒努斯·斯滕博克继续向西穿过蒂芙，在奥尔德斯洛赫及其附近建立了自己的总部。而俄罗斯人和萨克森人在彼得大帝的亲自带领下，跟随芒努斯·斯滕博克来到了荷尔斯泰因，以便帮助在芒努斯·斯滕博克面前一直撤退的丹麦人。这段时间，莫里斯·维尔林克一直在敦促芒努斯·斯滕博克摧毁阿尔托纳，但一直没有任何用，因为芒努斯·斯滕博克是一个善良的人。此外，阿尔托纳的情况不同于施塔德。一方面，施塔德是一个堡垒。经过一次顽强的围攻之后，施塔德堡垒就化为了灰烬。另一方面，阿尔托纳是一个开放、毫无防备的城市，既不会对其他人造成任何伤害，也不会冒犯任何人。但莫里斯·维尔林克继续坚持，甚至威胁芒努斯·斯滕博克。最后，芒努斯·斯滕博克让步了。芒努斯·斯滕博克向阿尔托纳发出警告：如果不交出两万两千五百英镑的赎金，芒努斯·斯滕博克就会将阿尔托纳夷为平地。惊恐的居民们派了一个代表团去见芒努斯·斯滕博克，并提议付给芒努斯·斯滕博克一半的钱——那是他们唯一能凑到的钱。在阿尔托纳的居民转移完所有妇女和儿童之后，芒努斯·斯滕博克严格命令不准掠夺任何东西。1712年12月28日深夜，芒努斯·斯滕博克及其部队放火烧了阿尔托纳。直到1712年12月29日3时，阿尔托纳依然笼罩在熊熊的烈火之中。大火持续了一整天，阿尔托纳整座城市几乎化为灰烬，只剩下一百间破烂的房子和三座教堂。因此，一万名居民变得无家可归。据说为庆祝这一盛事，莫里斯·维尔林克特意宴请了汉堡市的一些市民。饭后，莫里斯·维尔林克带汉堡市民去城墙上，兴高采烈地指着照亮天空的火焰，说道："汉堡应该感谢我给它安排了这么壮观的场面。"然而，芒努斯·斯滕博克依旧存有慈悲之心，并为自己的野蛮行为感到羞耻。"从那时起，"芒努斯·斯滕博克悲哀地承认，"我再也得不到上帝的祝福了。"无论如何，芒努斯·斯滕博克之后再也没有成功过。在阿尔托纳向芒努斯·斯滕博克求饶的同一天，一支出海来救芒努斯·斯滕博克及其部队的瑞典舰队已经能看见神圣罗马帝国的海岸了，但就在阿尔托纳起火的那一天，风向突然改变了，把芒努斯·斯滕博

火烧阿尔托纳

克期盼的增援部队又吹回了瑞典。然而,当寒冷的冬天来临时,芒努斯·斯滕博克唯一的希望就是可以通过贝尔特海峡到达菲英岛或者斯考。在那里,哥德堡的小舰队可以把芒努斯·斯滕博克及其部队送回瑞典。然而,由于冬天的天气突然变得异常温和、多雨,芒努斯·斯滕博克不得不放弃这两个计划。无数的敌人从四面八方向芒努斯·斯滕博克施压,而芒努斯·斯滕博克被迫逃到石勒苏益格西南角狭长的艾德斯塔德半岛上。芒努斯·斯滕博克希望在艾德河和特雷讷河的保护下能坚持到夏天。然而,1713年1月月底到1713年2月月初,俄罗斯人、丹麦人和萨克森人强行越过特雷讷河,将芒努斯·斯滕博克赶到了艾德斯塔德半岛最西边的角落,并关闭了芒努斯·斯滕博克的所有逃生通道。在尝试突破敌人的防线徒劳无果之后,芒努斯·斯滕博克把自己关在了滕宁要塞内。由于滕宁与荷尔斯泰因-戈托普政府有秘密协定,滕宁为芒努斯·斯滕博克打开了大门。在接下来的三个月里,芒努斯·斯滕博克被俄罗斯人、丹麦人和萨克森人的盟军死死地包围了,直到芒努斯·斯滕博克的军需物资耗尽,并于1713年5月16日被迫向带领一万一千名精兵的丹麦国王腓特烈四世投降了。芒努斯·斯滕博克极度忧郁地度过了剩下的日子。最初,芒努斯·斯滕博克被带到哥本哈根。本来哥本哈根的一切可以让芒努斯·斯滕博克尽可能舒服地生活,但当人们发现芒努斯·斯滕博克与国外朋友还在秘密通信时,芒努斯·斯滕博克就被转移到了腓特烈港要塞。在腓特烈港要塞,芒努斯·斯滕博克受到了非人的对待。芒努斯·斯滕博克被关在沼泽中的地牢里,而有害的蒸汽穿透房间薄薄的地板,往上冒了出来。无论何时,芒努斯·斯滕博克都不准离开自己的房间,即使是出去运动片刻或呼吸一点儿新鲜空气都不行。任何人都不允许探望芒努斯·斯滕博克,即使是医生或神职人员也只有极短时间。侍候的仆人被允许甚至被鼓励对无助的芒努斯·斯滕博克进行侮辱。芒努斯·斯滕博克一直被关在腓特烈港要塞,直到1717年3月6日死亡,他的痛苦才结束。

滕宁投降的消息和"混战"事件几乎在同一时间传遍了西欧。这两起事件的直接影响就是导致了瑞典的彻底毁灭。加德布施战役结束后,倾向于帮助

芒努斯·斯滕博克向丹麦国王腓特烈四世投降

瑞典的大不列颠王国和荷兰共和国现在也退缩了。普鲁士国王腓特烈一世以从卡尔十二世敌人手中拯救什切青为借口，占领了什切青。

俄罗斯人将所有军队都派往芬兰。他们的舰队占领了赫尔辛基和图尔库，并在伊索屈勒的血腥战斗中击溃了英勇的卡尔·古斯塔夫·阿姆费尔特。在伊

卡尔·古斯塔夫·阿姆费尔特

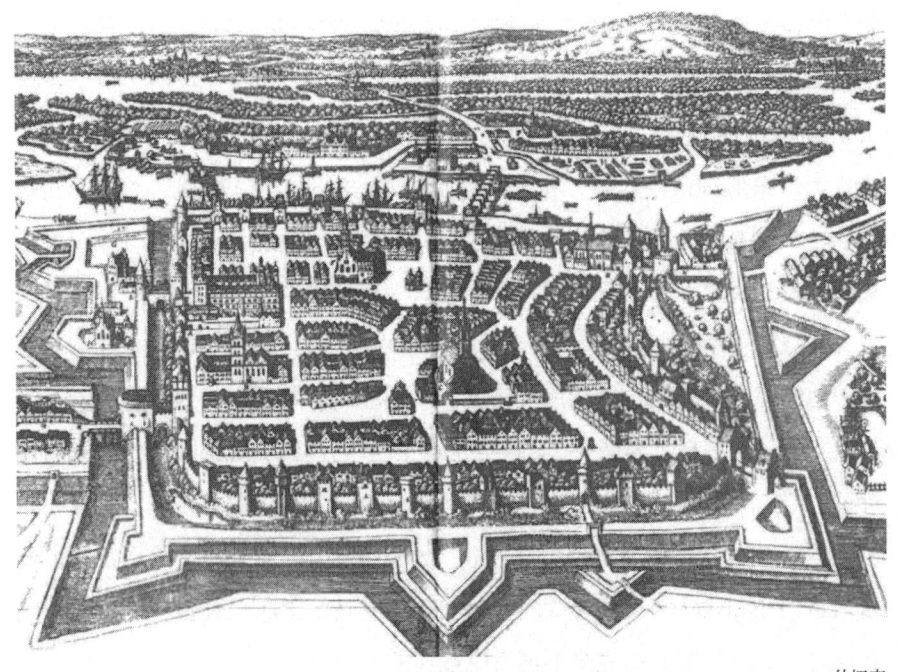

什切青

索屈勒，没有经验的瑞典人和芬兰人与比他们多三倍的俄罗斯人英勇地战斗了三个小时，以至最后只剩下十个军官。1714年年底，整个立宛陶大公国都掌握在彼得大帝的手中。卡尔十二世的缺席和执拗加剧了这种绝望的状态。瑞典的外交家和政治家，特别是莫里斯·维尔林克和阿尔维德·霍恩，超出所能地想出了一些可以将瑞典从毁灭中拯救出来的办法，却发现自己走的每一步都因自己的国王而受挫。莫里斯·维尔林克曾试图通过一项巧妙的安排拯救什切青。该安排建议由中立军队普鲁士人和荷尔斯泰因人守卫什切青，并在战争结束后将其交还瑞典，但卡尔十二世不听任何类似的安排。阿尔维德·霍恩已经与俄罗斯人进行了谈判，以便用一个成功的美好前景将瑞典同其盟友分离开。卡尔十二世专横地命令参议院停止所有此类谈判。由于卡尔十二世向柏林宫廷提出的联盟要求十分荒谬，普鲁士国王腓特烈一世当面嘲笑了瑞典的特使，同时表示，他不会愚蠢到为了自己已经拥有的优势去做这样的牺牲。即使卡尔十二世无私的盟友路易十四,也以最强硬的方式劝告瑞典投降。1714年2月,普鲁士王国向凡尔赛宫廷提出了一项新的计划:在与奥古斯特二世的和约基础上,普鲁士王国将帮助瑞典收复失去的省份。凭借这一计划,俄罗斯帝国将被孤立,而普鲁士王国则将获得什切青和一直延伸到佩讷河的波美拉尼亚。路易十四同意了这一计划,并与卡尔十二世就此事进行了沟通。路易十四嘱咐卡尔十二世,要在英雄的英勇行为上多些政治家的谨慎,做出一些合理的让步,并提醒卡尔十二世,作为统治者,顾及国家的真正利益才是他的首要职责。但卡尔十二世宣称他宁愿失去波美拉尼亚所有土地,也不愿放弃什切青。于是,普鲁士王国与俄罗斯帝国达成了秘密协议,即向彼此保证,它们的利益都以牺牲瑞典为代价。固执的卡尔十二世同样拒绝了大不列颠王国的调停。另外,卡尔十二世还因拒绝授予神圣罗马帝国皇帝查理六世"西班牙国王"的荣誉称号而冒犯了查理六世。因此,1714年,当法兰西王国和神圣罗马帝国在巴登国会上最终达成和议时,双方共同同意,完全不再考虑瑞典的利益。

与此同时,瑞典的处境十分可怜,它被所有人,甚至是自己的国王抛弃了,并且似乎已经不可能再恢复如初了。心烦意乱的参议院开始担心,当卡尔十二世想回到瑞典时,瑞典可能已不复存在了。1713年,情况看起来已经很糟糕,但无论如何,丹麦人都被芒努斯·斯滕博克率领的军队赶出了这片土地。在神圣罗马帝国的恩斯特·德特洛夫·冯·克拉索率领的第二支军队,仍然激起了瑞典朋友的希望和敌人的恐惧。于是,大家自信地期盼着卡尔十二世率领第三支军队从奥斯曼帝国回来。但现在,芒努斯·斯滕博克和恩斯特·德特洛夫·冯·克拉索的军队都被歼灭了。除了维斯马和施特拉尔松德,瑞典失去了在欧洲大陆上拥有的最后一些零散土地。胜利的俄罗斯人正准备从东方入侵瑞典,而丹麦人准备从西方入侵瑞典。除此之外,瑞典自身也有国内民众不满和起义的危险症状。普通民众普遍认为,卡尔十二世要么死了要么疯了,参议院因邪恶的动机将事实隐藏起来。到目前为止,事情已经过去了,与其说这是一个管理是否成功问题,倒不如说这是一个有没有管理的问题。瑞典整个国家已经不再团结,正如参议院用力强调的那样,"瑞典如同一个人的身体一样,现在这个身体的大部分肌肉已经被切断,大部分血液已经流干,因为事情已经发展到这样的地步了。我们这些还活着的人,只能看着这个国家在完全毁灭之前剩下几个月的喘息时间。"在极端情况下,参议院认为,它还不够强大,无法承担瑞典政府的负担。因此,1713年秋,在首席大臣阿尔维德·霍恩的建议下,瑞典召开了会议,尽管卡尔十二世已明确禁止召开这些不必要的会议,并认为这侵犯了他的特权。在召开会议之前,参议院试图通过邀请乌尔丽卡·埃莉诺拉公主作为行政部门的一员在参议院中担任席位,以巩固参议院的地位。这一邀请很快得到了乌尔丽卡·埃莉诺拉公主的同意。

1713年12月14日,各阶层代表们在斯德哥尔摩会面。他们的第一个行动是,根据年迈的大主教哈昆·斯佩格尔——他是一位热心的保皇党人——的提议,起草一份文件交给卡尔十二世。在这份文件中,他们描述了瑞典的巨大不幸,并哀求卡尔十二世回国,为瑞典带来和平。这份以四个阶层代表的名义起草的文件是用最服从、最尽责的语言写成的,描绘了整个瑞典处于悲惨绝望境地的恐怖画面。由亨利·冯·列文连同乌尔丽卡·埃莉诺拉公主写的信和赫德维希·埃莉诺拉太后的一张便条一起带到德莫迪卡。德高望重的赫德维希·埃莉诺拉太后目前已经77岁了。在便条中,赫德维希·埃莉诺拉太后乞求孙子卡尔十二世赶快回家,以便在她死前还能再拥抱他一次。① 接着,各阶层代表开始考虑目前令人震惊的财政问题。1714年预计的财政收入,包括一大笔战争税,约为六十七万五千英镑,而支出为一百七十五万五千英镑。因此,财政赤字已经超过了一百零八万英镑。这是无论如何都无法还清的,一方面,瑞典已经税收过重了,另一方面,所有外国势力都将瑞典看成了一个破产的赌徒,缺乏贷款的信誉。为了解决这一问题,瑞典还是成立了一个筹款委员会。即使采纳一些特别的提议之后,例如,将维斯马镇和哥特兰岛抵押,出售所有

---

① 然而,在卡尔十二世回来之前,赫德维希·埃莉诺拉太后就死了。——原注

教堂钟,将战争间俘获的大炮和其他战利品压模、扣押什一税等,再加上土地贷款和其他任何能借到的钱,也只能抵销四分之一的赤字。在东西方向同时遭到入侵的威胁下,瑞典还面临着缺乏维持一支两万三千人的小军队的资金,更不用说筹集维持五万人军队的资金了。事实上,这支军队是被雇用来保卫边境的。军事专家宣称五万人是为了单纯的防御而必不可少的最低人数限度。因此,对缺席的卡尔十二世的愤慨开始在各阶层代表中产生。卡尔十二世宁愿让瑞典彻底毁灭,也不愿为了获得和平而做出轻微的让步,特别是当各阶层代表听到最近从卡尔十二世那里收到的信说:卡尔十二世禁止参议院同任何外国势力达成协议,或降低战争税;同时命令他们立即解散各阶层代表,以防他们聚集;并立即采取措施,再派两万多人前往波美拉尼亚。这些命令似乎表明了卡尔十二世对筋疲力尽的瑞典的痛苦漠不关心,也使代表——特别是第一阶层和第四阶层的代表——心中充满了痛苦。他们渴望能尽可能地拯救自己。法兰西王国驻斯德哥尔摩大使写道:"如果乌尔丽卡·埃莉诺拉公主、参议院和各阶层代表意志坚定,意见一致,那么卡尔十二世可能很容易就被废黜了。"正是这种绝望和失职的感觉促使各阶层代表试图将政府控制在自己手中。他们争辩说,如果卡尔十二世因他的敌人而不能给瑞典带来和平,那么他们应该代替他来这样做。1714年1月18日,即卡尔十二世令人不安的急件到达后的第二天,市民代表海尔滕向秘密委员会提议说,乌尔丽卡·埃莉诺拉公主、参议院和各阶层代表应向大不列颠王国、法兰西王国和神圣罗马帝国求助,请求这几个国家为他们去调解,并带来和平。这项提议得到了第一阶层和第四阶层代表的赞同。最后,该提议以一份备忘录的形式,由秘密委员会提交给参议院。备忘录的摘要中承认了只有国王有权达成和平。鉴于卡尔十二世的缺席和无助,以及瑞典的迫切需要,他们认为政府继续发起"一场顽固且无用的战争,从而进一步危及了国王和国家的安全是不可原谅的",备忘录结尾处敦促参议院向卡尔十二世请愿,以接受公开的和平谈判。不仅如此,瑞典议会还采取了进一步行动。1714年3月8日,参议院告知秘密委员会,卡尔十二世的最后一封急件的主旨是禁止通过调解者和仲裁员进行所有和平谈判。1714年3月10日，秘密委员会宣布，如果照那样子，瑞典永远也无法获得和平，因此乌尔丽卡·埃莉诺拉公主应以作为国王妹妹和王位第一继承人的身份，与参议院和各阶层代表一起，采取这些措施为瑞典带来和平，那可能会是最好的结局。

参议院现在完全是心惊胆战的。参议院清楚地知道在国王不知情或不同意的情况下达成的和平，将会公然违反宪法。事实上，这是一种可能会导致内战的谋反行为。而各阶层代表认为，在卡尔十二世有生之年便试图将乌尔丽卡·埃莉诺拉公主推上摄政的位置是闻所未闻的厚颜无耻。这至少是对国王的一种冒犯。那几天，瑞典在革命的边缘左右摇摆，因为第一阶层和第四阶层的代表大多数人都投票赞成和平和摄政的提议，但第二阶层和第三阶层的代表在中间犹豫不决。然而幸运的是，在这场危机中，瑞典还拥有像阿尔维德·霍恩这样的议会政治家。当国家利益需要时，阿尔维德·霍恩甚至可以恫吓住暴动。然而，阿尔维德·霍恩的处境也十分困难。阿尔维德·霍恩可以维护卡尔十二世的权威，但无法为卡尔十二世的所作所为辩护。虽然在公开场合，阿尔维德·霍恩公开说的是维护专制的语言，但在私底下，阿尔维德·霍恩赞成并维护自由主义的观点，并真正地同情各阶层代表。阿尔维德·霍恩深信议会政府是瑞典未来唯一可以容忍的政府；也同样深信，只要卡尔十二世还在一日，那样的未来就无法开始。乌尔丽卡·埃莉诺拉公主模棱两可的行为是让阿尔维德·霍恩感到尴尬的另一个原因。乌尔丽卡·埃莉诺拉公主野心勃勃，复仇心很强，但对卡尔十二世，乌尔丽卡·埃莉诺拉公主似乎还留有一丝爱意。的确，卡尔十二世总是以骑士般的礼貌和尊重对待乌尔丽卡·埃莉诺拉公主，即使是在最深情的兄弟姐妹间，也很少有这种礼貌和尊重。卡尔十二世是真心喜爱妹妹乌尔丽卡·埃莉诺拉公主，但与姐姐——已故的荷尔斯泰因-戈托普公爵夫人赫德维希·索菲娅——极度的爱相比，显得冷淡了许多。乌尔丽卡·埃莉诺拉公主曾暗地里痛恨卡尔十二世对姐姐赫德维希·索菲娅的偏爱。而在姐

荷尔斯泰因-戈托普公爵查理·腓特烈

姐赫德维希·索菲娅年幼的儿子——荷尔斯泰因-戈托普公爵查理·腓特烈身上，乌尔丽卡·埃莉诺拉公主看到的不是一个可爱的外甥，而是一个站在自己和自己渴望继承的王位之间的竞争对手。一方面，对乌尔丽卡·埃莉诺拉公主来说，各阶层代表的抗议并不完全是不好的，参议员也怀疑乌尔丽卡·埃莉诺拉公主不会无缘无故地向他们示好。另一方面，乌尔丽卡·埃莉诺拉公主既没有勇气也没有能力成功地扮演篡位者的角色。阿尔维德·霍恩深知自己唯一可以采取的防御行动是不惜一切代价维护卡尔十二世的特权。在正在燃烧的不满之火发展成公开的叛乱之前，阿尔维德·霍恩将其扑灭了。1714年3月15日，在乌尔丽卡·埃莉诺拉公主在场的情况下，阿尔维德·霍恩召集了参议员，并宣布说，据他所知，各阶层代表被某些人误导，已经侵犯了卡尔十二世的权利。"如果，"阿尔维德·霍恩继续说，"我们的手还要伸长，去做出类似的行为，世界上就没有一个国王会原谅我们。我要求立即把那些不守规矩的人送离这里，并严肃地谴责他们。"随即，各阶层代表被要求解散了。乌尔丽卡·埃莉诺拉公主试图为各阶层代表辩护，但在他们受谴责的时候退缩了。阿尔维德·霍恩礼貌、坚定地要求乌尔丽卡·埃莉诺拉公主待在原来的位置，并以此支持自己的行动。阿尔维德·霍恩立即开始毫不留情地斥责第一阶层和第四阶层的代表的反对派头目不服从命令，尽管他们并没有任何恶意。最终，坚定的、处变不惊的阿尔维德·霍恩尽一切可能地把瑞典从内乱的危险中拯救了出来。

1714年，瑞典议会采取的行动虽然就这样失败了，但获得效果是好的，因为卡尔十二世终于回到了瑞典。与此同时，卡尔十二世也非常清楚，再在奥斯曼帝国逗留，自己不仅可能会丧失权力，甚至还可能会失去王位。因此，1714年秋天，卡尔十二世离开了德莫迪卡。正如前面提到的，1714年11月11日午夜，卡尔十二世来到了施特拉尔松德要塞的大门前。现在，除了维斯马，施特拉尔松德依旧全部是卡尔十二世在欧洲大陆的财产。

卡尔十二世抵达施特拉尔松德的消息让人激动得说不出话来。整个瑞典都欣喜若狂，过去五年所有遭遇的可怕灾难，所有实际存在的艰难困苦和负担在一瞬间都被遗忘，甚至平时那些头脑相对清醒的人也开始怀抱希望。与瑞典人民分离了十四年后，卡尔十二世再一次回到了他们身边。瑞典人民正准备用仰慕和崇敬欢迎他们的国王。对于卡尔十二世这样的国王来说，似乎没有什么是不可能的。有人大声宣称卡尔十二世是"最正直和最英勇的国王"，他将要彻底粉碎那些狂妄自大的敌人，夺回失去的财产，给他的人民带来长久渴望的和平与祝福。正如父亲卡尔十一世之前做的那样，卡尔十二世将在全国范围内重建秩序并再创繁荣。"你们这些疑心重重的'先知'们！你们这些自认为明智的政治家们，"一位受欢迎的作家喊道，"你们在全世界面前宣称,宾杰里是世界闻名的卡尔十二世的棺椁,说卡尔十二世在波尔塔瓦战役之后就被关在了那里……你们这些没有信仰的人呀,你们曾断言,卡尔十二世绝不会再回到我们身边。甚至还说卡尔十二世已经不存在了……你们现在还有脸站出来为自己辩护吗?但忠诚的瑞典人啊,你们看呀,你们的国王卡尔十二世回来了!你们出去迎接他吧!"然而,到1715年秋天,1714年冬天乐观的热情就已经被一种单调的绝望取代了。卡尔十二世并没有回瑞典,而是仍然留在施特拉尔松德,并命令两万多人从瑞典出发去那里与他会合。瑞典非但没有得到渴望的和平,整个国家反倒还要再准备一场更加绝望的战争。此时,两个新的敌人加入了图谋使瑞典毁灭的联盟。毫无疑问,在一定程度上,卡尔十二世在拒绝所有和谈条款方面的傲慢与固执是造成这一新的纠葛的原因。卡尔十二世的傲慢还不包括要求归还自己失去的一切。在这段可怕的时期里,为了维护自己应有的权利,卡尔十二世严格地采取了防御措施。卡尔十二世曾向那两个声称是盟友的国家寻求帮助,但得到的只是它们的贪婪与掠夺。这两个国家就是普鲁士王国和大不列颠王国。普鲁士王国一直在玩等待游戏。只要卡尔十二世处于胜利状态,普鲁士王国就愿意为他而战,从而获取报酬,但当卡尔十二世走向无法挽回的毁灭,瑞典开始分崩离析之时,普鲁士王国就急忙在别人的废墟上扩大自己的领地。所谓的扣押什切青就是这个掠夺领土政策的第一步。由于卡尔十二世很自然地拒绝这种公然的抢劫行为,普鲁士新国王腓特烈·威廉一世进一步占领了沃尔加斯特镇和邻近的岛屿。卡尔十二世毫不犹豫地把普鲁士人赶了出去,并大声说:"在属于瑞典的土地上,普鲁士国王腓特烈·威廉一世没有占领别人财产的权利。"普鲁士国王腓特烈·威廉一世以该敌对行为借口与瑞典决裂。1715年春天,腓特烈·威廉一世向瑞典宣战。而英属汉诺威的行为则更卑鄙。由于汉诺威选帝侯乔治一世现在已成了大不列颠王国的国王,无论多么不情愿,大不列颠王国的大臣们都觉得有必要支持他们自己选择的国王。1715年年初,俄罗斯帝国、普鲁士王国和丹麦轻而易举地说服了乔治一世加入分割瑞典大陆领土的联盟中来,并且签订了一项契约。根据该契约，沃尔加斯特、什切青及周围的地区将归普鲁士所有，佩讷河以北的吕根岛和波美拉尼亚归丹麦所有，而不来梅大公国和费尔登大公国则归汉诺威。但汉诺威要占有不来梅大公国和费尔登大公国则需要向这些土地现在的拥有者①——丹麦支付六十万里克斯达勒②。卡尔十二世愤怒地抗议这种利用从他那里"偷"来的土地做不公正交易的行为，因为卡尔十二世才是这些土地真正的主人。因此，1715年10月，大不列颠王国也向卡尔十二世宣战了。③1715年中期，处于筋疲力尽的最后阶段，每个毛孔都在流着血的瑞典，将与俄罗斯帝国、普鲁士王国、波兰立陶宛联邦、萨克森、大不列颠王国和丹麦公开战斗。

然而，即使在这种极端情况下，卡尔十二世也没有丧失勇气。相反，从卡尔十二世的信中可以明显看出，卡尔十二世和以往一样自信，并且认为自己将会取得最终的胜利。不仅如此，卡尔十二世众多敌人的背叛和掠夺都不足以让他表现出一丝草率或粗暴。当提到使整个瑞典都充满恐怖的事件时，卡尔十二世表现出来的平静依旧令人震惊。"勃兰登堡人也开始变得粗暴起来，并开始与我们争吵了，"④关于同普鲁士王国的决裂，卡尔十二世在给妹妹乌尔丽卡·埃莉诺拉公主的信中写道，"勃兰登堡人认为他们会赢，因为他们的机会似乎已经来了。他们可能会给我们带来一些麻烦，但我希望他们最终会失算。"在同一封信中，卡尔十二世还谈到了自己强迫丹麦国王腓特烈四世收复荷尔斯泰因公国的土地，然而，在滕宁投降后，这片土地便被丹麦占领了。卡尔十二世嘲笑说俄罗斯帝国、普鲁士、波兰立陶宛联邦、萨克森、汉诺威和丹麦联盟的计划至少在未来十二个月内不会对自己造成严重伤害。然而，就在这个时候，瑞

---

① 需要记住的是丹麦曾在1712年期间从瑞典夺走了它们。——原注
② 约十三万五千英镑。——原注
③ 表面上，大不列颠王国与卡尔十二世和平共处。现在却以保护大不列颠王国贸易不受瑞典私掠船的侵犯为借口，派了八名大不列颠王国士兵前往波罗的海与丹麦人一起合作，共同对抗卡尔十二世。——原注
④ 《埃根简介》，第85页。——原注

典却被完全孤立了。虽然卡尔十二世确实成功地从路易十四那里获得了每年大约十三万五千英镑的补贴,但法兰西王国拒绝帮卡尔十二世转移敌人的注意力——入侵莱茵河流域的普鲁士王国。在神圣罗马帝国的所有招兵计划都失败了。因此,除了来自荷尔斯泰因-戈托普的四千人,卡尔十二世只剩下自己那微薄贫乏的资源可以依靠了。不过,经过艰苦的努力,卡尔十二世在施特拉尔松德及其周边地区设法召集了大约一万七千人。现在,卡尔十二世正准备尽最大的努力防卫欧洲强大势力的攻击。只要瑞典还占领着吕根岛邻近的岛屿,俄罗斯帝国、普鲁士、波兰立陶宛联邦、萨克森、汉诺威和丹麦盟军就很难彻底攻下施特拉尔松德这座要塞。卡尔十二世已经下令让参议院派增援部队到吕根岛,但逆风将瑞典舰队吹回了卡尔斯克鲁纳。卡尔十二世不得不率领六千人的军队离开施特拉尔松德,赶往卡尔斯克鲁纳。但他们无法阻止安哈特-德绍亲王利奥波德一世率领的一万七千名普鲁士人登陆,并在斯特里索建起坚固的战壕。卡尔十二世勇敢地攻击着比他们多三倍的敌军,但最终,卡尔十二世及其部队被彻底击败了,损失惨重。受伤严重的瑞典士兵——有的昏迷着,有的半昏迷着——被带回了施特拉尔松德。1715年7月月初,施特拉尔松德被彻底包围了。1715年9月,敌军围攻的炮兵也到达了。1715年10月,城门被打开了。在佩讷河上的一小支瑞典舰队遭到摧毁后,瑞典舰队与瑞典国内的所有通信都被切断了。在长达两个月的时间里,卫戍部队进行了英勇的抵抗。卡尔十二世似乎激发了他们超人的勇气。他们激烈地争夺着每一寸土地。每取得一点新的进展,围攻者都要付出了几百人的代价。在这种情况下,卡尔十二世似乎已经超越了自我。卡尔十二世非凡的毅力使其朋友和敌人都感到惊讶。在整个对抗围攻过程中,卡尔十二世选择最危险的阵地,在敌人的炮火射程内吃简单、粗糙的饭菜。从1715年9月8日到1715年12月9日,卡尔十二世每晚都睡在地上,裹着披风,枕着石头。在对抗围攻期间,卡尔十二世做出的一些壮举简直不可思议。有一次,当卡尔十二世与一群军官站在集市上时,一枚炸弹突然落在了他们中间。所有军官都立刻散开了,但卡尔十二世冷静地把炸弹踢到了附近的沟

安哈特-德绍亲王利奥波德一世

里。炸弹在沟里爆炸了,并且没有造成任何伤害。卡尔十二世不仅英勇,还心地善良。由于过度疲劳,一个叫赖克尔的老兵躺在一个长椅上短暂休息。这时,赖克尔突然被叫醒,并被叫去值班。赖克尔嘟哝着说,自己才刚睡到一半,怎么就要去值班了。与此同时,正好在附近的卡尔十二世听到了赖克尔的话。赖克尔站起来刚要走,卡尔十二世就微笑着走了过来,说:"我亲爱的赖克尔,可以看出来你太累了。我已经休息过了。你躺在我的披风上小睡一会儿吧,我替你值班。如果有需要,我再叫醒你。"赖克尔脸上充满了羞愧和困惑,并立即拒绝了卡尔十二世的好意,但一切都是徒劳。卡尔十二世把赖克尔裹在了自己的披风里,并命令赖克尔服从自己的命令。卡尔十二世身上的这些特征可以很好地解释瑞典作为一个整体所拥有的强烈感情和凝聚力。因此,直到最后,瑞典士兵都一直敬重和爱戴他们的国王和战友——卡尔十二世。但这些超乎寻常的英勇无法拯救施特拉尔松德。1715年12月12日,施特拉尔松德投降了,或者更确切地说是施特拉尔松德还未被占领的地方也投降了。而1715年12月11日,意识到自己已经无能为力的卡尔十二世便乘小船离开了波美拉尼亚。1715年12月13日,在一次危险的航行之后,卡尔十二世终于再次踏上了阔别了十多年的瑞典本土。在这次航行中,卡尔十二世险些落入丹麦巡洋舰队的手中。

第13章
"大维齐尔"乔治·海因里希·冯·戈尔茨男爵
(1715—1718)

精彩看点

瑞典的贫穷——卡尔十二世入侵挪威——占领克里斯蒂安尼亚并袭击弗雷德里克沙尔德——卡尔十二世的撤退——入侵瑞典的大国联盟——俄军来到丹麦——联合军队从哥本哈根出发——卡尔十二世的防御措施——彼得大帝推迟了整个计划——同盟国之间的忌妒和纠纷——乔治·海因里希·冯·戈尔茨男爵——乔治·海因里希·冯·戈尔茨男爵真正的性格——早期的事业——成为卡尔十二世的"大维齐尔"——与瑞典所有敌人同时谈判的计划——乔治·海因里希·冯·戈尔茨男爵在海牙与彼得大帝会面——乔治一世的警告——詹姆斯二世党人的阴谋——乔治·海因里希·冯·戈尔茨男爵被捕——与俄罗斯人在奥兰群岛展开和平谈判——乔治·海因里希·冯·戈尔茨男爵的机智外交——俄罗斯人提供的有利条件——卡尔十二世的固执——乔治·海因里希·冯·戈尔茨男爵的绝望——乔治·海因里希·冯·戈尔茨男爵的极端危险——瑞典的糟糕处境——乔治·海因里希·冯·戈尔茨男爵的警告——荷尔斯泰因派和黑森派在继承问题上的阴谋——阿尔维德·霍恩和议会党

卡尔十二世的敌人们大都料想，失去施特拉尔松德会使卡尔十二世精神崩溃，或者至少会打击他的自信，使他能变得理智一些。在围困期间，许多人甚至希望卡尔十二世要么死亡，要么落入他们手中。因为人们都认为在这两种情况下，战争必会自行结束。然而，"北方雄狮"奇迹般地从海上逃走后，成功地回到了自己的国家——瑞典。不久之后，卡尔十二世的敌人就再次感受到了卡尔十二世的强硬措施。他们很清楚，在瑞典心脏地带的生死搏斗中，没有什么可以让卡尔十二世默许他们掠夺瑞典的大陆财产。卡尔十二世很清楚敌人的阴谋，并决心尽其所能绕过他们。卡尔十二世也很清楚，现在最好的政策，更确切地说是唯一的政策，那就是勇往直前，不能让敌人看出瑞典现在是多么筋疲力尽。瑞典的武器装备越强大，就越具威慑性，也就越有可能赢得尊重，并在和谈中获得有利条件。但现在，瑞典的资源十分匮乏，国家的状况也十分糟糕。很快，卡尔十二世发现自己只能实施伟大计划的一部分。此时，事情已经发展到了这样一个地步[①]：瑞典参议院甚至没有足够的钱支付官方封蜡和信纸的费用。大家都急切地期盼着1716年的税收，但税收征收起来极度困难。数以万计的农民逃到了森林里。为了逃避征兵，人们甚至把自己弄残废。为了避

[①] 参考拉格马克的《卡尔十二世的挪威战争》，乌普萨拉大学艺术出版社，1883年。——原注

免自己的佃农被招收入伍，地方贵族们甚至用武力反抗。水手极度匮乏，因此只能由普通士兵代替。从神圣罗马帝国回来后，卡尔十二世首先前往斯塔德的南部哨所，并为援救维斯马要塞组织了一次远征。维斯马是卡尔十二世在神圣罗马帝国最后的财产了。维斯马要塞现在被由三万丹麦人、汉诺威人和普鲁士人组成的军队紧密包围着。由于经费有限，瑞典海军部甚至都不会修那些停靠在码头上的船，更不用说组织一支新的舰队了。因此，维斯马只能听天由命。然而，一个突如其来的机会似乎给瑞典最近、最顽固的敌人——丹麦一个沉重的打击。1716年1月月初，一场严重的霜冻把桑德海峡冻住了。卡尔十二世准备带领一万两千人立即穿过桑德海峡到西兰岛去。这一行动在丹麦首都哥本哈根引起了恐慌。当时，哥本哈根几乎没有任何防御能力。直到1716年1月9日到1716年1月11日持续不断的猛烈风暴突然把所有冰都刮碎了，哥本哈根才得以拯救。接着，卡尔十二世转过头来准备攻击挪威。自1709年以来，瑞典一直面临着挪威的入侵，尽管迄今为止的敌对行动大多局限于边境袭击。1716年年初，攻击挪威的有利机会出现了。一方面，在无能总督弗雷德里克·克拉格和战争委员会的糟糕管理下，挪威内部一直纷争不断，国库空虚，弹药也储备不足。另一方面，丹麦绵延数百英里的边境只有区区两万人防守。不过，要入侵挪威确实也存在很多的障碍：无数的山口和湍急的河流使防御变得相对容易，边疆上用岩石筑成的堡垒也几乎坚不可摧；强壮的农民对瑞典人心存敌意，准备好了与之对抗；入侵的军队要想在如此贫瘠和人烟稀少的丘陵地区找到粮草也是一件非常困难的事。但由于严寒已经冻结了所有河道，挪威政府放松了警惕。这足以令卡尔十二世做出入侵的决定。1716年2月月底，卡尔十二世仅仅带着几百人越过了丹麦的边界。1716年3月10日，在一些成功的小规模战役之后，瑞典人占领了克里斯蒂安尼亚。为了等待增援部队，卡尔十二世及其小部队在克里斯蒂安尼亚待了一个多月。然而，懦弱无能的阿申贝格将军与一支位于莫斯的瑞典大分队的联系被丹麦人切断了。阿申贝格将军主要的职责就是看守卡尔十二世留下的弗雷德里克沙尔德和腓特烈斯塔堡垒。由于缺乏资金，瑞典舰队无法在春天逃走。1716年4月,丹麦海军上将加贝尔带着一支舰队和一支陆军来到了挪威。由于处境变得非常危险,卡尔十二世不得不撤退。然而,现在连撤退都不可能了。一方面,危险的格罗马河阻断了前方的道路;另一方面,加贝尔的两支军队还同时从东、西两个方向朝着卡尔十二世袭来,并且每支军队的人数是卡尔十二世的小部队的两倍。当卡尔十二世抵达格罗马河时,丹麦部队离他只有两个小时的路程了,但无奈的是,卡尔十二世没有船过河。卡尔十二世的勇气、好运,以及从错误中得到的启发,使卡尔十二世避免了像在波尔塔瓦战役那样的威胁。瑞典人用匆忙建造的木筏和快速帆船成功地渡过了格罗马河,并把他们的总部设在了挪威境内达涅基登河上的斯维内松。在那里,他们与哥德堡中队会合了。哥德堡中队带来了弹药和增援部队。1716年6月23日,卡尔十二世再次发动进攻,大胆地攻击了挪威边境的城镇和要塞——弗雷德里克沙尔德。经过几次激烈的战斗后,卡尔十二世成功地占领了弗雷德里克沙尔德。正当卡尔十二世准备把弗雷德里克沙尔德作为行动基地时,爱国的当地居

斯维内松

民们把弗雷德里克沙尔德烧成了灰烬,从而挫败了卡尔十二世的计划。1716年6月27日,丹麦海军上将彼得·托登斯基不顾瑞典军队的炮台,沿着狭长的达涅基登河大胆地前进,并几乎完全摧毁了那里的瑞典舰队和运输船。这完全切断了卡尔十二世与瑞典的海上通信,迫使卡尔十二世立即撤离挪威。到目前为止,想要重新入侵挪威暂时是不可能了,因为瑞典正受到所有敌人联合攻击的威胁。为了生存,瑞典不得不利用所有船和士兵去战斗。1716年4月8日,维斯马沦陷之后,为瓜分瑞典本土而成立的联盟得到了渴望的一切,除了卡尔十二世拒

彼得·托登斯基

丹麦舰队摧毁瑞典舰队和运输船

绝放弃的那一部分领土。而对于这一部分领土，该联盟还希望通过武力来获得。普鲁士王国和丹麦获得了波美拉尼亚；汉诺威得到了不来梅和费尔登；俄罗斯帝国、芬兰得到了波罗的海沿岸诸省；而维斯马则由汉诺威和普鲁士王国联合驻守。尽管丹麦给了瑞典和平提议，但完全徒劳无益。一方面，卡尔十二世不屑于与这些掠夺者讨价还价。另一方面，在施特拉尔松德沦陷的六个月后，瑞典和外国列强之间的所有谈判都中断了。然后，该联盟开始尝试施加任何能起作用的压力，而最有利可图的俄罗斯帝国和最担惊受怕的丹麦则带头采取了行动。[①] 1716年6月3日，《阿尔托纳条约》的两个签署国——俄罗斯帝国与丹麦——联合入侵了瑞典最南端的斯科讷省。出于利益，普鲁士王国承诺将提供大部分必要的运输工具，将两万名俄军士兵从梅克伦堡运送到西兰岛。在西兰

---

① 迄今为止，关于这一主题的权威专著是丹麦历史学家E.霍尔姆的《北方战争史研究》。——原注

约翰·诺里斯

岛,俄军与驻扎在那里的丹麦军队会合了。为了掩护登陆,并将瑞典舰队封锁在卡尔斯克鲁纳,大不列颠王国派海军上将约翰·诺里斯带领拥有二十二艘班轮的舰队前往桑德海峡。这次袭击本来是在1716年6月月底进行的,但普鲁士王国的贪婪、丹麦的贫穷,以及所有盟国之间的相互猜忌和怀疑造成了无数次的拖延,并致使这次远征推迟了好几个月。因此,直到夏末,远征的所有准备工作才做好。为了将位于梅克伦堡的俄军送到丹麦,联合舰队打算继续横渡波罗的海。1716年8月16日,在约翰·诺里斯率领的大不列颠王国舰队的陪同下,自1716年7月以来一直不受丹麦宫廷欢迎的彼得大帝作为俄罗斯帝国和丹麦舰队的海军元帅登上了英格里亚,并升起了自己的旗帜。约翰·诺里斯本来想一起行动,但最后独自离开了桑德海峡,继续前往博恩霍尔姆岛。这是在北方水域出现过的最强大的舰队①。瑞典的海军上将小心翼翼地撤退到了卡尔斯克鲁纳。约翰·诺里斯本打算追上他，并迫使他战斗。届时，彼得大帝会支持约翰·诺里斯，但丹麦海军上将尤里克·弗雷德里克·格尔德龙拒绝借兵给约翰·诺里斯做这样的冒险。约翰·诺里斯这样做一部分是出于对彼得大帝的忌妒，另一部分是由于大不列颠王国政府秘密指示过要尽可能地让大不列颠王国舰队保存兵力。于是，联合舰队被迫留在了博恩霍尔姆岛，并心满意足地控制着波罗的海。与此同时，俄军已经被彼得·托登斯基安全地运送到了西兰岛。1716年9月中旬，由五万三千名俄罗斯人和丹麦人组成的联合军队准备穿过哥本哈根到瑞典去。现在，全欧洲都怀着强烈的期望，等待与充分休息了六个星期，并用有限资源创造了奇迹的卡尔十二世的殊死斗争。所有要塞都有优秀的驻军和充足的军需补给，所有内陆城镇都被改造成了军事基地，沿海地区建造了炮台。卡尔斯克鲁纳聚集了一大批大炮，随时可以运送到最需要的地方。大量的步兵和骑兵驻扎在预计会首先遭到袭击的地方。在隆德城的中心位置，卡尔十二世亲自指挥着所有行动。②卡尔十二世付出了所有努力，只召集到两万人。这两万人尽管将要迎接的敌人有五万三千人，但都愿意为卡尔十二世和瑞典流干最后一滴血。不过，在卡尔十二世的敌人看来，卡尔十二世一人就能抵挡一万多人。袭击计划原定于1716年9月21日，但1716年9月17日，彼得大帝突然发布了一项"明确的决议"，宣布在这个季节实施袭击计划已经太晚了，因此必须将行动推迟到下一年。大不列颠王国和丹麦都义愤填膺地提出抗议，但毫无用处，彼得大帝仍然不为所动。由于丹麦政府不敢独自攻打瑞典，整个计划都落空了。大不列颠王国虽然很愿意帮助俄罗斯帝国，但不会积极参与其中。

彼得大帝向来不敢低估卡尔十二世的英勇和能力。在这种情况下，彼得大

---

① 该舰队有十九艘大不列颠王国班轮、十四艘俄罗斯帝国班轮、二十三艘丹麦王国班轮，更不用说小船了。荷兰人也派遣了一支舰队前往桑德海峡，但拒绝参与袭击。——原注
② 如果需要，卡尔十二世准备把瑞典南部的所有城镇夷为平地，烧毁所有村庄，以便在撤退才是明智的选择之时，留给敌人一片荒野。——原注

帝采取的离奇行为部分是出于对卡尔十二世的畏惧，但主要原因是彼得大帝对盟友大不列颠王国和丹麦根深蒂固、日益增强的不信任。实际上，从一开始，彼得大帝、大不列颠王国国王乔治一世和丹麦国王腓特烈四世就对彼此的意图十分怀疑，尽管他们都郑重地、反复地向对方保证会加入未来的征战。环境的压力曾一度使这三个同盟国团结在一起，但随着维斯马的沦陷，它们之间就开始产生分歧。普鲁士王国和汉诺威都急于阻止俄罗斯人参与围攻维斯马，因为它们都认为在神圣罗马帝国北部已经有太多的俄军了。彼得大帝公开宣布打算把自己的侄女叶卡捷琳娜·伊万诺夫娜①嫁给梅克伦堡-史威灵公爵卡尔·利奥波德。卡尔·利奥波德是亲瑞典派。普鲁士人和汉诺威人认为这意味

叶卡捷琳娜·伊万诺夫娜

---

① 叶卡捷琳娜·伊万诺夫娜是彼得大帝同父异母的哥哥伊凡五世·阿列克谢维奇和普拉斯科维娅·萨尔蒂科娃的女儿。——译者注

梅克伦堡－史威灵公爵卡尔·利奥波德

着俄罗斯帝国最终会完全占有波罗的海沿岸诸省。在这件事上，乔治一世特别积极，甚至在一段时间内都拒绝让俄罗斯人、汉诺威人和丹麦人进入攻克的城市。尽管彼得大帝与乔治一世并未发生敌对行动，但彼得大帝从未原谅过乔治一世的这种怠慢。彼得大帝突然放弃远征瑞典，自然也不打算改善事态。现在，丹麦和大不列颠王国都清楚地看到了彼得大帝的两面派行为。大不列颠王国甚至想建立一个联盟对抗俄罗斯人，以阻止彼得大帝完全控制波罗的海。与此同时，彼得大帝从梅克伦堡撤军，并试图通过接近普鲁士国王腓特烈·威廉一世来巩固自己的地位。此外，普鲁士国王腓特烈·威廉一世也担心汉诺威。根据《哈维尔伯格协定》，俄罗斯帝国和普鲁士王国结成了新的防御联盟。尽管如此，彼得大帝并没有与其他盟国决裂。1716年到1717年的整个冬季，俄罗斯帝国、丹麦和大不列颠王国之间的谈判都一直在进行，但唯一的结果是三个国家之间的裂痕进一步扩大。

在敌人的纷争中，卡尔十二世看到了捞取资本挽救瑞典近乎绝望的财政的机会。的确，这只能通过外交手段来实现，但卡尔十二世并不是外交官。幸运的是，"命运之神"现在又开始眷顾卡尔十二世了，并给卡尔十二世带来了一位对于所有事物都体察入微、巧言令色、善于玩转各种诡计的高手。对于这些诡计，卡尔十二世曾经是忽略，甚至是鄙视的，但这位高手似乎天生就是要在英雄末路之际出现的得力干将。当然，我指的是备受非议、命运不佳的乔治·海因里希·冯·戈尔茨男爵。乔治·海因里希·冯·戈尔茨男爵被司法谋杀是瑞典历史上最肮脏的污点之一。①

很少有人的名字能像乔治·海因里希·冯·戈尔茨男爵的名字一样被诽谤玷污，遗臭万年。据瑞典人说，没有什么恶习是乔治·海因里希·冯·戈尔茨男爵没有染过的，也没有什么罪行是他不敢犯的。瑞典人有太多的理由憎恶乔治·海因里希·冯·戈尔茨男爵，以至无法公正地对待他。无论如何，乔治·海因里希·冯·戈尔茨男爵虽然不是圣人，但并非一个卑鄙的人。他的性格尽管或多或少还是一个谜，但就大家了解的来看，也是十分吸引人的。乔治·海因里希·冯·戈尔茨男爵似乎是一个大胆的冒险家，对各种阴谋诡计都兴趣盎然。也许乔治·海因里希·冯·戈尔茨男爵的手段并没有过于谨慎，但乔治·海因里希·冯·戈尔茨男爵更关注的是荣誉而非利益。同时，乔治·海因里希·冯·戈尔茨男爵还极度有热心和自我牺牲的奉献精神。没有

---

① 乔治·海因里希·冯·戈尔茨男爵是一个外交天才，但卡尔十二世的突然去世使整个瑞典将愤怒发泄在了乔治·海因里希·冯·戈尔茨男爵的身上。在审判中，乔治·海因里希·冯·戈尔茨男爵被判斩首并立即处决，并且不被允许获得任何法律援助。尽管一些历史学家认为，乔治·海因里希·冯·戈尔茨男爵"将自己沦为专制主义的工具"，因此罪有应得。但其他历史学家认为乔治·海因里希·冯·戈尔茨男爵的死是司法谋杀，有些历史学家甚至把乔治·海因里希·冯·戈尔茨男爵视为政治殉道者。

卡尔十二世与乔治·海因里希·冯·戈尔茨男爵

哪个真正的坏人能像乔治·海因里希·冯·戈尔茨男爵那样把卡尔十二世完全理想化，也没有哪个单纯的莽夫能像乔治·海因里希·冯·戈尔茨男爵那样冷淡而勇敢地面对整个瑞典的愤怒，并勇敢地走上断头台迎接死亡。至于乔治·海因里希·冯·戈尔茨男爵的能力，没有人敢否认，甚至连最痛恨乔治·海因里希·冯·戈尔茨男爵的敌人也不敢。事实上，正是人们对乔治·海因里希·冯·戈尔茨男爵的敬畏而非憎恨，最终将乔治·海因里希·冯·戈尔茨男爵带入了困境。乔治·海因里希·冯·戈尔茨男爵才华横溢、知识渊博，而且魅力四射。乔治·海因里希·冯·戈尔茨男爵的谈吐令人无法抵抗。乔治·海因里希·冯·戈尔茨男爵的文笔与其谈吐一样机智、敏捷。乔治·海因里希·冯·戈尔茨男爵还对人性有着惊人的见解，特别是了解人性的阴暗面。乔治·海因里希·冯·戈尔茨男爵是一个施展巧计的大师，拥有无穷无尽的丰富想法和权宜妙计。乔治·海因里希·冯·戈尔茨男爵灵活多变、多才多艺，可以同时操作十几个不同的，甚至是相互矛盾的计划。这使那些不太机敏的政客们困惑不已。事实上，乔治·海因里希·冯·戈尔茨男爵是一个天生的外交官。乔治·海因里希·冯·戈尔茨男爵干过的外交工作是夏尔·莫里斯·德·塔列朗－佩里戈尔或克莱门斯·冯·梅特涅的二十倍，而拥有的资源却不及他们的二十分之一。

关于乔治·海因里希·冯·戈尔茨男爵三十岁前的经历没有什么准确的介绍，只知道乔治·海因里希·冯·戈尔茨男爵出生于1668年，拥有法兰克

夏尔·莫里斯·德·塔列朗－佩里戈尔

克莱门斯·冯·梅特涅

贵族血统，在耶拿学习，并在那里弄伤了一只眼睛。1700年左右，乔治·海因里希·冯·戈尔茨男爵才第一次在世人面前展现其才华。我们发现当时的乔治·海因里希·冯·戈尔茨男爵对荷尔斯泰因-戈托普公爵腓特烈·查理充满了信心，并且十分支持他。但对于乔治·海因里希·冯·戈尔茨男爵这样一个有能力的人来说，石勒苏益格和荷尔斯泰因公国太过狭小了。于是，乔治·海因里希·冯·戈尔茨男爵就到国外寻找更合适的工作。乔治·海因里希·冯·戈尔茨男爵似乎一直对卡尔十二世十分钦佩。在瑞典经济正处于低谷之时，钦佩之情加上想帮助卡尔十二世摆脱各种困难的大胆抱负促使乔治·海因里希·冯·戈尔茨男爵进入瑞典，并开始为卡尔十二世服务。当得知卡尔十二世到达了施特拉尔松德时，乔治·海因里希·冯·戈尔茨男爵就赶忙去见卡尔十二世。在请求过后，乔治·海因里希·冯·戈尔茨男爵获得了见面的机会。尽管乔治·海因里希·冯·戈尔茨男爵很清楚自己的敌人已经尽最大努力让卡尔十二世对自己产生偏见，但一个简单的会面之后，乔治·海因里希·冯·戈尔茨男爵成功地赢得了卡尔十二世的青睐。从那一刻到卡尔十二世去世，乔治·海因里希·冯·戈尔茨男爵都是卡尔十二世必不可少的左膀右臂。他尽管名义上是为年轻的荷尔斯泰因-戈托普公爵腓特烈·查理服务，但事实上成了卡尔十二世的"大维齐尔"。为给这位"外国冒险家"——乔治·海因里希·冯·戈尔茨男爵腾位置，瑞典本国的大臣被晾在了一边。因此，瑞典大臣自然而然地感到愤怒。对于瑞典的财政及各大部门，乔治·海因里希·冯·戈尔茨男爵都拥有绝对的控制权。此外，乔治·海因里希·冯·戈尔茨男爵还被委以重任，肩负着与瑞典的敌人达成最佳协议的艰巨任务。乔治·海因里希·冯·戈尔茨男爵是非常有资格做这件事的。从本质上说，乔治·海因里希·冯·戈尔茨男爵的计划非常简单。乔治·海因里希·冯·戈尔茨男爵清楚地认识到，瑞典最危险的敌人俄罗斯帝国和大不列颠王国之间的决裂主要是由于彼得大帝和乔治一世之间的个人恩怨。于是，乔治·海因里希·冯·戈尔茨男爵建议，同时与俄罗斯帝国和大不列颠王国展开谈判，巧妙地利用双方的猜忌、相互竞争以获得它们各自对瑞典的支持。最后，瑞典再从双方获得更好的条件。根据这一计划，1716年6月16日，乔治·海因里希·冯·戈尔茨男爵离开瑞典前往海牙。在海牙，乔治·海因里希·冯·戈尔茨男爵见到了彼得大帝，并试探出彼得大帝是倾向于讲和的。不仅如此，彼得大帝甚至还承诺，只要与自己直接展开谈判，瑞典就可以从俄罗斯帝国获得更好的条件。这次会面的消息像电流一样从欧洲一闪而过，并使事态发生了彻底的变化。现在，瑞典所有敌人都强烈地希望与瑞典达成和解。乔治一世通过瑞典驻伦敦的卡尔·于伦贝里伯爵给斯德哥尔摩传达了一个信息。该信息的大意是：如果卡尔十二世愿意忘记过去，将不来梅大公国和费尔登大公国割让给汉诺威，那么大不列颠王国国王乔治一世将帮助卡尔十二世把俄罗斯人赶出波罗的海。卡尔十二世对大不列颠王国国王乔治一世的意

卡尔·于伦贝里伯爵

图存有疑虑。卡尔十二世冷冰冰地接受了这个提议，但不久瑞典与大不列颠王国又出现了新的复杂局面。1717年年初，在伦敦的卡尔·于伦贝里和在荷兰共和国的乔治·海因里希·冯·戈尔茨男爵同时被大不列颠王国政府以涉嫌与詹姆斯二世党人密谋的罪名逮捕，而卡尔十二世则被认为是该阴谋的发起人。据说，1715年，詹姆斯二世党人的特使曾秘密地向卡尔·于伦贝里透露，詹姆斯二世党人有可能将六千名瑞典人从哥德堡运送到苏格兰。卡尔·于伦贝里向在施特拉尔松德的卡尔十二世报告了这一计划，但没有被卡尔十二世接纳。另一个类似詹姆斯二世党人的计划连同五万里克斯达勒的贿赂金被递交给了瑞典驻巴黎的大使埃里克·斯帕雷。在布洛涅林苑，阿瑟·狄龙将军也确实给乔装的詹姆斯二世党人和埃里克·斯帕雷安排了一次会面，但卡尔十二世断然禁止了埃里克·斯帕雷再跟詹姆斯二世党人有任何来往，并命令埃里克·斯帕雷把钱还回去。不过，当乔治·海因里希·冯·戈尔茨男爵抵达荷兰共和国时，詹姆斯二世党人的希望又恢复了，并开始和乔治·海因里希·冯·戈尔茨男爵谈判。乔治·海因里希·冯·戈尔茨男爵尽管听了他们的话，但并无意帮助他们，因为乔治·海因里希·冯·戈尔茨男爵知道这是无用的，只是希望从他们身上得到一些钱。实际上，乔治·海因里希·冯·戈尔茨男爵得到了八万里克斯达勒，并用这些钱为卡尔十二世购买了六艘船。为了避免以任何方式成为詹姆斯二世党人的同谋，乔治·海因里希·冯·戈尔茨男爵一直小心翼翼的。被逮捕后，没有任何文件能证明乔治·海因里希·冯·戈尔茨男爵有罪。因此，乔治·海因里希·冯·戈尔茨男爵很快就被释放了。之后，乔治·海因里希·冯·戈尔茨男爵又与大不列颠王国的大臣重新讨论将不来梅大公国和费尔登大公国割让给汉诺威的问题，甚至提出，如果大不列颠王国能保证将挪威和博恩霍尔姆让给瑞典，那么瑞典就割让不来梅大公国和费尔登大公国的一部分。大不列颠王国的大臣认为乔治·海因里希·冯·戈尔茨男爵的条件提得太过分了，因此退出了谈判。紧接着，瑞典与俄罗斯走得更近了。1718年5月23日，在奥兰群岛之一的洛夫岛上，瑞典与俄罗斯正式开始了谈判。这使大不列颠王国感到懊恼，同时也让丹麦彻底崩溃。谈判双方包括瑞典的特派员乔治·海因里希·冯·戈尔茨男爵和卡尔·于伦贝里，俄罗斯大臣安德烈·奥斯特曼与雅各布·布鲁斯将军。

现在，全欧洲的目光都焦急地注视着洛夫岛，因为北方的和平即将在洛夫岛被决定。由于乔治·海因里希·冯·戈尔茨男爵的机敏和大胆，瑞典这颗"巨星"似乎又一次开始上升了。几乎没有人怀疑过瑞典真正的软弱程度，但英勇的卡尔十二世身后跟着一支强大的军队，身边是欧洲最狡猾的外交官。在全世界，这样的事实都是独一无二的。因此，"即使是现在，瑞典也可能从重重困难中耀武扬威地站起来"——这样的信念开始逐渐被大家接受。1718年，瑞典的地位明显优于波尔塔瓦大灾难以来的任何时候。

甚至连普鲁士王国也开始渴望和平。惊慌失措的乔治一世派了一个特

安德烈·奥斯特曼

雅各布·布鲁斯

使到隆德，提议只要卡尔十二世接受大不列颠王国的友好调解，舍弃不来梅大公国和费尔登大公国，乔治一世将给卡尔十二世一百万里克斯达勒。然而，卡尔十二世能做的只是保证将不来梅大公国和费尔登大公国或其中的一部分抵押给汉诺威，但前提是，大不列颠王国必须同时将十二艘战舰交由瑞典支配。不过，乔治一世拒绝了这个建议。与此同时，乔治·海因里希·冯·戈尔茨男爵以高超的技巧在洛夫岛上谈判着。乔治·海因里希·冯·戈尔茨男爵的所有远大计划都取决于能否与俄罗斯帝国迅速达成和解。尽管对于乔治·海因里希·冯·戈尔茨男爵来说，失败意味着毁灭，甚至是死亡，但乔治·海因里希·冯·戈尔茨男爵用装出来的冷漠和优越感完全蒙蔽了俄罗斯特使，使他们更加急于达成和解。让安德烈·奥斯特曼等了整整一个星期之后，乔治·海因里希·冯·戈尔茨男爵才出现在会合处，并且假装是出于好意才来听安德烈·奥斯特曼的条件。乔治·海因里希·冯·戈尔茨男爵还巧妙地暗示，目前与大不列颠王国的谈判差不多快完成了，并通过类似的手段迫使俄罗斯特使答应了令人难以置信的和平条款。俄罗斯特使安德烈·奥斯特曼提出了将芬兰、利沃尼亚和爱沙尼亚归还给瑞典，但前提是瑞典要将英格里亚、纳尔瓦、圣彼得堡及卡里亚的部分土地割让给俄罗斯帝国。或者作为替代方案，只要卡尔十二世同意割让英格里亚、利沃尼亚和爱沙尼亚，俄罗斯帝国将承诺归还芬兰，并协助卡尔十二世征服挪威，收复瑞典在神圣罗马帝国的领土，其中包括梅克伦堡公国。为了与卡尔十二世商量这些条款，乔治·海因里希·冯·戈尔茨男爵急速赶到哥德堡。比以往任何时候都更怀疑彼得大帝的卡尔十二世拒绝了俄罗斯帝国提出的条款，因为这些条款"太有野心"，并派乔治·海因里希·冯·戈尔茨男爵回去重新谈判。乔治·海因里希·冯·戈尔茨男爵也不太相信彼得大帝的承诺，认为彼得大帝一得到想要的东西就会违反这些承诺。基于这一假设，乔治·海因里希·冯·戈尔茨男爵又制订了新的计划：无论彼得大帝是否毁约都要收复芬兰。俄罗斯帝国现在已经脱离了所有盟友，因此，瑞典还有时间考察俄罗斯帝国。在与其他敌人和解后，卡尔十二世总是可以从俄罗斯人那里收回自己损失的。此外，乔治·海因里希·冯·戈尔茨男爵还有一个更大胆的计划：为了对抗由大不列颠王国、法兰西王国、荷兰共和国和神圣罗马帝国最近为反对枢机主教朱利奥·阿尔贝罗尼领导下西班牙雄心勃勃的计划而建立起来的四重联盟，乔治·海因里希·冯·戈尔茨男爵建立了一个五重联盟来支持朱利奥·阿尔贝罗尼。然而，与俄罗斯帝国和解是乔治·海因里希·冯·戈尔茨男爵的王牌。乔治·海因里希·冯·戈尔茨男爵又回到了"迷人的小岛"上——这是乔治·海因里希·冯·戈尔茨男爵在1718年7月月底对洛夫岛的幽默称呼。俄罗斯特使对乔治·海因里希·冯·戈尔茨男爵的长期缺席感到越来越不安，但乔治·海因里希·冯·戈尔茨男爵巧妙地消除了他们的疑虑，

枢机主教朱利奥·阿尔贝罗尼

并达成了一项明确的协议。1718年8月26日,彼得大帝在图尔库接受并签署了该协议。根据该协议,为了波罗的海沿岸诸省,彼得大帝郑重地保证将尽其所能地协助瑞典,并以牺牲汉诺威和丹麦的利益为代价来补偿瑞典。在协议中,乔治·海因里希·冯·戈尔茨男爵加入了一项特别条款,大意是说卡尔十二世今后不能将自己置身于危险之中,因为整个计划的成功与否取决于卡尔十二世是否能亲自领导。乔治·海因里希·冯·戈尔茨男爵为自己的胜利欢呼雀跃,但他的快乐是短暂的,因为卡尔十二世根深蒂固的固执毁了这一切。卡尔十二世表现得十分冷静,好像从没有遭受过丝毫的损失,瑞典依旧十分安全一样。卡尔十二世立即拒绝了彼得大帝的所有条件,而理由是彼得大帝提出的割让波罗的海沿岸各省是虚无缥缈、完全靠不住的。俄罗斯帝国提供的联盟与其说是帮助,更不如说是障碍。乔治·海因里希·冯·戈尔茨男爵指出,现在的问题不是彼得大帝提出的是否是个好条件,而是在那样的情况下,是否还能有更好的条件。卡尔十二世依旧固执己见,并第三次把乔治·海因里希·冯·戈尔茨男爵送回了洛夫岛。乔治·海因里希·冯·戈尔茨男爵怀着一颗沉痛的心放弃了他人生中的最后一次使命。在过去的两年里,乔治·海因里希·冯·戈尔茨男爵通过付出不懈的努力,采取最武断的措施,使用最卑鄙的手段,精心策划支撑着整个瑞典,或更确切地说是防止瑞典完全崩溃。但现在乔治·海因里希·冯·戈尔茨男爵发现自己显然已经无计可施了。在没有钱的时候,乔治·海因里希·冯·戈尔茨男爵通过发行大量的金属代币①和引入一种纸币提供一种人为的信贷。这一度缓解了卡尔十二世的燃眉之急,使卡尔十二世招募了近七万名士兵,重建了舰队。乔治·海因里希·冯·戈尔茨男爵还在全国上下建了粮仓和储藏库,但这一切都是以人民遭受的可怕苦难为代价的。一切都基于不久后瑞

---

① 为了公平起见,应该补充说明。乔治·海因里希·冯·戈尔茨男爵将代币的发行限制在两百万里克斯达勒以内,以便最终能被赎回,但当乔治·海因里希·冯·戈尔茨男爵从荷兰共和国返回时发现,在自己离开期间,卡尔十二世又发行了一百三十万里克斯达勒。这打乱了乔治·海因里希·冯·戈尔茨男爵的所有计划。——原注

典将与俄罗斯帝国或大不列颠王国达成和平协议，或同时与两国达成和平协议的基础之上。显而易见，乔治·海因里希·冯·戈尔茨男爵的整个复兴计划完全是为了快速获得光荣与和平。当得知卡尔十二世突然去世时，乔治·海因里希·冯·戈尔茨男爵就明白自己无计可施了。目前，瑞典全国人民都对乔治·海因里希·冯·戈尔茨男爵充满了敌意。也许这并不合理，但完全可以理解。作为一个异族人，乔治·海因里希·冯·戈尔茨男爵不仅仅是替代者，还是所有瑞典政治家的统治者。只要有乔治·海因里希·冯·戈尔茨男爵在，参议院就显得微不足道。卡尔十二世曾明确规定，乔治·海因里希·冯·戈尔茨男爵只对卡尔十二世负责。只要乔治·海因里希·冯·戈尔茨男爵能提供军费，卡尔十二世就容许乔治·海因里希·冯·戈尔茨男爵按照自己的喜好雇用和解雇任何人，采取任何措施。乔治·海因里希·冯·戈尔茨男爵已经尽了最大的努力。①迄今为止，乔治·海因里希·冯·戈尔茨男爵做的甚至比承诺的还要多。但现在，乔治·海因里希·冯·戈尔茨男爵预见到崩溃即将来临，一想到后果就胆战心惊。事实上，瑞典无法再忍受更多的痛苦。有三分之二的土地因没有劳作者而停止耕种。大部分的渔场都被遗弃，因为渔民被抓去当了水手。由于瑞典的港口被封锁，对外贸易也几乎已经被毁。荷兰共和国和哥德堡之间的海上保险费率上升到了货物价值的百分之二十五。斯德哥尔摩的民众也极度痛苦。为避免政府的面包店和酿酒厂受到影响，家庭烘焙和酿酒被严格禁止。肉、黄油、盐和油脂极度缺乏。由于缺少蜡烛，工匠们不得不在冬天停止工作，甚至许多贵族都不得不在黑暗中卧床十二到十八个小时。1718年年底，瑞典政府剩下的钱最多只能维持两周。乔治·海因里希·冯·戈尔茨男爵把财政状况比作"一座摇摇欲坠的塔楼"，随时都在威胁着瑞典的整个政治大厦。乔治·海因里希·冯·戈尔茨男爵坦率地告诉卡尔十二世，现在自己再也做不了什么了。"我们只能撑到

---

① 不过，乔治·海因里希·冯·戈尔茨男爵完全是无私的。乔治·海因里希·冯·戈尔茨男爵没有为自己的服务拿任何报酬或薪水，并将自己私人收入的最后一分钱都用来为国王卡尔十二世服务。——原注

今年的年底了，"乔治·海因里希·冯·戈尔茨男爵说，"而且我们将陷入前所未有的混乱之中，除非在此之前至少放弃我们众多敌人中的一个。"然后，乔治·海因里希·冯·戈尔茨男爵像以前那样，请求卡尔十二世解除自己的职务，但卡尔十二世并没有答应。乔治·海因里希·冯·戈尔茨男爵又不得不前往奥兰群岛。乔治·海因里希·冯·戈尔茨男爵向朋友们宣布，如果发生"某种不幸的情况"——这里显然是指卡尔十二世的死，那么自己面临的也只有死路一条。乔治·海因里希·冯·戈尔茨男爵嘱咐自己的监护人——年轻的荷尔斯泰因-戈托普公爵腓特烈·查理，如果发生意外，把自己的珠宝送到法兰西王国驻斯德哥尔摩大使住宅区，而不是自己的家里，因为他家房子随时可能会被暴徒掠夺。乔治·海因里希·冯·戈尔茨男爵的过错与其说是别人声称的压迫人民，不如说是他对整个瑞典的同情。乔治·海因里希·冯·戈尔茨男爵清楚地知道，将自己击倒的力量来自高高在上的权贵们而不是那些地位低下的人民。乔治·海因里希·冯·戈尔茨男爵应该明白：在瑞典，他是没有任何法律地位的，他的官方头衔只是年轻的荷尔斯泰因-戈托普公爵腓特烈·查理的首席大臣和顾问。现在，年轻的荷尔斯泰因-戈托普公爵腓特烈·查理是最有可能的王位继承人，而他最大的竞争对手是姨妈乌尔丽卡·埃莉诺拉公主。但经大家一致同意，乌尔丽卡·埃莉诺拉公主已经丧失了曾经拥有的一切权利，因为在没有事先得到各阶层代表的同意下，她嫁给了一个宗教异族——黑森的腓特烈一世。一方面，卡尔十二世也是这么想的。当婚礼舞会的消息传到施特拉尔松德时，卡尔十二世笑着说："我的好妹妹乌尔丽卡·埃莉诺拉公主跳着舞远离了瑞典的王冠！"另一方面，根据卡尔十一世颁布的法律，在位的国王拥有任命继任者的唯一权力。乌尔丽卡·埃莉诺拉公主现在正竭尽全力想从哥哥卡尔十二世那里获得一份对自己有利的声明。与此同时，乔治·海因里希·冯·戈尔茨男爵也正坚持不懈地为自己的监护对象——荷尔斯泰因-戈托普公爵腓特烈·查理争取一份类似的声明。因此，在卡尔十二世统治的最后几年里，一场秘密的、永不停歇的继承权争夺战一直围绕着卡尔十二世。然而，更让人痛心的是，这些对手还被迫相互见面，并像朋友一样在一起工作。黑森和荷尔斯泰因两个派系都尽了最大的努力，尽量相互避开，但又尽可能、大胆地相互诽谤。卡尔十二世尽管看到，也听到了一切，但依旧公正地对待他们。这让人很难判断卡尔十二世到底真正倾向哪一方。一方面，卡尔十二世将自己的妹夫黑森的腓特烈一世任命为总司令，并向他透露了自己的军事计划。另一方面，卡尔十二世不允许任何人干涉乔治·海因里希·冯·戈尔茨男爵。卡尔十二世遇到妹妹乌尔丽卡·埃莉诺拉公主和外甥腓特烈·查理时虽然总是彬彬有礼，但同样也十分保留。事实似乎是，卡尔十二世比任何阴谋家看得都远，而且已经认识到试图预测未来是徒劳的。"我决定继承权有什么用？"有一次，卡尔十二世说，"在我还活着的时候，我能让我的子民服从我，但在我死的时候，我怎么能指望他们还服从我呢？"还有第三个派别，他们谨慎地躲在幕后，没有给人任何明显的迹象。这些人包括了瑞典最有思想和最精明的政治家，他们才是最终获胜的人。这就是自由党和议会政府，其领导人是阿尔维德·霍恩。在卡尔十二世缺席期间，我们已经看到阿尔维德·霍恩在自己的主观意愿和责任之间多么困难地扮演着角色。但总的来说，阿尔维德·霍恩已经很好地证明了自己无辜。当卡尔十二世最终踏上瑞典的土地时，阿尔维德·霍恩自认为可以问心无愧地面对卡尔十二世，便带着荷尔斯泰因-戈托普公爵腓特烈·查理径直去迎接卡尔十二世。卡尔十二世和蔼地接见了他的外甥荷尔斯泰因-戈托普公爵腓特烈·查理。但当转向阿尔维德·霍恩时，卡尔十二世首先从头到脚打量了阿尔维德·霍恩一番，然后大声喊道："阿尔维德·霍恩，阿尔维德·霍恩，我想自从上次我们见面以来，你已经长高了一个头！"说完卡尔十二世便一言不发地背对着阿尔维德·霍恩。阿尔维德·霍恩认为这是一种失宠的征兆，便立即退休回到了自己在埃克比霍尔姆的乡村宅第。阿尔维德·霍恩认为卡尔十二世已经不再需要自己的服务了。事实上，在一个准备为了一个想法而用剑杀戮的国王和一个随时愿意以任何代价马上实现和平的大臣之间又能存在什么友谊呢？目前，乔治·海因里希·冯·戈尔茨男爵接替阿尔维德·霍恩担任荷尔斯泰因-戈托普公爵腓特烈·查理的监护人。不久之后,乌普萨拉大学推选阿尔维德·霍恩为校长。但拥有否决权的卡尔十二世,拒绝批准对阿尔维德·霍恩的提名。从此以后,自由党就只能作为一个旁观者,眼睁睁地看着卡尔十二世耗尽瑞典的最后一滴"鲜血"。在卡尔十二世的有生之年,他们是不可能进行干涉的。普通人虽然大声抱怨,但仍然把卡尔十二世看作"神"。即使是更了解卡尔十二世的贵族们,也对卡尔十二世的高贵品质和英雄气概深深着迷。然而,突然发生的但并非完全意料之外的一场灾难粉碎了君主制,使人们能够从废墟中重新争取他们的自由。

第14章

卡尔十二世最后的冒险

(1718—1719)

精彩看点

卡尔十二世在隆德——与妹妹乌尔丽卡·埃莉诺拉公主会面——第二次入侵挪威——围攻腓特烈港坦——卡尔十二世在战壕中被射杀——逮捕乔治·海因里希·冯·戈尔茨男爵并判处他死刑——卡尔十二世的死对瑞典是有利的——瑞典人的英勇和耐力——农业——贸易——金融——人口——卡尔十二世的性格特征

我们已经看到，1716年8月月底，为了防止俄罗斯人和丹麦人的胁迫，保卫南部地区的国土，卡尔十二世从挪威赶到隆德，并把总部设在了隆德的旧大学城。除了两次考察挪威边境，卡尔十二世一直待在隆德。直到1718年6月，卡尔十二世待在隆德近两年的时间都寄宿在大学神学教授马丁·赫加特的家中。作为照顾自己的奖励，卡尔十二世将马丁·赫加特教授的妻子和孩子都封为了贵族。卡尔十二世还给马丁·赫加特教授家刚出生的婴儿当了教父。从军事角度来看，在现有的情况下，隆德可能是卡尔十二世最方便的居住地，因为这里进可攻，退可守。除此之外，隆德与欧洲其他地方的联系比卡尔十二世再也看不到的斯德哥尔摩更加密切。在给妹妹乌尔丽卡·埃莉诺拉公主的信中，卡尔十二世表示他希望有一天能再次回到斯德哥尔摩。卡尔十二世在隆德的生活方式比以前更加简朴。卡尔十二世每天3时起床，谈事情或和大臣们一起工作到7时。然后，无论天气如何，卡尔十二世都会骑马并进行剧烈运动直到14时。卡尔十二世的膳食像往常一样简单而便捷，都是他非常喜欢的果酱。这些果酱是卡尔十二世唯一爱吃的美味，而且是乌尔丽卡·埃莉诺拉公主亲自制作的。[①]卡

[①] 在确认收到一批这样的果酱后，卡尔十二世礼貌地加上一句"我相信这果酱尝起来会更好吃，因为是我妹妹亲自做的"。然后在附言中说，"我从里面吃出了我妹妹对我健康的关爱。"出自《埃根简介》，第100页。——原注

尔十二世的餐桌摆设也反映了这块土地的贫穷。餐桌上的银盘,甚至是锌盘都早已消失,取而代之的是锡盘。21时或22时,卡尔十二世便停止工作去休息。卡尔十二世通常就睡在一张草席上,上面什么都没有,而他盖着披风就睡了。每周五,卡尔十二世会去参加特殊的仪式,并按照习惯一丝不苟地进行每天的祈祷。每逢星期天,卡尔十二世早晚都会去教堂。有时,卡尔十二世会与大学的教授们争论,或倾听他们关于哲学或数学的辩论来取乐。卡尔十二世亲自将其中一个辩论命名为"人类物理学",并传给了我们。[①] 在隆德逗留期间,卡尔十二世病了两次,第二次十分严重。艰苦生活引发了卡尔十二世的胸部疾病,同时使卡尔十二世脚上的伤口复发了。1716年8月30日,卡尔十二世遇到了十六年未见的妹妹乌尔丽卡·埃莉诺拉公主。我们有理由相信,卡尔十二世与乌尔丽卡·埃莉诺拉公主之间的关系现在有些紧张。在最紧急的情况下,乌尔丽卡·埃莉诺拉公主一再要求面谈,但卡尔十二世到达瑞典将近九个月一直没有找到时间去见她。终于有时间见乌尔丽卡·埃莉诺拉公主时,卡尔十二世也只是待了几个小时。第二天,卡尔十二世就直接骑马回隆德了。在那之后一年,卡尔十二世与乌尔丽卡·埃莉诺拉公主都没有见面。尽管乌尔丽卡·埃莉诺拉公主一再坚持再见一次面,并且不接受哥哥卡尔十二世的任何借口[②]和道歉,甚至幽默地威胁说,如果卡尔十二世不去凉亭见她,她就要亲自闯入卡尔十二世的营地。一方面,一些历史学家认为卡尔十二世的这种拖延有一部分是对妹妹乌尔丽卡·埃莉诺拉公主冷淡和疏远的表现,因为在卡尔十二世缺席期间,妹妹乌尔丽卡·埃莉诺拉公主未经授权地干预国家事务。可能是这样,但这纯粹是猜测。另一方面,有许多事实表明了相反的结论。例如,卡尔十二世增加了妹妹乌

---

① 该文件本身有一个有趣的起源,记录在《埃根简介》附录中。——原注
② 他们主要是因为缺少时间和机会。因此,1717年9月17日,卡尔十二世写道:"我非常遗憾,我必须推迟探望我最好的妹妹乌尔丽卡·埃莉诺拉公主。我敢发誓,我最由衷的、唯一的愿望便是再次享受与妹妹乌尔丽卡·埃莉诺拉公主见面的快乐。而且我的这种渴望目前已经达到了极致。虽然已经很有必要同妹妹乌尔丽卡·埃莉诺拉公主见面,但由于各种各样的情况和机遇,我应该留在斯科讷的边界。"出自《埃根简介》,第108页。——原注

尔丽卡·埃莉诺拉公主已经很丰厚的津贴，频繁地给她送礼物，对她的丈夫充满喜爱，给她的信中带着亲切近乎嬉戏的语气。不要忘了，最近三年，卡尔十二世几乎被茫然和焦虑压倒，因为卡尔十二世与几乎所有欧洲大国都在不断地谈判，并且每天都期望能重新夺回自己的领土。1718年3月21日，卡尔十二世终于找到时间探访在克里斯蒂娜港的妹妹乌尔丽卡·埃莉诺拉公主。包括黑森的腓特烈一世和荷尔斯泰因-戈托普公爵腓特烈·查理在内的整个瑞典王室都在克里斯蒂娜港迎接卡尔十二世。1718年3月21日到1718年4月2日将近十二天的时间里，卡尔十二世一直和他们待在一起。当乌尔丽卡·埃莉诺拉公主回斯德哥尔摩时，卡尔十二世护送了妹妹乌尔丽卡·埃莉诺拉公主一段路程。之后，卡尔十二世又重新回到挪威边境。接下来六个星期，卡尔十二世仔细视察了瑞典从韦姆兰的埃达到斯特罗姆斯塔德的所有前哨岗。

现在，卡尔十二世已经决定第二次入侵挪威。卡尔十二世本人亲自率领着主力军向克里斯蒂安尼亚①前进，卡尔·古斯塔夫·阿姆费尔特将军则带着一支附属部队向特隆赫姆前进。挪威边界的要塞即将被攻占和拆毁。为了战争需要，瑞典直接下令将挪威的很多郡县变成了瑞典的省份，并让瑞典总督和官员成批地取代了挪威的总督和官员。因此，1718年8月，卡尔·古斯塔夫·阿姆费尔特带着一万四千人出发了，但遇到了不寻常的干旱。在没有遇到任何严重阻挠的情况下，卡尔·古斯塔夫·阿姆费尔特到达了特隆赫姆城墙下，但因特隆赫姆太过坚固而无法靠袭击攻占。1718年秋季，在毫无结果的封锁尝试中，瑞典军队日渐消亡。与此同时，卡尔十二世又召集了一支拥有二万二千人的军队，并于1718年10月月底，率领这支军队入侵了挪威的南部。尽管秋季多雨，道路艰难，河水泛滥，但卡尔十二世带领下的瑞典人藐视遇到的每一个障碍。他们跋山涉水，甚至泅渡通过了洪水，并把丹麦人从他们面前赶过了格罗马河。然而，瑞典军队很快遭到恶劣天气的逼迫。他们暴露室外、水质糟糕、缺乏食物，身

---

① 挪威首都奥斯陆的旧称。——原注

体极度疲劳。据说，在1718年11月月底之前，两千名年轻的士兵患病死亡。但卡尔十二世榜样的力量使士兵们怀着荣耀之感默默地，甚至是愉快地忍受着最可怕的苦难。在最后一场战役中，卡尔十二世的处境比地位低微的士兵还要糟糕。从长途骑行回来时，卡尔十二世身上经常全被浸湿。然后，卡尔十二世就这样坐在一个简陋小屋的木凳上。在最寒冷的夜晚，卡尔十二世甚至会露天睡觉，把自己疲惫的头枕在士兵的膝盖上就睡了。

瑞典人的第一次行动是靠近弗雷德里克沙尔德的腓特烈港坦边境要塞。1718年11月27日，卡尔十二世亲自率领两百名掷弹兵袭击了吉登洛夫城堡。帮着放置了攻城的梯子后，卡尔十二世成为第二个冲进堡垒的人。卡尔十二世的总部设在蒂斯特达尔——位于要塞所在的河流以北的一个小地方，但为了能随时掌握军事行动，分担士兵的危险，卡尔十二世让人在要塞附近建造了一座小木屋。大部分的时间，卡尔十二世都在那里吃饭、睡觉。1718年11月30日，恰巧是基督降临节的第一个星期天，卡尔十二世骑马来到蒂斯特达尔的总部，换了衣服，整理了文件——其中许多文件都被他销毁了。人们注意到卡尔十二世整天都感到不安，但卡尔十二世像往常一样下达命令，上午和下午都参加礼拜。1718年11月30日16时，卡尔十二世像往常一样骑马去了自己的小木屋。当时，在战壕里的士兵都行动起来，到了各自被分配的岗位上。此时，战壕已经遍布枪声。站岗时，士兵们不得不躲在旁边的柴捆后面。1718年11月30日20时左右，卡尔十二世站在壕沟里吃着晚饭。卡尔十二世的心情变得特别好。卡尔十二世抱了抱厨房里的老哈特曼，并命令立即签发任命证书——把老哈特曼升成了厨师长。卡尔十二世站的战壕在堡垒的视线范围之内，但夜晚的幽暗使敌人很难正确地看清楚物体。因此，他们在墙上挂上许多燃烧着的沥青花环，不时地发射火球来照亮村庄的周围。观察到这一点，卡尔十二世开始怀疑敌人是不是即将突袭。为了准确地看到发生了什么，卡尔十二世爬到了战壕的顶部，沿着战壕的内斜坡躺下，头和胳膊放在战壕的顶上。因为这样卡尔十二世既可以观察到前面的堡垒，也可以监督在下面战壕里干活的士兵。但同时，卡尔十二世也将自

卡尔十二世爬到战壕的顶部

己完全地暴露在了四处横飞的子弹之下。"那地方不适合您，陛下，"其中一个军官——叫麦格雷特的法兰西人——看到后说，"子弹和炮弹不会像普通士兵那样尊敬您呢。""别害怕。"卡尔十二世回答说，并一直待在原地。麦格雷特本可以更进一步地提出抗议，但一些瑞典军官低声说："让他待在那里吧！你越是警告他，他就越会暴露自己！"1718年11月30日21时左右，月亮刚刚升起，卡尔十二世仍然躺在斜坡上，头伸出了壁垒顶上，面颊靠在左手上。在下面的战壕里，有近十几名军官在离卡尔十二世不远的地方。库尔特·克里斯托夫·格拉夫·冯·史威林将军和其他几名军官站在稍远的地方，而成百上千的士兵则正忙着四处干活。当战壕里的军官们开始暗自思量怎样才能把卡尔十二世从

库尔特·克里斯托夫·格拉夫·冯·史威林将军

卡尔十二世中枪

那个危险但有利的位置上引诱下来时,他们突然听到了一声沉闷的重击声,就像一块大石头落在潮湿的地上。就在这一刻,卡尔十二世的头也沉到了自己的披风上。尽管卡尔十二世的身体仍然保持着和之前一样的姿势,但他的左手软绵绵地垂向了身体的一侧。"主耶稣呀!卡尔十二世中枪了!"一个近在咫尺的军官喊道。库尔特·克里斯托夫·格拉夫·冯·史威林将军立即上前去,而麦格雷特及其战友们把卡尔十二世抬下来后才发现,一枚霰弹从卡尔十二世的

第14章 卡尔十二世最后的冒险(1718—1719) | 373

左太阳穴,挨着眼睛的地方射入,从头的右侧射出来,并留下了一个很大的伤口。伤口如此之大,甚至可以插进三根手指。他一定就是在中弹的那一瞬间死亡的。①

就在卡尔十二世阵亡的第二天,乔治·海因里希·冯·戈尔茨男爵被死敌黑森的腓特烈一世以卡尔十二世的名义逮捕并囚禁了起来。实际上,乔治·海因里希·冯·戈尔茨男爵刚刚从奥兰群岛回来。乔治·海因里希·冯·戈尔茨男爵正在赶往卡尔十二世营地的路上,准备建议卡尔十二世立即与大不列颠王国展开谈判,以此来制止乔治一世和彼得大帝之间谣传的和解。因为这可能会破坏乔治·海因里希·冯·戈尔茨男爵的所有计划。乔治·海因里

士兵们发现卡尔十二世中弹

---

① 根据帕鲁丹·穆勒的《卡尔十二世是欺诈的受害者吗?》和卡伦的《关于卡尔十二世的记事本》。有一个荒谬的传说声称卡尔十二世是被敌人安插在他身边的一个手下杀害的。——原注

卡尔十二世的尸体被运回瑞典

希·冯·戈尔茨男爵被严密地关押了六个星期。这期间，一个法庭职权以外的法官仔细起草了一份弹劾文件。尽管乔治·海因里希·冯·戈尔茨男爵对法官的弹劾文件提出了抗议，但徒劳无益。即使在这样的一段时间里，读到这样一个不幸的人在那些自称是法官的人手中受到如此可耻的对待时，没有一个读者不感到愤慨。那些自称是法官的人其实就是乔治·海因里希·冯·戈尔茨男爵真正的敌人。乔治·海因里希·冯·戈尔茨男爵反驳说，自己是外国人，不能接受瑞典法庭的审判，但这一反驳被认为是荒谬的。乔治·海因里希·冯·戈尔茨男爵的法律援助请求以没有必要为由惨遭拒绝。他们既不允许乔治·海因里希·冯·戈尔茨男爵为自己传唤证人，也不允许他以书面形式为自己辩护。乔治·海因里希·冯·戈尔茨男爵只有一天半的时间准备自己的辩词，而这一天半的时间甚至都不够乔治·海因里希·冯·戈尔茨男爵读完法庭提供的众多证词的五分之一。不仅如此,为了摧毁乔治·海因里希·冯·戈尔茨男爵,他们还发明了一种前所未闻的新罪行。乔治·海因里希·冯·戈尔茨男爵被指控曾力图用最可憎的方式陷害卡尔十二世,使卡尔十二世对抗自己的臣民,并以此图谋摧毁整个瑞典。①审判从1719年1月16日一直持续到了1719年2月9日。当时,法庭全体陪审员一致同意对乔治·海因里希·冯·戈尔茨男爵处以斩首之刑,并要将乔治·海因里希·冯·戈尔茨男爵的遗体埋在绞刑架下面。在狱中,乔治·海因里希·冯·戈尔茨男爵平静地接受了这一判决,但他向参议院请愿,他的尸体是否可以免遭普通绞刑人员安葬的耻辱。仁慈的古斯塔夫斯·克龙耶尔姆伯爵建议法院满足乔治·海因里希·冯·戈尔茨男爵的愿望,理由是"不应该以如此可耻的方式对待已故国王陛下——卡尔十二世曾经最敬重的、亲密信任的人"。

许多参议员同僚都倾向于支持古斯塔夫斯·克龙耶尔姆伯爵,但虔诚的阿尔维德·霍恩指出:"难道把整个国家搞得一团糟的人不应受到严厉的惩罚吗?"乌尔丽卡·埃莉诺拉女王②冷酷地告知参议院,她已经命令高级法官按照委员的判决继续处理乔治·海因里希·冯·戈尔茨男爵的案件,这才结束了讨论。在乔治·海因里希·冯·戈尔茨男爵被处决后的几天,斯德哥尔摩人都聚集在大教堂里参加卡尔十二世的葬礼。一位忠实的仆人挖出了乔治·海因里希·冯·戈尔茨男爵的遗骸,并将遗骸送到乔治·海因里希·冯·戈尔茨男爵国外的朋友那里。卡尔十二世享年三十六岁,在位二十一年。卡尔十二世的死意味着瑞典在政治上的伟大地位将迅速彻底消亡,但这对瑞典人民明显是有好处的,因为卡尔十二世活着就是瑞典通往和平之路的唯一障碍。为了和平,瑞典正走向毁灭。一切都表明,如果不能完全归还瑞典失去的一切,或者用足

---

① 本打算指控乔治·海因里希·冯·戈尔茨男爵挪用公款,但仔细核对后发现是瑞典欠了乔治·海因里希·冯·戈尔茨男爵一大笔钱。六十多年后,古斯塔夫三世将这一笔钱连本带利地还给了乔治·海因里希·冯·戈尔茨男爵的后代。——原注
② 此时,乌尔丽卡·埃莉诺拉公主已经继承哥哥卡尔十二世的王位。——原注

够的等价物交换，卡尔十二世是决不会接受和平的。①在卡尔十二世统治的最后几年，瑞典人遭受的痛苦尽管是可怕的，但的确被那些具有强烈的反君主制偏见的历史学家——例如安德斯·弗雷克斯——夸大了。因此，对于像伯纳德·冯·贝斯科夫这样机敏的辩护家来说，发现和揭露这样的错误并夸大它就是一件轻而易举的事情了。然而，这位勇敢的辩护家显然走得太远了。伯纳德·冯·贝斯科夫急切地想为卡尔十二世开脱罪责，因此经常诽谤和中伤这个长期受苦的国家。此外，双方都只有非常可疑的或并不充分的数据支撑。因此，在很大程度上，或许可以说，他们在黑暗中战斗。只有在过去的七年里，人们才严格、系统地考察这个议题。我指的是埃尔·恩斯特·卡尔松对卡尔十二世统治时期瑞典经济状况的官方文件做的详尽总结。②我相信，任何有勇气和耐心掌握这组令人生畏的数据的人都能得出一个结论。那就是1709年到1719年，瑞典正以不断加快的速度走向毁灭。要充分证实埃尔·恩斯特·卡尔松提出的事实和数字，需要一本比这书厚两倍的书。但我现在想继续陈述的是，那本书中的一些细节也将证明我并没有夸大其词。

　　17世纪的瑞典仍然是一个主要以农业为主的国家。因此，瑞典主要由农业人口承担着维持战争的沉重负担。在卡尔十二世后期的考验中，③绝大多数瑞典农民顽强的忍耐力和始终如一的尽职尽责确实令人惊叹。对后人来说，这简直是普通人力所能及的。即使是瑞典士兵在战场上的英勇壮举，也比不上瑞典的自耕农④在国内为响应政府无休止和不断增加的要求做出的努力。这些要

---

① 正如卡尔十二世亲笔签名信中能干的编辑埃尔·恩斯特·卡尔松所指的那样，不断重复的声明说卡尔十二世永远不会同意割让一英寸瑞典的领土。这是对于卡尔十二世给莫里斯·维尔林克下达指令的误解。1717年，卡尔十二世与大不列颠特使在卡塞尔一起的磋商，证明了如果卡尔十二世能从挪威获得相应数量的土地，他已经准备好了给汉诺威不来梅大公国和费尔登大公国的一两寸土地，而费用由丹麦承担。出自《埃根简介》，第292页。——原注
② 《卡尔十二世对瑞典帝国做出的贡献》，维斯比，1888年。——原注
③ 1709年以前，支持战争的重担就落在了瑞典的敌人身上。——原注
④ 在为军事提供支持方面，贵族阶层及富裕阶层比农民消极得多。当局经常抱怨他们逃避义务。国王卡尔十二世把他们的"懒散"与农民的热情做了强烈的对比。——原注

求有很多种。首先，自耕农有义务向军需库提供豆类和粮草。这还包括更加繁重的义务，即将被征用的粮草库存免费运送到数百英里以外的地方。为此需要大量的马、马车和马车夫。许多农民甚至连自己土地都无法耕种。因此，许多最肥沃的土地都被荒弃了，变成了苍凉的荒野。为军队提供日常开支的义务更加繁重，特别是在卡尔十二世统治后期。军队驻扎的开支都得依靠全国上下的人民。南部的斯科讷省因其肥沃的土壤被称为瑞典的"面包篮"。由于一直生活在持续遭到入侵的恐惧中，斯科讷省不得不支持在这里集结的相对庞大的军队来保卫自己。因此，斯科讷省也遭受了军需供给的痛苦。在赫尔辛堡战役到卡尔十二世死的将近九年里，斯科讷省农作物总歉收次数不低于五次。然而，斯科讷省的每个农场还必须为两至三名士兵提供军需。1712年，这里的农民供养的士兵人数从九千一百四十三人增长到了一万三千一百五十人。1716年，除了供应的一万零四百一十六匹马，供养的士兵人数还增加到了两万人。不仅如此，除了要招待这些不受欢迎的客人，农民们还得忍受他们的暴力和勒索。农民及其孩子尽管都饿得半死，还得向瑞典军队提供烟草和烈酒等奢侈品。另一个令人烦恼的负担是，农民不仅要免费给宫廷信使及其他使者提供驿马，还要养活成千上万的战俘。此外，农民的牲畜也经常被强行征用。

为了伸张正义，卡尔十二世试图通过强迫那些消极的贵族承担同样的负担来减轻农民的痛苦，并废除了自己不在国内时采取的几项十分具有压迫性的措施。瑞典人民的痛苦是如此广泛、如此明显，以至那段时期来到这片土地的外国人都被眼前的景象震惊了。1719年，一个叫贾斯图斯·范·埃芬的荷兰人，在穿越瑞典南部时，震惊地看到农村地区几乎完全没有年轻人。贾斯图斯·范·埃芬告诉我们，在整个旅行中，他的车夫要么是头发花白的男人，要么是女孩，要么是十一二岁的小男孩。"我可以向你保证，"贾斯图斯·范·埃芬补充道，"在整个瑞典南部地区，除了士兵，我没有见过一个二十岁到四十岁的男人。"

如果农业不断地萎缩退化，那么贸易和商业也将彻底消亡。从1709年起，

贾斯图斯·范·埃芬

丹麦人几乎禁止了瑞典的船进入桑德海峡、贝尔特海峡和卡特加特海峡，而卡尔十二世的封锁法令禁止瑞典民众与俄罗斯人占领的各省进行贸易，同样也破坏了波罗的海的贸易。卡尔十二世对私掠的规定同样具有危害性。卡尔十二世授权哥德堡市配备私掠船，以便扣押所有胆敢违抗命令进出俄罗斯港口的外国船。因此，为了保护大不列颠王国、荷兰共和国和丹麦的商船不受哥德堡私掠船的袭击，它们的军舰出现在北海，并报复性地袭击瑞典商船。其结果自然是，除了两国相交的一些中间地带，来往瑞典的航行几乎是不可能。因此，卡尔十一世时期拥有七百七十五艘帆船的瑞典商船队，在卡尔十二世去世时便降到了二百零九艘。①保留下来的商船队大部分只能通过荷兰人秘密进行对外贸易。由于货运费上涨了百分之五十,保险费上涨到了货物价值的百分之二十五,于是,很快就出现了大麻、羊毛、皮革和其他原材料的短缺,瑞典的工厂也彻底瘫痪。

从卡尔十二世的统治初期起,财政状况就不尽如人意。卡尔十一世确实给卡尔十二世留下了四十五万英镑的盈余,②但不到几年,挥霍无度的卡尔十二世就花光了这笔储蓄,并且在两年后出现了约一百二十一万二千零三十五英镑的赤字。这部分亏空再次由外国补贴填补。在早期获胜的战役中,战争在很大程度上可以由战利品支撑。1709年到1710年,波罗的海沿岸诸省的损失使瑞典丧失了每年二十一万英镑的收入。到1716年,赤字再次上升到七十万五千英镑。这还不包括宫廷欠瑞典银行的债务。1718年,这笔债务已经达到了一百二十六万七千二百英镑。然后,绝望的权宜时期来临了,例如金属代币和无可争议的纸币的发行。乔治·海因里希·冯·戈尔茨男爵本可以严格限制这种纸币和代币的发行量,使其在经济情况好一点的时期更容易赎回。但卡尔十二世并不是一个金融家,他不顾大臣们的劝告,只考虑到自己眼前的迫切需要,对未来没有多加任何考虑。实际上,在卡尔十二世死后,面值金额达到三百七十二万四千零五十英镑的纸币还在流通。

然而,整个瑞典面临枯竭最明显的表现是人口的持续减少。1697年卡尔十一世去世时,瑞典的人口为一百三十七万六千人,而到1718年卡尔十二世去世时,瑞典的人口数量已经跌至一百二十四万七千人。③可以公平地说,人口的减少很大一部分是由于卡尔十二世统治时,瑞典出现的瘟疫和饥荒。1700年到1713年,仅斯科讷省就有两万人死于瘟疫和饥荒。毫无疑问,瑞典长期的战

---

① 在这些年里,只有哥德堡一个地方蓬勃发展起来。它的五十艘私掠船就获得了一百三十六份预估价值为十七万英镑的战利品,但所有钱都流入了哥德堡商人的口袋。——原注
② 当然,这也考虑到了不时的价格波动。——原注
③ 在卡尔十二世死后的三十年里,人口增长了五十六万九千五百八十九人,即增长了约百分之四十六。——原注

伯纳德·冯·贝斯科夫

争也是导致人口减少的重要原因,特别是在卡尔十二世的统治后期。当时卡尔十二世主要依靠的新兵的死亡率高得可怕。有人计算过卡尔十二世战争中死亡的确切人数,但由于缺乏恰当的数据,所以这些计算都不是十分可靠。然而,在一些厉害的鉴定家们看来,伯纳德·冯·贝斯科夫预估的十五万人是最接近事实的数据。这一数据超过了瑞典所有男性人口的四分之一。①

如果可以,我仍然要试着对卡尔十二世的个性和性格提出一些想法。正

---

① 在持续了十八年的战争中按比例分配的话,每年约有八千三百多人。考虑到所有情况,这似乎并不过分。——原注

如古斯塔夫三世所说，卡尔十二世的性格比人们通常想象的还要难定义。卡尔十二世的个人形象：身材高大，肩膀宽阔，腰身纤细，行动挺拔自如。那些走近卡尔十二世的人都会被他的男子气概和严肃镇定打动。卡尔十二世的态度，特别是对下属的态度，即使大家不是很熟悉，也总是亲切得让人感到舒心。卡尔十二世脸上总是带着微微的笑意。这或多或少减弱了卡尔十二世天生的严肃。卡尔十二世的容貌并不难看：前额高而宽，深蓝色的眼睛"充满了战斗的火焰"，大鼻子，下巴光滑，还有酒窝。早年，卡尔十二世按照法兰西王国的式样，戴着一顶男子假发，但在战争期间，这顶假发被搁置在了一边。卡尔十二世深棕色的头发①被剪短了，向上梳了一圈，看起来像一顶王冠，但随后几年逐渐变秃的头发让卡尔十二世的前额显得异常高和长。

卡尔十二世的个人习惯极其简单。从卡尔十二世的着装来看，没有人会把他当作国王。即使是最微不足道的装饰，卡尔十二世也受不了。卡尔十二世总是穿一件深蓝色的大衣，黄色的马甲和套头衫，戴宽大的麋鹿皮手套，系一条宽大且未经刺绣的水牛皮腰带，穿一双长到膝盖的普通大马靴，用一块普通的骑士披风遮住整个身子。即使在最冷的天气里，卡尔十二世也决不穿毛皮及保护自己免受长矛和枪弹伤害的盔甲。卡尔十二世吃的食物也是最简单的：大肥肉、普通的蔬菜、水果、面包，再加一点水。卡尔十二世吃晚餐的时间很少有持续超过一刻钟的。卡尔十二世吃饭的速度很快，并且完全一言不发。在早期征战期间，卡尔十二世就只用一张床垫和一块床单，但到了晚年，卡尔十二世甚至连床垫和床单都不用了，并认为这是"没有必要的舒适"。卡尔十二世习惯于躺在一堆稻草或一块光秃秃的木板上，用披风裹住自己，仓促地休息。卡尔十二世睡觉从不超过五六个小时。卡尔十二世的行为朴素严峻，但从不粗鲁。在母亲乌尔丽卡·埃莉诺拉煞费苦心的教育下，卡尔十二世对周围的人都很有礼貌。特别是对女士，卡尔十二世总是谨小慎微，彬彬有礼。总的来说，女人的

---

① 在三十岁之前，卡尔十二世的头发就变白了。——原注

世界让卡尔十二世感到难堪，因此卡尔十二世总是尽量避开她们。①不过，卡尔十二世并不是人们通常认为的那种严厉、沉默寡言的年轻英雄。恰恰相反，卡尔十二世继承了父亲卡尔十一世的幽默。这种幽默总是以各种方式表现出来。即使在最焦虑和可怕的时刻，卡尔十二世也总能快乐地面对。②另一个普遍存在的谬论是：卡尔十二世是个冷酷、严厉甚至残忍的人，但真实情况恰恰相反，卡尔十二世很和善，对家庭的感情尤其强烈。在信中，卡尔十二世总是不断地询问祖母和姐妹的健康状况。当听说她们不舒服时，卡尔十二世会经常给她们写信。卡尔十二世从来没有忘记过她们的生日，并尽自己最大的努力缓解她们的痛苦。例如，在最喜爱的姐姐赫德维希·索菲娅失去丈夫的时候，卡尔十二世是这样安慰她的："我亲爱的姐姐，此时你一定和我们在场的人一样已经知道这场沉重而可怕的灾难了。这场灾难降临在我们身上，使我们失去了深爱的荷尔斯泰因-戈托普公爵腓特烈四世。我们对荷尔斯泰因-戈托普公爵腓特烈四世离世的哀悼和悲伤难以言表。荷尔斯泰因-戈托普公爵腓特烈四世的逝世把我们所有欢乐③变成了悲伤。然而，我们却要顺从上帝的旨意，耐心地忍受已经注定的惩罚。这一惩罚是上帝乐于施加在我们身上的，因为他教导我们，他不会把沉重到自己都无法承受的十字架压在我们身上。"④上帝也能给我们带来温暖的友谊，⑤没有一个哥哥对待弟弟能像卡尔十二世在征战期间对待年轻的符腾堡公爵埃伯哈德·路易斯那样温柔。卡尔十二世也喜欢动物，特别是狗和马。卡尔十二世的狗庞培在死之前曾每天晚上都睡在卡尔十二世的

---

① 对此，卡尔十二世的祖母和姐妹们都很担心。因为她们希望卡尔十二世结婚，但卡尔十二世总是说他已经将自己许配给了自己的士兵。而且在四十岁之前，他无论如何都不考虑结婚。——原注
② 见丹尼尔·克尔曼的《卡尔十二世的能力主义与政体选择史》，1708年到1709年，丹尼尔·克尔曼几乎每天都有机会见到国王卡尔十二世。不管是在前往乌克兰令人厌烦的行军中，还是在可怕的波尔塔瓦战役中，卡尔十二世总是保持着欢乐和愉悦的精神。这给丹尼尔·克尔曼留下了深刻的印象。——原注
③ 指克里索夫战役的胜利。——原注
④ 《埃根简介》，第49页。——原注
⑤ 早年，卡尔十二世的朋友包括：荷尔斯泰因-戈托普公爵腓特烈四世、芒努斯·斯滕博克和阿尔维德·霍恩。晚年，他的朋友是黑森的腓特烈一世。——原注

床脚下。卡尔十二世对士兵也格外关心。他们总是吃得很好,而且常常比卡尔十二世吃得更好。卡尔十二世常常将自己省下来的物品拿去增加士兵们的舒适感。一方面,卡尔十二世对单个士兵表现出来的仁慈也有无数的例子。有一个男侍者通常都睡在卡尔十二世的前厅接待室里。在天气十分寒冷的时候,卡尔十二世总会小心翼翼地把自己的披风盖在睡着的小伙子身上,然后自己睡在一堆稻草或树叶上,什么盖的都没有。另一方面,卡尔十二世确实要求自己的士兵和仆人绝对服从。但卡尔十二世对毫不妥协的敌人的痛苦毫不在意。例如,在面对敌人时,我们发现卡尔十二世指挥那些犹豫不决的将军"宁可错杀三千,不可放过一个"[①]"到处蹂躏、放火、焚烧,把整个地区毁灭成一片荒野""让他们汗流浃背报效祖国",等等。当然,这从一个二十岁左右的年轻人口中说出,绝对是令人厌恶的命令!但没有人对待俘虏能比卡尔十二世更慷慨了。卡尔十二世严厉地压制自己的士兵在战斗结束后的每一个特许行为。卡尔十二世的英勇、谦虚、自制[②]和虔诚都在这本传记中已有叙述,无须赘述。但我要在这里指出,在生命后期的生活中,卡尔十二世的宗教观带有浓厚的宿命论色彩。卡尔十二世试图用宿命论解释自己正义事业中不应该有的失败。对于卡尔十二世的宿命论,埃尔·恩斯特·卡尔松这样描述:"卡尔十二世似乎已经逐渐能阐述一种好运和厄运交替循环的理论。"卡尔十二世总是说:"在战争时期,不幸的事件一定得偶尔发生,这样好运才会轻松到来。"这种理论自然而然地鼓励了卡尔十二世藐视危险,并在耐心等待更幸运的事情发生的同时冒一切的风险。

如果只把卡尔十二世看成是一个单纯的勇士,或者只是一个英雄,那就大错特错了。在智力上,卡尔十二世天赋异禀,拥有许多伟大统治者的品质。像父亲卡尔十一世一样,卡尔十二世工作努力,有无限忍受痛苦的能力。卡尔十二

[①] 《埃根简介》,第160页。——原注
[②] 卡尔十二世的自制力和谦虚尤其突出。尽管卡尔十二世总是大肆赞美别人,但在他的信中,无论是私人信还是官方信,都没有一处暗指自己取得了无数的非凡功绩。无论卡尔十二世多么愤怒,但他从没有使用过任何草率或过于激动的表达。——原注

世理解力强、思维敏锐、记忆力特别好,尤其对数字记忆得十分准确。在波兰立陶宛联邦战役中,卡尔十二世不止一次把密码通信的解码钥匙弄丢了。然而,卡尔十二世不仅能不用解码钥匙来阅读卡尔·古斯塔夫·雷恩施霍德和其他人的密文,甚至还能用密码回信。正如卡尔十二世所说,这些文件是"从我自己的大脑中输出的",并且没有一个错误。卡尔十二世能像瑞典语一样流利地读、写、说德语和拉丁语,但他最喜欢的是数学,卡尔十二世对数学有强烈的偏好。卡尔十二世常说,一个不懂数学的人不算一个完整的人。以前,卡尔十二世在学习几何图形的用法时,认为这些几何图形没有用便拒绝了。为了证明自己的论点,卡尔十二世开始用自己发明的一些更加简单的符号来解决伦迪亚的教授们布置的一些深奥问题。抽象的哲学讨论对卡尔十二世也有很大的吸引力。卡尔十二世没有把数学天份应用于战争。一方面,在一定程度上,是由于卡尔十二世对冒险的过度热爱和对英勇事迹的热情;另一方面,也是由于卡尔十二世对敌人的蔑视。的确,没有一位伟大的将军比卡尔十二世更容易发现机会。一些军事评论家甚至认为,在一场战争之前,卡尔十二世都没有能力事先制订一个完整而正规的战争计划。不过,这种表述太过离谱了。柯里佐夫和霍洛辛战役是卡尔十二世军事生涯的里程碑,而乔治·弗雷德里克·卢维格·萨拉乌[①]轻蔑地驳斥了卡尔十二世仅仅是个游侠骑士的假设,认为这从根本上就错了,并证明了卡尔十二世的每一次征战都是基于深思熟虑的计划,都是在铁一样坚实的计划下实施的。

然而,要总结卡尔十二世的性格品质毕竟还为时过早,但也许卡尔十二世伟大的后代古斯塔夫三世对卡尔十二世的看法最接近事实。因此,我现在要用古斯塔夫三世的话来作为总结。古斯塔夫三世说:"卡尔十二世不仅伟大,而且完全是一位离奇的非凡人物。显然,卡尔十二世不具备真正的征服者气质。因为征服仅仅是为了获得领土,而卡尔十二世一手夺取了领地,另一只手却把

---

① 乔治·弗雷德里克·卢维格·萨拉乌:《卡尔十二世的帝国》。——原注

领地拱手相让。将卡尔十二世同亚历山大大帝相比也是不公平的,尽管卡尔十二世比亚历山大大帝更胜一筹。在成为一个伟大统治者上,卡尔十二世比对手彼得大帝逊色了很多,但在成为一个伟大英雄上,卡尔十二世又远远地超过了彼得大帝。"

译名对照表

Achilles	阿喀琉斯
Adam Adamovich Veyde	亚当·阿达莫维奇·维德
Adam Heinrich von Steinau	亚当·海因里希·冯·施泰瑙
Adam Ludwig Levenhaupt	亚当·卢德维格·利文豪普
Admiral-general	海军上将
Adrianople	埃迪尔内
Ağa Yusuf Pasha	阿加·优素福帕夏
Ahmed III	艾哈迈德三世
Alamonde	阿拉蒙德
Alcibiades	阿尔西比亚德斯
Aleksander Benedykt Sobieski	亚历山大·本尼迪克·索别斯基
Alexander Danilovich Menshikov	亚历山大·丹尼洛维奇·缅希科夫
Alexander Hummerjelm	亚历山大·胡默杰姆
Alexander the Great	亚历山大大帝
Altona	阿尔托纳
Altranstädt	阿尔特兰施泰特
Anders Lagercrona	安德斯·拉格克罗纳
Andreas Norcopensis	安德里亚斯·诺科本斯
Andreas Nordenhjelm	安德里亚斯·诺登海姆
Andrey Osterman	安德烈·奥斯特曼
Anikita Repnin	安妮卡·雷普宁
Anne	安妮
Anthonie Heinsius	安东尼·海因修斯

译名对照表 | 387

Arkhangelsk	阿尔汉格尔斯克
Armenians	亚美尼亚人
Arthur Dillon	阿瑟·狄龙
Arvid Horn	阿尔维德·霍恩
Aschenberg	阿申贝格
Attila	阿提拉
August Ludwig von Schlözer	奥古斯特·路德维希·冯·施洛塞
Augustus II	奥古斯特二世
Axel Gyllenkrok	阿克塞尔·于伦克罗克
Axel Oxenstierna	阿克塞尔·奥克森谢尔纳
Axel Sparre	阿克塞尔·斯帕雷
Azov	亚速海
Balkans	巴尔干半岛
Bashkir	巴什基尔
Battle of Breitenfeld	布赖滕费尔德战役
Battle of Fehrbellin	费尔贝林战役
Battle of Halmstad	哈姆斯塔德战役
Battle of Holowczyn	霍洛辛战役
Battle of Landskrona	兰斯克鲁纳战役
Battle of Lund	隆德战役
Battle of Malplaquet	马尔普拉凯战役
Battle of Oland	厄兰岛战役
Baturin	巴图林
Bayard	贝亚德
Behn	贝恩
Belt	贝尔特海峡
Bendery	宾杰里
Benedict Sapiéha	贝内迪克特·萨皮哈
Bengt Oxenstjerna	本特·奥克森谢尔纳
Berezina	贝尔齐纳河
Bernard von Beskow	伯纳德·冯·贝斯科夫

Berwick	贝里克
Bielowice	比洛维兹
Bila Tserkva	白采尔科维
Birse	比尔斯
Bleking	布莱金厄省
Blonie	布沃涅
Bohemia	波希米亚
Boris Petrovich Sheremetev	鲍里斯·彼得罗维奇·舍列梅捷夫
Bornholm	博恩霍尔姆岛
Boyars	博亚尔人
Braila	布勒伊拉
Brandenburg	勃兰登堡
Breisach	布赖萨赫
Bremen	不来梅
Breslau	布雷斯劳
Breviarium Historia Ecclesice	《布雷维利亚教会史》
Budiszcze	布迪斯策
Bug River	西布格河
Camille d'Hostun	卡米尔·达斯图恩
Carelia	卡累利阿
Carl Cronstedt	卡尔·克龙斯泰特
Carl Gustaf Armfelt	卡尔·古斯塔夫·阿姆费尔特
Carl Gustaf Creutz	卡尔·古斯塔夫·克鲁兹
Carl Gustaf Rehnskjold	卡尔·古斯塔夫·雷恩施霍德
Carl Gustaf Roos	卡尔·古斯塔夫·罗斯
Carl Gyllenborg	卡尔·于伦贝里
Carl Nieroth	卡尔·尼罗特
Carl Piper	卡尔·皮佩
Carlos II	卡洛斯二世
Carpi	卡普里
Cassel	卡塞尔

Cederhjelm	塞德赫杰姆
Charles Eugène de Croÿ	查尔斯·尤金·德克罗伊
Charles Frederick	查理·腓特烈
Charles Maurice de Talleyrand-Périgord	夏尔·莫里斯·德·塔列朗-佩里戈尔
Charles X Gustav	卡尔十世·古斯塔夫
Chernigov	切尔尼戈夫
Chiari	基亚里
Christian V	克里斯蒂安五世
Christian Albert	克里斯蒂安·阿尔伯特
Christian August	克里斯蒂安·奥古斯特
Christiania	克里斯蒂安尼亚
Christianstadt	克里斯蒂安斯塔德
Christina	克里斯蒂娜
Claude Louis Hector de Villars	克劳德·路易斯·赫克托·德·比拉尔
Commander-in-chief of Lithuania	立陶宛军队统帅
Compact of Havelberg	《哈维尔伯格协定》
Constantine Brancovanu	康斯坦丁·布兰科瓦努
Çorlulu Ali Pasha	科罗卢·阿里帕夏
Cornelis Tromp	科内利斯·特龙普
Cornelius Nepos	科尔奈利乌斯·奈波斯
Corps Diplomatique	外交使团
Cossacks	哥萨克人
Cotnar	科特纳尔
Council of War	战争委员会
Courland	库尔兰
Cracow	克拉科夫
Czarnków	恰恩库夫
Damin	达敏
Danzig	但泽
Danzigwerder	丹齐维尔德
Daugavgrīva castle	陶格夫里瓦城堡

David Klöcker Ehrenstrahl	大卫·科克尔·埃伦斯特拉尔
Demotika	德莫迪卡
Desna	杰斯纳河
Devlet Gerai	德夫莱特·杰拉
Didymoteicho	季季莫蒂霍
Dimitrie Cantemir	迪米特里·坎特米尔
Dnieper	第聂伯河
Dniester	德涅斯特
Don	顿河
Dorpat	塔尔图
Drut River	德鲁特河
Duchy of Bremen	不来梅大公国
Dwina	德维纳
Dynekilden	达涅基登河
Eastern Pomerania	东波美拉尼亚
Eda	埃达
Eider	艾德河
Eiderstadt	艾德斯塔德
Ekebyholm	埃克比霍尔姆
Elbe	易北河
Elbing	埃尔宾
England Hanover	英属汉诺威
Erik Benzelius	埃里克·本泽利乌斯
Erik Dahlberg	埃里克·达尔贝里
Erik Lindsjold	埃里克·林德斯科约德
Erik Sparre	埃里克·斯帕雷
Ernest Fredrik de Fabnce	恩斯特·弗雷德里克·德·法彭斯
Ernest Robert Curtius	恩斯特·罗伯特·库尔提乌斯
Ernst Detlof von Krassow	恩斯特·德特洛夫·冯·克拉索
Esthonia	爱沙尼亚
Eva Magdalena Oxenstierna	埃娃·玛格达莱娜·奥克森谢尔纳

Fabian Wrede	法比安·弗雷德
Fabrice	法布里斯
Fehrbellin	费尔贝林
Flanders	佛兰德斯
Flintrännen	弗林特兰尼
Fontenoy	丰特努伊
Francis II Rákóczi	拉科齐·费伦茨二世
François de Neufville	弗朗索瓦·德·纳维尔
François Louis	弗朗索瓦·路易
Franconian	法兰克
Frederick I	腓特烈一世
Frederick IV	腓特烈四世
Frederick Krag	弗雷德里克·克拉格
Frederick the Great	腓特烈大帝
Frederick William	腓特烈·威廉
Fredrikshald	弗雷德里克沙尔德
Fredrikshavn	腓特烈港
Fredrikstad	腓特烈斯塔
Fredriksten	腓特烈港坦
Friedrich Wilhelm I	腓特烈·威廉一世
Funen	菲英岛
Gabel	加贝尔
Gadebusch	加德布施
Gaius Julius Caesar	盖乌斯·尤利乌斯·恺撒
Galatz	加拉茨
Gemauerhof	杰马厄霍夫
Gemauerthof	盖马乌埃尔托夫
General Stuart	斯图尔特将军
Georg Frederik Ludvig Sarauw	乔治·弗雷德里克·卢维格·萨拉乌
Georg Heinrich von Gortz	乔治·海因里希·冯·戈尔茨男爵
George I	乔治一世

George I of Hanover	汉诺威选帝侯乔治一世
George Rooke	乔治·鲁克
Giulio Alberoni	朱利奥·阿尔贝罗尼
Glogau	格洛高
Glommen	格罗马河
Gniezno	波格涅兹诺
Golbrow	戈尔克伦
Goltz	戈尔茨
Gothenburg	哥德堡
Gotland	哥特兰岛
Gottorp	戈托普
Grand Admiral	海军元帅
Grand Hetman	大盖特曼
Grand Pensionary	大议长
Great Novgorod	大诺夫哥罗德
Greifswald	格赖夫斯瓦尔德
Grodno	格罗德诺
Grothusen	格罗特胡森
Grudzinski	格鲁兹姆斯基
Guiscard	吉斯卡德
Gulf of Finland	芬兰湾
Gustaf Bonde	古斯塔夫·邦德
Gustaf Hard	古斯塔夫·哈德
Gustaf von Psilander	古斯塔夫·冯·皮兰德
Gustav I	古斯塔夫一世
Gustav II Adolf	古斯塔夫二世·阿道夫
Gustavus Cronhjelm	古斯塔夫·克龙耶尔姆
Gustavus III	古斯塔夫三世
Gyldenløve	吉登洛夫
Hadyach	哈佳奇
Halland	哈兰省

Hanau	哈瑙
Hans Wachtmeister	汉斯·瓦赫特迈斯特
Hansa League	汉萨同盟
Haquin Spegel	哈昆·斯佩格尔
Harcourt	哈考特
Hedwig Eleanora	赫德维希·埃莉诺拉
Hedwig Sofia	赫德维希·索菲娅
Heilberg	海尔贝格
Helsingborg	赫尔辛堡
Helsingfors	赫尔辛基
Hercules	赫拉克勒斯
Hermann Otto II	赫尔曼·奥托二世
Hermelin	赫尔梅林
Herr Ernst Carlson	埃尔·恩斯特·卡尔松
Hieronim Augustyn Lubomirski	希罗尼姆·奥古斯丁·卢博米尔斯基
Hoca Ibrahim Pasha	霍贾·易卜拉欣帕夏
Hochstadt	霍赫施塔特
Holstein-Gottorp	荷尔斯泰因-戈托普
Horki	霍尔基村
Horse Guards	骑兵卫队
Hospodar of Moldavia	摩尔达维亚的统治者
Hospodar of Wallachia	瓦拉几亚的统治者
Husi	胡希
Hylten	海尔滕
Ingria	英格里亚
Isokyrö	伊索屈勒
Istanbul	伊斯坦布尔
Ivan Skoropadsky	伊万·斯科罗帕茨基
Ivan Stefanovich Mazeppa	伊万·斯特凡诺维奇·马泽帕
Jacob Boethius	雅各布·伯蒂乌斯
Jacob Bruce	雅各布·布鲁斯

Jacob De Prou	雅各布·德·普鲁
Jacob van Wassenaer Obdam	雅各布·范·瓦塞纳·奥普丹
Jacques Ozanam	雅克·奥扎南
Jakob Heinrich von Flemming	雅各布·海因里希·冯·弗莱明
Jakobstadt	雅各布斯塔德
James Louis Sobieski	詹姆斯·路易·索别斯基
Jan Karol Chodkiewicz	扬·卡罗尔·乔德凯维奇
Jan Kazimierz Sapieha	扬·卡齐米日·萨皮哈
Jaroslaw	雅罗斯瓦夫
Jassy	雅西
Jean-Antoine de Mesmes	让-安托万·德·梅斯
Jena	耶拿
Johan Gabriel Banér	约翰·加布里埃尔·班纳
Johan Reinhold Patkul	约翰·赖因霍尔德·帕特库尔
Johann Matthias von der Schulenburg	约翰·马蒂亚斯·冯·德·舒伦堡
John Churchill	约翰·丘吉尔
John III Sobieski	扬三世·索别斯基
John Neculec	约翰·内库列克
John Norris	约翰·诺里斯
John Robinson	约翰·罗宾逊
Joseph I	约瑟夫一世
Joseph II	约瑟夫二世
Judas Maccabeus	犹大·马卡比乌斯
Jürgenberg	尤根伯格
Justin	贾斯汀
Justus van Effen	贾斯图斯·范·埃芬
Jutland	日德兰半岛
Kapuji Pasha	卡普吉帕夏
Karl Gustav WrangeL	卡尔·古斯塔夫·弗兰格尔
Karl Leopold	卡尔·利奥波德
Karlskrona	卡尔斯克鲁纳

Katarzyna Opalińska	卡塔日娜·奥帕林斯卡
Keksholm	凯克斯霍尔姆
Kharkiv	哈尔科夫
Kiev	基辅
Klemens von Metternich	克莱门斯·冯·梅特涅
Klissov	柯里佐夫
Kockenhausen	科肯豪森
Konstanty Władysław Sobieski	康斯坦蒂·瓦迪斯瓦夫·索别斯基
Köprülüzade Numan Pasha	科普利·努曼帕夏
Krapotkin	波特金
Krasnokutsk	克拉斯诺库茨克
Kristinehamn	克里斯蒂娜港
Kronborg	卡隆堡
Kungdjup	昆珠
Ladoga	拉多加湖
Lagena	拉格纳
Lais	莱亚斯
Landau	兰道
Latin Classics	拉丁经典
Lebedin	列别金
Lemberg	利沃夫
Lemnos	利姆诺斯岛
Leopold I Prince of Anhalt-Dessau	安哈特-德绍亲王利奥波德一世
Lesna	莱希纳
Lev Shlubych Zalenskyj	列夫·舒卢比奇·扎伦斯基
Life Guards	护卫骑兵团
Livonia	利沃尼亚
Lofo	洛夫岛
Louis XIV	路易十四
Lower Saxon	下萨克森
Lowitz	洛维茨

Lublin	卢布林
Luneberg	伦伯格
Lüneburg	吕讷堡
Maas	马斯河
Magnus Gabriel de la Gardie	芒努斯·加布里埃尔·德·拉·加尔迪
Magnus Stenbock	芒努斯·斯滕博克
Maigret	麦格雷特
Mälaren	梅拉伦湖
Malatitze	马拉蒂茨
Malmö	马尔默
Marcus Tullius Cicero	马库斯·图利乌斯·西塞罗
Maria Aurora von Königsmarck	玛丽亚·奥萝拉·冯·柯尼西斯马克
Marie Elisabeth	玛丽·伊丽莎白
Marienburg	马林堡
Marshal of the Diet	议院秘书
Martin Hegardt	马丁·赫加特
Martin von Neugebauer	马丁·冯·纽格鲍尔
Maurice de Saxe	萨克森的莫里斯
Maurice Vellingk	莫里斯·维尔林克
Maximilian II Emanuel	马克西米利安二世·伊曼纽尔
Mecklenburg	梅克伦堡
Memel	内曼河
Menisse	梅尼斯
Michael Stephan Radziejowski	迈克尔·斯蒂芬·拉齐约夫斯基
Michał Serwacy Wiśniowiecki	米夏洛·塞瓦西·维希尼奥维奇
Mihai Racoviță	米哈伊·拉科维察
Mikhail Fyodorovich Romanov	米哈伊尔·费奥多罗维奇·罗曼诺夫
Mikołaj Święcicki	米科拉杰·斯威西基
Minsk	明斯克
Mittau	米托
Moen	莫恩

Mohilev	莫吉廖夫
Moldavia	摩尔达维亚
Mörner	莫纳
Mosque of Sophia	索菲亚清真寺
Moss	莫斯
Mullern	米勒恩
Mussulmans	穆斯林
Neuburg	诺伊堡
Neukloster	纽克洛斯特
Neumühle	诺伊姆赫勒
Nicolas Catinat	尼古拉·卡蒂纳
Nicolas de Catinat	尼古拉·德·卡提纳
Niels Jonsson Stromberg	尼尔斯·琼森·斯特龙伯格
Niels Juel	尼尔斯·尤尔
Niemen	尼曼河
Nils Gyldenstolp	尼尔斯·于尔登斯托尔佩
Nils Gyllenstierna	尼尔斯·于伦谢纳
Nils Lillieroot	尼尔斯·利耶罗斯
Nils Thuresen Bjelke	尼尔斯·瑟雷森·比耶尔克
Nişancı Süleyman Pasha	尼亚西·西尔曼帕夏
Noteberg	诺特伯格
Novgorod	诺夫哥罗德
Novgorod Seversk	诺夫哥罗德·谢韦尔斯基
Nuremberg	纽伦堡
Nyen	尼恩
Oczakow	奥恰基夫
Oder	奥得河
Ogilvie	奥格尔维
Oginskis	奥金斯基家族
old university city of Lund	隆德的旧大学城
Oldeslohe	奥尔德斯洛赫

Oposznaya	奥波兹纳亚
Orsza	奥尔沙
Otto Arnold von Paykull	奥托·阿诺德·冯·佩库尔
Otto Vellingk	奥托·韦林克
Palatinate	帕拉蒂纳
Peace of Alt-Ranstadt	《阿尔特兰施泰特和约》
Peace of Stolbovo	《史托波伏和约》
Peace of Travendal	《特拉文达和约》
Peace of Westphalia	《威斯特伐利亚和约》
Peene	佩讷河
Peiewoloczna	佩伊沃洛茨纳
Peipus	佩普西湖
Per Brahe	佩尔·布拉厄
Pernau	派尔努
Peter Frisk	彼得·弗里斯克
Peter Shafirov	彼得·萨法罗娃
Peter Tordenskjold	彼得·托登斯基
Petersburg	圣彼得堡
Philo-Swedish	亲瑞典派
Pierre Corneille	皮埃尔·科尼耶
Pierre Puchot de Alleurs	皮埃尔·普乔特·德·阿勒尔斯
Pinneberg	平讷贝格
Pinsk	平斯克
Pleissenburg	普莱森堡
Pleskov	普列什科沃
Podlachian	波德拉谢省
Podlesian	波德莱西亚
Poel	波尔
Polish -Swedish War	波瑞战争
Pomerania	波美拉尼亚
Pompey	庞培

Pope Clement XI	教皇克莱门特十一世
Post-captain	海军上校
Praga	普拉加
Prince Eugene Francis	尤金·弗朗索瓦亲王
Prol	普罗河
Propoisk	普罗普瓦斯克
Prussia	普鲁士
Pruth	普鲁特
Pultawa	波尔塔瓦
Pultusk	普乌图斯克
Pyhajoggi	皮哈伊达格
Pyotr Andreyevich Tolstoy	彼得·安德烈耶维奇·托尔斯泰
Pyrenees	比利牛斯山脉
Radoszewice	拉多谢维采
Radziwills	拉齐维乌
Rakvere	拉克韦雷
Ramilies	拉米伊
Ravitz	拉维茨
Rawa	拉瓦
Regensburg	雷根斯堡
Reichel	赖克尔
Reval	雷瓦尔
Rhone	罗讷河
Riga	里加
Rijswijk	赖斯维克
Romny	罗姆内
Roskilde	罗斯基勒
Rostock	罗斯托克
Rudolf Horn	鲁道夫·霍恩
Rugen	吕根岛
Russo-Saxon Army	俄罗斯－萨克森联军

Ryswik	赖斯维克
Saltholm	萨尔特岛
Samogitia	萨莫吉希亚
Samuel von Pufendorf	萨穆埃尔·冯·普芬多夫
Sandomir	桑多米尔
Savoy	萨伏依
Saxon Electorate	萨克森选帝侯国
Scandinavian Peninsula	斯堪的纳维亚半岛
Scania	斯科讷省
Scaw	斯考
Second battle of Oland	第二次厄兰岛战役
Secretary of the House	议会议长
Severia	西维利亚
Shklow	什克洛夫
Silesia	西里西亚
Slavonic	斯拉夫
Smolensk	斯摩棱斯克
Smorganie	斯莫尔贡
Sosz	索日河
Sound	桑德海峡
St. George	圣乔治
St. Louis	圣路易斯
Stade	施塔德
Standerci	斯坦德基
Stanislaus Poniatowski	斯坦尼斯劳斯·波尼亚托夫斯基
Stanisław Leszczyński	斯坦尼斯瓦夫·莱什琴斯基
Starodub	斯塔罗杜布
Stefan Czarniecki	斯蒂凡·恰尔涅茨基
Stephen Bathory	斯蒂芬·巴托里
Sternawiecki	斯滕纳威
Stettin	什切青

Stockholm	斯德哥尔摩
Stralsund	施特拉尔松德
Strengnas	斯特里纳斯
Stresow	斯特里索
Stromstad	斯特罗姆斯塔德
Strykow	斯特雷库夫
Sula	苏拉河
Svinesund	斯维内松
Swedish minister at The Hague	驻海牙的瑞典公使
Swedish Senate	瑞典参议院
Taganrog	塔甘罗格
Tagus	塔古斯河
Tartar Khan	鞑靼可汗
Tartars	鞑靼人
Tatarsk	塔塔尔斯克
Te Deum	《赞美颂》
Thomas Funck	托马斯·芬克
Thomas Polus	托马斯·波卢斯
Thorn	托伦
Tiave	蒂芙
Timurtash	提穆塔什
Tistedal	蒂斯特达尔
Tönning	滕宁
Transylvania	特兰西瓦尼亚
Treaty of Altona	《阿尔托纳条约》
Treaty of Oliva	《奥利瓦条约》
Treaty of Roskilde	《罗斯基勒条约》
Treaty of Ryswick	《赖斯维克条约》
Treaty of Stockholm	《斯德哥尔摩条约》
Treene	特雷讷河
Triple Alliance	三方联盟

Trondhjem	特隆赫姆
Turin	都灵
Turku	图尔库
Tyrol	蒂罗尔
Ulrik Frederik Gyldenløve	尤里克·弗雷德里克·格尔德龙
Uppsala University	乌普萨拉大学
Usedom	乌瑟多姆岛
Utrecht	乌得勒支
Valmiera	瓦尔米耶拉
Vasili IV	瓦西里四世
Veprik	韦普里克
Verden	费尔登
Vermland	韦姆兰
Viborg	维堡
Villeroi	维莱罗伊
Vilnius	维尔纽斯
Virgin	维尔京
Vistula	维斯瓦河
Viszthum	维斯图姆
Volhynia	沃里尼亚
Von Mullern	冯·米勒恩
Voronets	沃罗涅茨
Wabis	瓦比希河
Wallachs	瓦拉几亚人
Warmia	瓦尔米亚
Wenden	文登
Weser	威悉河
Westermanland	"韦斯特曼兰"号
Western Courland	西库尔兰
Western Pomerania	西波美拉尼亚
William III	威廉三世

Winter Quarters	冬季营地
Wismar	维斯马
Wolffelt	沃尔夫费尔特
Wolgast	沃尔加斯特
Wollin	沃林岛
Wolmar Anton von Schlippenbach	沃尔玛·安东·冯·施利彭巴赫
Worskla	沃尔斯克拉河
Wschowa	弗斯霍瓦
Würgen	伍尔根
Wurtemberg	符腾堡
Yekaterina I Alekseyevna	叶卡捷琳娜一世·阿列克谢耶芙娜
Yekaterina Ivanovna	叶卡捷琳娜·伊万诺夫娜
Ystad	斯塔德
Zartoryski	恰尔托雷斯基
Zayachy Island	兔子岛
Zinzendorf	青岑多夫